本书出版获得中国工程院重点咨询项目"全球智库评价及排名"的资助

全球著名智库研究
2020

中国工程院全球智库评价及排名项目组 编著

科学出版社

北京

内容简介

《全球著名智库研究 2020》是中国工程院全球智库评价及排名重点项目的研究成果之一。全书在系统研究国内外智库建设现状和发展趋势的基础上，建立评价指标体系，对全球智库开展扫描、分析和评价；从研究选题、人才队伍、资金来源等方面调研分析国外 10 家典型智库，探索老牌智库转型与新型智库建设的经验和启示。全书从宏观全局、中观评价、微观案例的角度，提出新的国内外形势下我国新时代特色新型智库建设的思考和建议。

本书可为从事智库研究的学者、智库建设者、智库评价工作者以及渴望了解国际智库建设的学者提供参考，可供对智库及智库建设感兴趣的广大读者阅读使用。

图书在版编目（CIP）数据

全球著名智库研究 .2020/ 中国工程院全球智库评价及排名项目组编著 .—北京：科学出版社，2021.10

ISBN 978-7-03-069720-2

Ⅰ . ①全… Ⅱ . ①中… Ⅲ . ①咨询机构—研究报告—世界—2020 Ⅳ . ① C932.81

中国版本图书馆 CIP 数据核字（2021）第 181493 号

责任编辑：王 倩 / 责任校对：樊雅琼
责任印制：肖 兴 / 封面设计：无极书装

科学出版社 出版
北京东黄城根北街16号
邮政编码：100717
www.sciencep.com

中国科学院印刷厂 印刷
科学出版社发行 各地新华书店经销

*

2021年10月第 一 版 开本：720×1000 1/16
2021年10月第一次印刷 印张：19 3/4
字数：400 000

定价：238.00元
（如有印装质量问题，我社负责调换）

《全球著名智库研究2020》

专 家 组
（以姓名拼音为序）

组　长　潘云鹤

成　员　陈　纯　陈剑平　谭建荣　吴志强　朱利中

编 写 组
（以姓名拼音为序）

组　长　黄　晨

副组长　延建林

成　员　冯越男　金　玺　金佳丽　李　洁　穆智蕊
　　　　童泽林　吴肖梦　薛　霏　张焕敏　郑文江

序

智库（think tank，又称"思想库"）是专门从事战略研究和咨询工作的专业性学术机构。它聚集各方面专家学者的智慧和才能，主要针对当前与未来的重要问题，为决策者提供咨询参考，促进决策科学化，并为公众提供有关知识与意见，是国家治理体系的重要组成成分。

随着信息时代和知识经济时代的来临，全球化进程不断加速，当今世界的发展已经不仅仅取决于经济、科技等"硬实力"，以思想、观念、文化为核心的"软实力"也越来越重要。作为创新思想策源地的智库越发重要，并成为各国"软实力"竞争的新焦点。在此背景下，全球智库整体呈现出蓬勃发展状态，无论是历史悠久、声名显赫的老牌智库，还是21世纪的成长型智库，都在咨政建言、理论创新、舆论引导、社会服务、公共外交等方面发挥着越来越重要的作用，成为国家治理体系上的必要与关键一环。

我国现代智库建设虽然起步较晚，但发展速度较快，尤其是党的十八大提出中国特色新型智库以来，传统智库不断转型发展，影响力不断增强，特色新型智库不断涌现，智库在出思想、出成果、出人才等方面取得明显成绩。但从目前我国智库的现状和发展前景来看，智库建设还存在定位不清、机制不明、沟通不畅、内功不强、市场化弱、社会影响力不足等突出问题，尤其与我国的国际地位相比，我国智库的知名度、国际影响力远远滞后，还未能在国际社会建立起中国智库的公信力和独特的话语权。与此同时，中国特色新型智库建设面临新的复杂发展环境，包括：国际与区域的竞争和合作，国际关系规则与秩序的调整重构，各国和人类面对的挑战性问题的复杂新变化，科技创新不断重塑产业和经济模式的新变革，国家政府治理能力和治理体系现代化的新要求，政府决策科学化、民主化、法制化发展的新需求，社会舆论及公众认识多元化和个性化的新局面，信息传播方式网络化和即时性的新特点，智库机制的创新变革与影响力扩散的新趋势等。可以说我国智库建设既面临难得的发展机遇，又面临内外形势与机制改革的挑战。

为促进中国特色新型智库建设，服务国家治理体系与治理能力现代化，中国工程院于 2018 年设立"全球智库评价及排名"重点咨询项目，以期通过全球智库评价与典型智库调研，挖掘智库建设的关键点，为中国特色新型智库尤其是国家高端智库建设提供参考。

该书作为项目的成果之一，主要从智库内涵、智库评价、智库调研、智库建设现状与趋势等方面进行分析，从宏观层面、中观层面、微观层面提出智库建设的相关措施与建议。具体为：第一部分在调研全球智库发展现状及趋势的基础上，梳理全球智库的类型、特征、服务对象等，并以智库影响力评价为抓手，深入比较当前全球主流智库评价体系的优劣，系统介绍基于客观数据的"全球智库影响力评价"，从评价的角度提出新型智库建设的借鉴参考；第二部分通过国际上不同发展阶段及成长模式的典型著名智库调研，从智库概况、发展历程、榜单排名、组织架构、项目研究、品牌塑造、人力资源及资金财务管理等维度深度分析，从国际视野的维度，以发展眼光剖析国际知名智库成长规律与建设经验，为我国智库建设提供实用经验；第三部分基于中国国情，深入分析当前我国智库发展的趋势与问题，结合智库评价与智库调研，为我国智库建设提出具体建议，供决策部署参考。

中国的新型智库，必须是适应中国环境特色，有新目标、新气象、新作为的智库。希望该书为中国特色新型智库建设，尤其是为高端科技智库的建设提供有价值的参考。

潘云鹤

2020 年 6 月 28 日

目　录

第一部分　智库研究与评价……1

第1章　全球智库建设现状……2
　　1.1　智库的内涵……2
　　1.2　智库的类型……7
　　1.3　智库的发展……10

第2章　智库评价研究……17
　　2.1　国内外智库评价现状……17
　　2.2　基于客观数据的"全球智库影响力评价"……33
　　2.3　基于全球智库影响力评价的启示……51

第3章　全球智库概述……56
　　3.1　欧洲智库……56
　　3.2　美国智库……65
　　3.3　俄罗斯智库……68
　　3.4　日本智库……71
　　3.5　印度智库……74

第二部分　著名智库案例研究……79

第4章　美国布鲁金斯学会……81
　　4.1　智库概况……81
　　4.2　研究概况……82
　　4.3　代表性成果……88
　　4.4　人力资源管理……92
　　4.5　资金财务管理……95

  4.6　小结……99

第5章　世界经济论坛……102
  5.1　智库概况……102
  5.2　研究概况……104
  5.3　代表性成果……112
  5.4　人力资源管理……114
  5.5　资金财务管理……118
  5.6　小结……119

第6章　美国兰德公司……123
  6.1　智库概况……123
  6.2　研究概况……126
  6.3　代表性成果……133
  6.4　人力资源管理……134
  6.5　资金财务管理……140
  6.6　小结……141

第7章　卡内基国际和平基金会……146
  7.1　智库概况……146
  7.2　研究概况……149
  7.3　代表性成果……152
  7.4　人力资源管理……153
  7.5　资金财务管理……156
  7.6　小结……158

第8章　亚洲发展银行研究所……161
  8.1　智库概况……161
  8.2　研究概况……162
  8.3　代表性成果……169
  8.4　人力资源管理……170
  8.5　资金财务管理……172

  8.6　小结……174

第9章　世界资源研究所……177
  9.1　智库概况……177
  9.2　研究概况……179
  9.3　代表性成果……183
  9.4　人力资源管理……185
  9.5　资金财务管理……188
  9.6　小结……191

第10章　韩国开发研究院……195
  10.1　智库概况……195
  10.2　研究概况……198
  10.3　代表性成果……204
  10.4　人力资源管理……207
  10.5　资金财务管理……210
  10.6　小结……212

第11章　查塔姆研究所……216
  11.1　智库概况……216
  11.2　项目概况……218
  11.3　代表性成果……223
  11.4　人力资源管理……223
  11.5　资金财务管理……227
  11.6　小结……230

第12章　美国彼得森国际经济研究所……233
  12.1　智库概况……233
  12.2　研究概况……234
  12.3　代表性成果……240
  12.4　人力资源管理……241
  12.5　资金财务管理……245

  12.6 小结……246

 第13章 法国国际关系研究所……249

  13.1 智库概况……249

  13.2 研究概况……251

  13.3 代表性成果……261

  13.4 人力资源管理……262

  13.5 资金财务管理……265

  13.6 小结……265

第三部分 中国智库的发展与思考……269

 第14章 中国智库发展……270

  14.1 中国智库发展历程……270

  14.2 中国智库发展特点和趋势……274

  14.3 中国建设高端智库的探索……280

 第15章 中国高端智库建设展望……284

  15.1 国外智库对我国高端智库建设的启示……284

  15.2 中国高端智库建设举措……291

  15.3 中国智库建设的思考……294

结语……298

参考文献……299

第一部分

智库研究与评价

第1章 全球智库建设现状

1.1 智库的内涵

智库由"think tank"翻译而得,也译作"思想库"。当前,各国对智库的理解略有不同(褚鸣,2013):《牛津英语词典》对智库的解释是"就一些具体的政治或经济问题提出建议及想法的专家机构"。《美国传统英语辞典》对智库的解释是"为开展深入研究和优先解决技术、社会、政治战略或军事方面问题而组建的机构或团体"。《世界知识大辞典》对智库的解释是"一种为政府机关、企业、公司、社团提供研究咨询的智力劳动集团,一般由多学科、多专业的专家组成"(杜骏飞,2018)。网络上,维基百科对智库的解释是"对政治、商业或军事等政策进行调整、分析及研究的机构,通常独立于政府或政党,不少与军事、实验室、商业机构或大学等有联系,部分以研究所作为名称"(褚鸣,2013)。百度百科中,智库一般指智囊团,是指"专门从事开发性研究的咨询研究机构","它将各学科的专家学者聚集起来,运用他们的智慧和才能,为社会经济等领域的发展提供满意方案或优化方案,是现代领导管理体制中的一个不可缺少的重要组成部分。其主要任务是提供咨询,为决策者献计献策、判断运筹,提出各种设计;反馈信息,对实施方案追踪调查研究,把运行结果反馈给决策者,便于纠偏;进行诊断,根据现状研究问题产生的原因,寻找解决问题的症结;预测未来,从不同的角度运用各种方法,提出各种预测方案供决策者选用"[①]。智库定义虽有不同,但从本质上说智库是从事战略研究和咨询服务的学术机构,为决策者提供战略咨询以促进决策科学化,并影响公众舆论以改善决策制定与执行环境(国

---

① 智囊团. 百度百科.[2020-07-14].https://baike.baidu.com/item/智囊团?fromtitle=智库&fromid=1091035#1_2.

家工程科技思想库建设研究项目组，2013）。

1.1.1 国外学者对智库的内涵界定

在学术界，关于智库的内涵大多从智库的功能角度进行论述。国际上有关智库的最早的权威概念是由著名智库专家保罗·迪克森（Paul Dickson）提出的，即"思想库是一种稳定的相对独立的政策研究机构，其研究人员运用科学的研究方法对广泛的政策问题进行跨学科的研究，在与政府、企业和公众密切相关的政策问题上提供咨询"（Dickson，1971）。兰德公司创始人富兰克林·科尔博姆（Franklin Collbohm）把智库比喻成"思想工厂""头脑风暴中心""战略思想中心"。克勒纳和韩万渠（2014）将智库界定为以政策研究和政策分析为基础、以影响公共政策（有时也包括公司事务）为目标的研究机构。里奇（A. Rich）认为思想库是"一种独立的不以利益为基础的、非营利的组织，依靠专家及其思想获得支持，并对公共决策产生影响，在经济运作上，是非营利组织，实施和发布有关公共政策议题的研究；在政治上，是激进机构，积极寻求公共信任的最大化，并寻求专家及其思想进入并影响政策决定"（Rich，2004）。古德曼（J. C. Goodman）认为智库是对特定公共政策进行研究，并形成解决方案，促进科学家和知识分子之间相互合作的组织（杜骏飞，2018）。凯利（P. Kelley）将智库定义为"一种组织安排（arrangement），企业部门、政府机构以及个人，把数以百万的经费拿出来，交给组织的研究人员，而这些研究人员必须花费时间来完成研究，最后研究者与机构将其研究成果以研究报告或专著的形式公开或不公开呈现"（Kelley，1988）。麦根（J. G. McGann）强调思想库是研究"国内与国际问题"，并提出"促进决策者与公众在诸种公共政策问题上形成明智的决策"（McGann，2007）。

1.1.2 国内学者对智库的内涵界定

国内学者对智库的内涵界定也有各自不同的观点。王辉耀和苗绿（2014）认为，智库是专门影响政府公共政策决策和制定的思想工厂和研究型机构。

薛澜和朱旭峰（2006）从本体、目标、地位和状态四方面表述智库的内涵，其本体是政策研究机构，目标是影响政策制定，地位具有独立性，状态具有稳定性。李刚（2016）认为智库概念体现在：服务于政府决策过程；政策分析、政策推广、政策教育是智库的主要工作；基于数据和事实的循证分析特征；超脱于各种利益考量。洪民荣（2013）认为，智库是指专门为决策者在应对社会、经济、科技、军事、外交等方面问题时提供客观的理论依据、思想观点、政策建议的非营利性公共研究机构。王军和李双进（2003）从广义与狭义两个层面界定智库，广义层面指以从事多学科研究为依托，以对公共政策施加影响为目的，以提供思想支持为基本方式的非营利性组织、团体和机构；狭义层面指在广义智库的基础上，那些能够对决策施加较大影响的、由政府组织成立的带有党派倾向或直接隶属于某个政党的智库。袁鹏（2002）提出，具备从事政策研究、以影响政府政策选择为目标、非营利性、独立性四个条件的机构称为智库。

1.1.3　国内外主流智库评价报告对智库内涵的界定

从国内外具有代表性的智库评价报告文本来看，宾夕法尼亚大学《全球智库报告2019》中指出智库是针对国内外问题，开展政策导向的研究分析以及提供咨询服务的组织，以促进决策者和公众能够在充分了解情况的前提下，对公共政策问题进行决策[1]。上海社会科学院智库研究中心发布的《中国智库报告——影响力排名与政策建议》（简称《中国智库报告》）认为，智库是指对制定公共政策有影响力的专业组织，不仅是一个国家、一个民族宝贵的智力资源，也是国家治理体系、治理能力现代化和国家软实力的重要体现[2]，同时指出中国特色新型智库应在资政建言、理论创新、舆论引导、社会服务、公共外交等多个维度上发挥重要作用。

---

[1] McGann J G. 2019 Global Go To Think Tank Index Report. [2020-03-10]. https://repository.upenn.edu/think_tanks/17/.
[2] 上海社会科学院智库研究中心. 《2018年中国智库影响力评价与排名》发布. [2020-03-10]. http://ex.cssn.cn/xspj/pjcg/201907/t20190722_4937135.shtml?COLLCC=1736585078&.

1.1.4 智库内涵的思考

结合中国国情来看，建设中国特色新型智库是推进国家治理体系和治理能力现代化、提升国家软实力的重要举措。党的十八大提出，"坚持科学决策、民主决策、依法决策，健全决策机制和程序，发挥思想库作用"。① 党的十八届三中全会强调："加强中国特色新型智库建设，建立健全决策咨询制度"。②

党的十九届四中全会指出，我国国家治理体系和治理能力是中国特色社会主义制度及其执行能力的集中体现。智库作为思想和知识的特殊"生产组织"，其思想引领性、政策创新性、决策影响力等方面与国家治理体系，尤其是意识形态领域的治理体系具有紧密的内在关联，在国家意识形态建设中发挥思想生产、决策咨询、理论阐释、资政育人和话语构建等重要功能；同时其作为参与社会治理的主体之一，亦有助于促进国家治理现代性成长。《关于加强中国特色新型智库建设的意见》中，中国特色新型智库是以战略问题和公共政策为主要研究对象、以服务党和政府科学民主依法决策为宗旨的非营利性研究咨询机构，应当具备以下基本标准：①遵守国家法律法规、相对稳定、运作规范的实体性研究机构；②特色鲜明，能够长期关注的决策咨询研究领域及其研究成果；③具有一定影响的专业代表性人物和专职研究人员；④有保障、可持续的资金来源；⑤有多层次的学术交流平台和成果转化渠道；⑥有功能完备的信息采集分析系统；⑦有健全的治理结构及组织章程；⑧具备开展国际合作交流的良好条件等。

为进一步研究智库作为开展战略咨询和研究，并为政府决策服务的研究机构的重要职能，项目组选取国务院发展研究中心、中国社会科学院、中国工程院、中共中央党校、中国科学院五家代表性智库，调研其职能特征描述（表1.1）。

---

①胡锦涛在中国共产党第十八次全国代表大会上的报告.[2019-12-12].https://www.12371.cn/2012/11/17/ARTI1353154601465336_all.shtml.

②中共中央关于全面深化改革若干重大问题的决定.[2019-12-12]. http://news.12371.cn/2013/11/15/ARTI1384512952195442.shtml.

表1.1　五家代表性智库机构职能特征描述

智库名称	职能特征描述
国务院发展研究中心	围绕国民经济、社会发展和改革开放中的全局性、战略性、前瞻性、长期性以及热点、难点问题研究，为党中央、国务院提供政策建议和咨询意见，为制定国家中长期发展规划和区域发展政策提出建议。受党中央、国务院委托，对重大经济社会政策方案及实施效果进行评估。开展国家重大方针政策解读工作，介绍中国经济社会发展政策及经验[①]
中国社会科学院	承担国家哲学社会科学规划重点研究项目，根据国家社会主义物质文明建设、精神文明建设、民主法制建设的需要和各学科的特点及其发展，确定院重点项目和所重点项目。承担国家有关部门提出或委托的国家经济与社会发展中具有全局意义的重大理论问题和实际问题的研究任务[②]
中国工程院	贯彻落实中国共产党的基本理论、基本路线、基本方略和国家的重大战略部署，组织研究、讨论工程科学技术领域的重大、关键性问题，结合国民经济和社会发展规划、计划，对工程科学技术的发展与应用，提出报告和建议；对国家重要工程科学技术问题组织开展战略性研究、提供决策咨询，接受政府和有关方面委托，对重大工程科学技术发展规划、计划、方案及其实施提供咨询；促进全国工程科学技术界的团结与合作，推动我国工程科学技术水平不断提高和工程科学技术队伍建设，激励优秀人才成长；组织开展工程科学技术领域的学术交流与合作，代表中国工程科学技术界，参加相应的国际组织和有关国际学术活动；弘扬科学精神，传播科学思想，倡导先进科学文化，维护科学道德尊严，普及科学技术知识[③]
中共中央党校	开展重大理论问题和现实问题研究，承担党中央决策咨询服务。建设对党和国家重大问题研究和决策提供高质量咨询参考作用的国家知名高端智库[④]
中国科学院	对国家科学技术发展规划、计划和重大科学技术决策提供咨询，对国家经济建设和社会发展中的重大科学技术问题提出研究报告，对学科发展战略和中长期目标提出建议，对重要研究领域和研究机构的学术问题进行评议和指导[⑤]

①国务院发展研究中心. 中心工作范围. [2019-03-01]. https://www.drc.gov.cn/gyzx/zxzn.aspx.
②中国社会科学院. 中国社会科学院概况. [2019-03-01]. http://cass.cssn.cn/gaikuang/.
③中国工程院. 中国工程院章程. [2019-03-01]. http://www.cae.cn/cae/html/main/col6/2018-07/03/20180703085613404277383_1.html.
④中共中央党校. 校（院）简介. [2019-03-01]. https://www.ccps.gov.cn/xygk/xyjj/.
⑤中国科学院学部. 学部简介. [2019-03-01]. http://casad.cas.cn/doc/14972.html.

综合国内外对智库内涵界定的研究以及我国国情，本研究认为：智库是以战略问题和公共政策为主要研究对象，以优化政策或决策为导向，通过开展研究、分析、咨询，对决策产生影响的机构和组织。智库的产出不是纯学术研究，而是聚焦决策咨询研究，对社会、经济、政治、科技等多个领域进行战略咨询与宏观研究。智库是为政府决策、社会发展、人类进步提供咨询服务的机构。当前，新一轮科技革命和产业变革与我国加快转变经济发展方式形成历史性交汇，科技进步和创新成为推动人类社会发展的重要引擎，政府决策尤其是科技决策越来越需要以全球视野明察趋势、以战略高度预见未来，相应的科技智库对战略决策的影响也必将越来越重要。

　　总体而言，智库的组织形式是政策研究机构，工作内容是政策研究，服务对象是政策决策者和公众，工作目标是影响公共政策。智库具有独立性、非营利性、多学科性、多专业领域、多类型等特征。近年来，随着我国智库蓬勃发展，智库已日益成为国家"软实力"和"话语权"的重要组成部分，智库的定义也不断深化与丰富，这对于我国的智库评价及其研究既是机遇又是挑战，这要求我们必须结合中国特色社会主义发展的具体语境深刻理解智库的内涵，通过不断完善与研究，实现对智库内涵的进一步挖掘与提升。

1.2　智库的类型

1.2.1　国内外学界有关智库类型的论述

　　依据不同的分类标准，可以将智库划分为多种类型。张新培（2018）对国外有关智库分类的观点进行了梳理：韦弗（K. R. Weaver）提出将智库分为以研究为导向的机构、以接受合同（委托）研究为主的研究机构、倡导型智库三种类型。埃布尔森（D. E. Abelson）在韦弗分类的基础上增加了遗产型智库和政策社团两种类型。斯通（D. Stone）认为，"依据建立方式，智库可以划分为自上而下和自下而上的智库；依据附属关系，可以划分为非营利形式的独立智库、附属大学的政策研究机构、政府创建或资助的智库、公司创建或商业附属智库和政党智库"。麦根（J. G. McGann）以附属关系为标准把智库分为独立运作型、准独立型、政府附属型、准政府型、大学附属型、政党附属型和公司型。

在国内学界，丁煌（1997）将智库划分为官方咨询研究机构、半官方咨询研究机构、民间咨询研究机构、大学咨询研究机构四类。汪廷炯（1997）将智库分为合同制研究机构、单一课题组、大学的研究机构、倡导式思想库四类。李凌等（2015）将智库按照不同属性进行分类：一是按智库的研究领域，可分为综合型智库和专业型智库，前者研究的问题涉及内政外交等诸多方面，后者则主要是围绕一些特定问题进行咨询与研究；二是按智库的隶属关系，可分为国际型智库、政府官方智库、政府半官方智库、民间智库、大学依附型智库和党派倾向型智库等；三是按职能归类，可分为学术性智库、政府合同型智库和政策鼓吹型智库；四是按照性质归类，可分为营利性和非营利性智库，政府一般会对营利性智库机构的成立实行登记制度，并依法纳税，而非营利性智库一般由政府投资或社会捐助，实施免征税收等优惠政策；五是按智库起源归类，可分为个人资助的智库、政府组织资助的智库、社会中"志同道合"集资组合的智库，以及为离任政治要人或纪念某政治要人而设立的智库等；六是按照智库规模，分为大、中、小三类，但不同国家对智库规模的分类略有不同。朱旭峰（2018）从组织类型和职能特征上，将智库划分为半官方智库、高校智库和社会智库三大类。半官方智库的组织性质是"具有法人条件的事业单位"，一般指由政府机关出资组建的研究机构；高校智库是指隶属于高校的从事政策研究和咨询的组织机构；社会智库则包括非营利组织智库和企业智库两类。沈进建（2016）提出按照规模、功能、归属和价值取向等维度，把美国智库分为政府智库、民间智库和大学智库三个方队。卢小宾和黎炜祎（2018）基于不同的智库构建理论，将智库分为党建智库、倡导型智库、学术型智库和契约型智库等。王廉等（2017）按照资金来源将智库分为财政供给智库、财政扶持智库、财团资助智库、多元资金智库、社会独立智库；按服务方式与对象将智库分为政策服务型智库、学术研究型智库、技术工程型智库、管理信息型智库。

1.2.2 智库评价领域对智库的分类

从智库评价领域来看，对智库分层分类也是其中重要一环。美国宾夕法尼亚大学发布的《全球智库报告》已经成为衡量各国智库水平的一个重要参考指标。报告根据研究领域的不同，将智库分为国防安全类、国内经济政策类、教育政策类、能源政策类、环境政策类、外交政策和国际事务类、国内卫生政策类、全球卫生政策类、国际发展类、国际经济类、科技类、社会政策类、透明度和善治类 13 类智库。根据智库的特殊成就，对智库进行特色评定，分为最佳游说型、最佳营利型、最佳政府附属型、最佳机构合作型、最佳管理能力型、最佳新理念或新范式型、产出最佳研究报告、举办最佳会议、拥有最佳关系网络、拥有最佳政党背景、拥有最佳跨学科研究项目、最佳大学附属型、最善用社会媒体和网络、拥有最佳外部关系和公共参与项目、对公共政策最具影响力等。

上海社会科学院智库研究中心发布的《中国智库报告》对中国智库进行了分类分析，把中国智库划分为党政军智库、社会科学院智库、高校智库和民间智库四大类，并按综合影响力、系统影响力（党政军智库、地方社会科学院、高校智库、民间智库）和专业影响力（即领域排名，包括经济政策、政治建设、文化建设、社会发展等）开展评价排名。

南京大学中国智库研究与评价中心、光明日报智库研究与发布中心联合研发《中国智库索引》（*Chinese Think Tank Index*，CTTI），并以第三方身份运用结果导向的智库效能测评体系对智库机构运用资源方式的能力和效益进行评价。CTTI 平台将智库类型分为党政部门智库、社会科学院智库、党校行政学院智库、高校智库、军队智库、科研院所智库、企业智库、社会智库、传媒智库、平台型智库等。

清华大学公共管理学院发布的《清华大学智库大数据报告》通过大数据评价方法和社交大数据资源对智库活动进行综合性评价与排名，将中国智库分为七类——高校智库，企业、社会智库，党校行政学院智库，社科院类智库，党政部门智库，军队智库，科研院所智库。

浙江大学信息资源分析与应用研究中心的《全球智库影响力评价报告》基于全球性、同一性、可操作性和计算可重复原则，提出基于智库资源（resource indicators，R）、智库影响力（impact indicators，I）、智库公共形象（public image indicators，P）、智库产出（output indicators，O）的 RIPO 指标体系，通过对智库指标数据建模计算和量化评价，将智库按照研究领域分为综合类和研究领域类，研究领域类具体又分为国家安全领域、经济领域、国际事务领域、健康领域、教育领域、科技与工程领域、社会政策领域、政府治理领域等。

各种类型的智库主体，共同形成协同有序的智库发展体系。我国提出构建中国特色新型智库体系，如何界定智库的类型以及构建不同类型智库评价指标是需要深入研究的问题，要对不同类型的智库在战略定位、运行机制、研究方向等方面进行总体规划与分类指导，确保智库作用得以有效发挥（张宝义，2017）。相应地，在智库评价领域，有学者提出必须要根据不同智库的实际情况，采用灵活多样的评价方法给予智库公正客观的评价，探索智库差别化评价体系，确立不同类型智库的差异化功能定位（高国力，2017）。总之，智库建设要注重智库功能定位的科学性和分布分层的合理性，让各种智库共同发力，从而实现各类智库统筹发展（光明日报智库研究与发布中心课题组，2017）。

1.3　智库的发展

现代智库产生于 19 世纪的欧美，是社会分工精细化和决策科学化、民主化的结果。早期的现代智库主要服务于国防和国家安全、外交政策、国内经济发展等。20 世纪 70 年代中期到 80 年代末期，智库呈现爆炸性发展，这一发展主要集中在美国并表现为政策研究机构数量迅速增加、专业型智库出现、对公共政策进程的影响力增大。自 20 世纪 90 年代起至今，伴随着全球化步伐的不断加快，各国之间形成了既存在竞争又存在合作的微妙局面，谋求经济发展成为各国之间的共识，经济上的往来极大地推动了国际文化交流（李建军和崔树义，2010）。

据不完全统计，从现代智库产生至今，各国智库的发展都极为迅速，其中，

2/3 的智库产生于 20 世纪 70 年代以后，半数以上产生于 20 世纪 80 年代以后。目前每个工业化国家至少有 30 家智库，其他国家则至少有 1 家智库。进入 21 世纪以来，世界范围内每年新成立的智库数量大幅度减少，智库发展进入内部整合阶段。

近年来，随着全球新的形势不断发展、社会热点的切换以及非营利组织经营管理思想的不断成熟，世界各国智库迅速发展，已成为影响政府决策、推动社会发展的重要力量。

1.3.1　全球智库发展趋势

当前，随着全球各国对智库的重视，全球智库的发展也呈现出一些新的特点，这些特点也成为评价智库发展的风向性指标。

（1）全球智库总量持续扩张

《全球智库报告》是目前世界知名的智库评价项目，由宾夕法尼亚大学发布。该报告显示，在过去的几十年里，全球智库数量快速增加。从 20 世纪 40 年代起，全球平均每年新增智库 12 家，到了 90 年代，每年新增智库达到 142 家。2007～2019 年，全球智库的总量从 5080 家增加到 8248 家，智库发展呈现欣欣向荣之势。

（2）智库区域发展并不平衡

在智库总量快速增加的情况下，全球各地智库发展并不平衡。欧美智库数量及占比虽然仍居全球前列，但是总占比在下滑，其中北美智库数量基本保持平稳，从 2007 年的 1924 家增加到 2019 年的 2058 家，欧洲则从 1681 家增加到 2219 家；亚洲、非洲等地区在智库数量及占比方面提升迅速，尤其是亚洲，从 604 家增加到 1829 家；非洲也从不到 300 家增加到 1119 家。但是从顶级智库来看，西方国家在 2007～2019 年，不论是分布范围还是知名度均占据绝对优势，除中国、巴西以外，其他非发达国家的顶级智库相对较少。

（3）国际化趋势成为主流

通过对外交流合作，提升国家全球治理能力和自身国际影响力是世界一流智库建设的必经阶段亦是成功经验，在现代社会中，国际化也是现代智库的主流发展路径。世界顶级智库（如布鲁金斯学会、国际战略研究所、野村综合研究所等）在研究选题时把全球气候变化、流行性疾病、恐怖主义等全球性问题纳入研究范畴，同时通过强化全球经营理念，雇用国际化研究人员，拓展覆盖全人类的研究视野，延伸国际化经营业务，发展全球分支机构和联系网络，强化国际化传播能力，来加强国际化发展战略，提升国际影响力。

当前，智库的国际化趋势主要体现在以下方面：一是经营理念的国际化；二是研究人员的国际化；三是研究视角的国际化；四是智库业务的国际化；五是组建全球或地区性智库网络；六是在"第二轨道"外交中发挥独特作用，已成为双边或多边关系的"助推器"。

（4）综合化和专业化两极发展越加明显

综合化方面，一些大型智库走上"强者愈强"的发展路径，越来越具有综合性集成能力，研究领域宽视野、全方位、跨学科、体系化，其研究实力、规模和影响力越来越大。例如，兰德公司坚持综合性的发展路线，将"多样性"作为公司发展的一项基本原则，研究领域已经扩展到教育、健康、法律、科技、企业分析等多个领域，而且几乎所有的项目都是由不同学科、不同专长的学者采取各种集体研究的方法来完成。专业化方面，一些规模小、特色明显的智库逐渐转向专业性发展路线，智库研究将与更多的社会热点结合，研究方向将逐渐细分，研究内容将更加专业化、细致化。

（5）智库产业化发展明显

智库的经营方式和组织形式以行业需求为导向，以实现效益为目标，依靠专业服务和质量管理，最终生产系列化和品牌化的智库报告等成果。产业化是智库发展的基本态势，主要体现在以下五个方面（李安方，2012）：一是智库政策市场的相对统一、开放；二是市场的规模化；三是市场化运营机制的日趋完善；四是分工研究体系的专业化；五是配套服务系统的建立健全。

（6）研究成果产出多元化

智库影响公共决策的途径一方面是研究成果的递交，另一方面是多元化宣传。例如，世界一流智库通过主页设立专门板块进行研究成果的报道和宣传，并将各种类型的智库成果通过各种方式（如出版书籍、报告，在媒体上发表见解、文章，解读国内、国际问题和公共政策，举行各种公开的会议进行展示）传播新思想，倡导新理论。这不仅有利于培养公众的政治参与热情，加深对公共政策的了解，也有利于促进政策教育化和政治社会化。

（7）信息化倍受重视

随着新一代信息技术的发展，智库的信息化建设、提高信息分析和整合能力逐渐成为智库生存和发展的重要前提和保障。一是通过网络进行民意调查、发动相关政策讨论，为智库研究提供新的思想源泉。二是通过自属图书馆和专门的情报信息网络提供信息服务。三是重视建立各种数据库和联机检索系统为智库搜集、处理和提供信息。四是借助网络塑造公共舆论和政治议程，借助社交媒体提高其知名度，强化影响决策、教育公众的功能。

（8）善于利用社交媒体

随着互联网、社交网络、大数据、云计算等现代信息技术的发展，智库在改变了传统的厚重、艰深、晦涩的研究报告的同时，根据受众特点，积极利用新媒体平台快捷地分享自身研究成果。

（9）"旋转门"成为智库发展常态

为强化智库的决策影响，智库研究人员经常"旋转"出去担任政府公职，同时前政府官员也会"旋转"进来担任研究职务。这种"旋转门"的机制促进了智库及时获取政策信息，深入开展研究，提高了智库在政策领域的公信力；另外，智库研究人员进入政府机构也为其注入了新鲜血液，借助那些具备专业知识背景和具体实践经验的研究者，可提高政府工作效率。

综上，全世界和全人类面临的全球性问题日益加剧，引发全球关注，国际与区域之间的合作竞争关系呈现常态化的调整重构，信息传播方式与公众认知日趋多元且个性化需求明显。世界各国的智库正顺应全球变化态势蓬勃发展。中国已明确提出加强中国特色新型智库建设方略，国家治理能力和治理体系现代化对科学决策提出全新要求。

1.3.2　全球智库发展对中国特色新型智库建设的启示

从宏观层面来看,全球智库发展趋势客观上要求中国特色新型智库建设需要拓宽国际视野,彰显中国特色;以支持决策为导向,提升专业价值;加强信息化建设以数据支撑智库科学咨询研究;重视成果评价与推广,赋能优质产出与传播。

(1)拓宽国际视野,彰显中国特色

当今世界正处在百年未有之大变局,中国前所未有地走近世界舞台的中心,中华民族伟大复兴到了前所未有的临近时刻,国际变量与中国的互动也出现了前所未有的频繁态势。习近平总书记在中央全面深化改革领导小组第六次会议上强调:"随着形势发展,智库建设跟不上、不适应的问题越来越突出,尤其是缺乏具有较大影响力和国际知名度的高质量智库。"[1] 政府对智库的要求不只是要统揽国内国外两个大局,更要立足于提升中国的国际话语权,进行全球对话(王文,2019)。

根据美国宾夕法尼亚大学发布的《全球智库报告2019》,美国拥有1871家智库,保持智库数量世界第一;印度以509家智库居世界第二;中国智库总数为507家[2],居世界第三,表明中国智库整体发展势头强劲。但智库大国并不等同于智库强国,虽然当前中国智库的国际话语权提升显著,在全球治理、"人类命运共同体"等国际关注的问题领域已经产生了一定的影响,但我国智库更多关注的是国内发展和热点难点问题,相对缺少国际号召力。为此,中国特色新型智库作为中国软实力的重要体现,对国际话语走向的引领、国际话语权的提升还有很大的发展空间(王辉耀和苗绿,2018)。

---

[1] 习近平主持召开中央全面深化改革领导小组第六次会议 [EB/OL].[2020-03-10].http://chinanews.com/gn/2014/10-27/6721856.shtml.
[2] 统计数据不含港澳台地区。

（2）以支持决策为导向，提升专业价值

习近平总书记指出："要加强决策部门同智库的信息共享和互动交流，把党政部门政策研究同智库对策研究紧密结合起来，引导和推动智库建设健康发展、更好发挥作用。"[1] 目前我国智库从咨询研究到支持决策的转化程度不高，影响专业价值效用发挥。国内智库有许多还属于阐释性智库而非创新性智库，多致力于解读政策而缺少创造性研究，专家决策咨询出现过于理论化、抽象化，缺乏实效性和可操作性的特征，这些都影响着智库的良性发展（李佳和李帅，2018）。与此同时，智库与决策部门缺乏固定合作机制，决策需求和科研生产之间存在沟通障碍，在数量丰富的智库成果中具有较强针对性、操作性的成果不多，成果本身的决策参考价值有限。智库不仅要提供理论依据和政策建议，更要提供可操作的政策方案。

（3）加强信息化建设，以数据支撑智库科学咨询研究

《关于加强中国特色新型智库建设的意见》中对新型智库建设的信息资源支撑及开发策略提出了新的要求，指出"功能完备的信息采集分析系统"是中国特色新型智库的基本标准之一；而《国家高端智库管理办法（试行）》中又增加了"加强专业数据库、案例库和信息系统平台建设"的要求。习近平总书记强调，"大数据发展日新月异，我们应该审时度势、精心谋划、超前布局、力争主动，深入了解大数据发展现状和趋势及其对经济社会发展的影响，分析我国大数据发展取得的成绩和存在的问题，推动实施国家大数据战略，加快完善数字基础设施，推进数据资源整合和开放共享，保障数据安全，加快建设数字中国，更好服务我国经济社会发展和人民生活改善"[2]，智库要善于获取数据、分析数据、运用数据，提高咨政能力与水平。基于大数据技术的智库决策支持信息服务能力体系建设，是推进中国特色新型智库发展的关键举措之一。国务院发展研究中心主办了"国研网"，全面整合中国宏观经济、金融研究和行业经济领域的专家资源及其研究成果，为其建设一流

---

[1] 高水平智库：在供需有效对接中精准发力．[2020-03-10]．http://thery.people.com.cn/n1/2019/0114/c40531-30525496.html．
[2] 习近平：审时度势精心谋划超前布局力争主动 实施国家大数据战略加快建设数字中国．[2020-03-10]．http://cpc.people.com.cn/n1/2017/1210/c64094-29696484.html．

智库提供了重要的信息保障。但就整体而言，我国新型智库信息服务支撑体系尚不健全，智库信息数据平台建设总体相对滞后，研究范式尚未进行深层次转变。智库缺乏对国家重点问题趋势的数据分析，数据是对客观事实的表达载体，大数据能够反映历史的客观规律、预测未来发展趋势、发现新的问题，而我国智库恰恰缺乏对大数据的分析与发掘能力（陈光义，2018）。

（4）重视成果评价与推广，赋能优质产出与传播

智库要提升社会影响力和国际话语权，必须重视成果质量控制与传播推广。

从成果质量来看，目前我国智库产出中关于智库发展、智库自身建设、智库自身机构和队伍建设的理论成果占比较大，关于科学民主决策的智库研究报告占比相对较少，带来经济效益的智库研究成果更少，且缺少智库成果质量控制和评价机制，需要尽快出台新型智库建设和产出成果科学评价体系，从制度上规范指导新型智库建设发展和成果产出（牟岱，2019）。

从成果产出传播推广来看，尽管这几年中国智库迅猛发展，在数量上次于美国和印度，但在议程设置、影响国家决策，以及引导国际话语等方面，较欧美智库还有很大差距。智库的品牌意识、市场推广和营销意识、传播意识也都因为缺乏竞争因子和内生动力，而没有得到强化（王敏，2019）。国内智库成果传播生态圈相对封闭，官方网站大都为中文，有较大影响的学术成果、咨政报告并没有翻译出版，在有国际影响力的媒体上发声不够。中国智库想争取国际话语权、提升在国际舆论界的感召力和影响力，还需要智库界的共同努力。

第2章 智库评价研究

2.1 国内外智库评价现状

2.1.1 智库评价的重要性

当今世界，智库为社会稳定与国家经济等领域的发展提供合理化意见及方案，在现代领导管理体制中扮演着重要的角色。一定程度上，智库已经成为影响政府决策、推动社会发展不可忽视的力量，被许多国家视为"新型国家软实力"的重要组成部分。

当前，全球智库迅猛发展，智库数量激增，智库在现代社会中起着越来越重要的作用。美国宾夕法尼亚大学的《全球智库报告2019》显示，具全球影响的智库高达8248家。但在这一股智库建设热潮中，我们也应看到智库存在的不足及缺陷，如发展规模参差不齐、自身定位不够明确、管理机制尚不健全等。为此，通过智库评价来促进智库的建设与提升，成为智库及其管理机构的共同选择。

近些年面向智库的评价理论不断涌现，智库评价体系的发展已经上升到了新的高度，多元化、多维度和多层次的评价指标已经成为很多国家智库评价体系建设的普遍标准。虽然全球范围内的智库评价机制尚存在诸多争议，但智库评价研究作为促进智库高效产出、有序发展的重要环节，具有十分重要的意义，主要表现在以下几个方面。

1）多维度的智库评价研究为国家和政府提高智库识别能力，提供参考目录及智慧出口。

智库评价具有促进智库有效产能输入的功能（克勒纳和韩万渠，2014），同时，也是跟踪监测智库发展状况、突破建设难点的有效工具（金姗姗，2016）。构建综合性智库评价指标体系是对智库建设情况进行系统性结构分解，并综合评价智库建设中具体化、行为化的职能要素。李刚（2017）提出，智库评价应建立"三位一体"纵向评价（影响力、治理和管理）和"六要素联动"横向评价（人才、产出、项目、财务、研究咨询及传播沟通等）纵横结合的全层次全要素评价体系。汤建军等（2018）从智库的过去（成果质量）、现在（平台基础）和未来（发展潜力）三个方面构建智库评价体系的"天井模型"。徐华亮（2017）提出智库思想力、咨询力、传播力是智库能力建设需要重点关注的对象。随着新型网络平台载体的出现，智库网络影响力也纳入智库评价研究体系，《中国智库网络影响力评价报告》构建了由智库网络资源指标（resources，R）、智库网络传播能力指标（spread，S）和智库网络交流能力指标（communication，C）组成的智库网络影响力 RSC 雪球评价模型，亦有学者运用链接分析方法和因子分析统计方法构建智库网络影响力指标体系（张君荣和吕梦荻，2016）。

除了探索智库评价维度、指标体系及智库影响力之外，学者针对特定类型智库，如大学智库、工程科技智库、民间智库、教育智库、企业智库等开展专项研究。同时，对于智库某一方面的具体问题也展开了研究，如专家评价指标体系，智库人才影响力贡献因子，智库产品影响力，智库综合影响力，网络影响力，智库契合度、活跃度、贡献度或智库人才等的评价，此外，对于不同领域的智库，如国别与地区、经济与贸易、外交与国防、能源与环境和社会治理等，进行智库分类评价。

多维度的评价体系，将智库进行分项聚类比较，可以促进社会对智库的多角度认知，共享智库发展信息，并在一定程度上为智库的领导层和智库行业的管理者提供专业的发展态势分析，为国家和政府职能部门精确定位目标智库提供参考目录和途径，并为其在制定行业发展的相关战略规划时提供参考。因此，智库评价被称为"智库的智库"，其重要性不言而喻。

2）智库评价研究可共享智库发展信息，提高社会对智库的认知，促进智库行业良性发展。

智库评价研究旨在通过评价和排名"以评促建"，促进智库间良性对比与互动。一方面，智库评价报告和排名可吸引政策制定者、社会公众和媒体对上榜智库的关注，扩大智库影响力；另一方面，智库评价有助于促进智库机构规范化建设，逐步彰显成功智库及新型发展智库，改变智库行业"库多智少""有库无智"的状况，优化智库产出成果，提高识别智库的能力，催生智库行业的自觉良性发展。

3）智库评价研究是增强智库机构自身建设意识，引导智库提高咨政建言能力的重要举措。

智库评价研究是将智库作为一个体系化的、不断发展的有机体，对其运行状况各个维度的信息进行科学化、逻辑化的搜集、整理、计算、排序，同时，对智库机构发展状况进行去粗取精、去伪存真的数据化呈现。一方面，智库评价通过多角度的指标体系为智库运营及其影响力提供全方位的诊断，揭示智库尚未发现的自身与行业发展的问题与不足；另一方面，智库评价通过建模计算对各项指标进行全方位对比研究，在复杂数据中搜集、解析行业发展情报，洞悉智库自身和行业最新发展态势，发现智库深层次隐性缺陷，解决智库发展的信息不对称问题，给予智库及时的预警、反馈与建议，成为其当前建设和未来发展的引路者。

2.1.2 智库评价报告调研

国内外学者在评估智库的影响力方面，做了许多尝试（Rich and Weaver，1997）[①]。对此，本项目组对国内外关注度比较高的一些智库评价报告进行了调研归纳。

（1）《全球智库报告》[②]

由美国宾夕法尼亚大学主导的《全球智库报告》从 2007 年开始每年发布全球智库排名，该排名被认为是反映全球智库表现和综合影响力的国际第一风向标。该报告对全球智库的排名主要依据有资源指标、使用率指标、产

---

① McGann J G. 2013 Global Go To Think Tank Index Report. ThinkTanks & Civil Societies Program，The Lauder Institute，The University of Pennsylvania. [2014-01-29]. http://repository.upenn.edu/think_tanks.
② McGann J G. 2019 Global Go To Think Tank Index Report. [2020-03-10]. https://repository.upenn.edu/think_tanks/17/.

出指标和影响指标四个指标。在研究方式上主要通过采访、调查和焦点小组会议，让非政府组织、政府和决策层官员对智库影响力进行评估，是一种专家主观评价法。在智库样本中该智库报告对许多政府设立或政府依附型智库不做收录，如美国国会研究服务处（Congressional Research Service）、国家研究理事会（National Research Council）等。

2020年发布的《全球智库报告2019》从全球智库综合排名、分布区域、研究领域和特殊成就四大部分阐述了智库的年度发展情况，并列出2019年全球最佳智库、北美最佳智库、西欧最佳智库、最佳教育智库、最佳环境智库、最佳食品安全智库及最佳人工智能智库等54个分项榜单。

（2）《全球智库评价报告》[①]

中国社会科学院中国社会科学评价中心发布的《全球智库评价报告》，从智库的界定、智库评价方法对比分析、评价指标体系、评价的过程与排行榜、基于全球视角构建中国新型特色智库五个方面做了阐释和说明，并着重介绍了全球智库综合评价指标体系的设置、评价方法和理论依据。《全球智库评价报告（2015）》从1781家来源智库中挑选出359家最具影响力的智库，基于AMI指标体系，从吸引力（attractive power）、管理力（management power）和影响力（impact power）三个层次观察智库发展情况，进行分数核算，最终得出全球智库TOP100名单。2019年发布的《全球智库评价研究报告（2019）》[②]不再以排名形式呈现研究，而是通过案例展示智库发展规律，基于"全球智库综合评价AMI指标体系"，选取了美国、英国、日本等5个国家和大洋洲、东南亚等6个地区的智库进行评价研究，从吸引力、管理力、影响力等方面观察智库发展情况，从而勾勒全球智库建设的历史脉络和发展坐标。

[①] 中国社会科学评价中心.全球智库评价报告（一）.[2019-12-21]. http://ex.cssn.cn/xspj/qwfb/201511/t20151123_2708853.shtml.
[②]《全球智库评价研究报告（2019）》在京发布.[2020-03-10]. http://www.cssn.cn/xspj/qwfb/201911/t20191119_5045109.shtml.

（3）《中国智库报告》①

上海社会科学院智库研究中心是我国最早的专门研究智库发展的国内研究机构。自2014年起连续六年发布《中国智库报告——影响力排名与政策建议》。该报告通过决策影响力、学术影响力、社会影响力、国际影响力，以及智库的成长能力五个方面，设计客观评价指标体系；采取多轮主观评价和部分客观指标相结合的评价方法，以问卷调查和专家评议相结合的方式开展研究。

（4）《中华智库影响力报告》②

《中华智库影响力报告》是四川省社会科学院与中国科学院成都文献情报中心协同创新的成果，截至2019年，该报告已连续发布4年。《中华智库影响力报告（2018）》采用主客观数据相结合的评价模式，从决策、专业、舆论、社会和国际影响力五个维度，对2017年中国480家各类智库的影响力进行评价，是目前西部地区首家以大数据为支撑的智库报告。

（5）《中国智库索引》③

南京大学中国智库研究与评价中心和光明日报智库研究与发布中心共同开展CTTI的研究开发工作，系统于2016年9月正式上线并发布首批来源智库名录，随后，项目组进一步完善CTTI的数据字段及优化系统功能，CTTI Plus于2017年底完成更新和上线测试。项目组对入选智库进行全景和局部深度分析，确立了智库测评指标体系——MRPAI，其包括5个一级指标和24个二级指标。5个一级指标分别是M（治理结构）、R（智库资源）、P（智库成果）、A（智库活动）、I（智库媒体影响力）。截至2019年12月，CTTI已收录来源智库836家，该项目只针对中国智库，未考虑全球性。

---

① 上海社会科学院智库研究中心. 《2018年中国智库影响力评价与排名》发布. [2020-03-10]. http://ex.cssn.cn/xspj/pjcg/201907/t20190722_4937135.shtml?COLLCC=1736585078&.
② 四川省社会科学院. 中华智库影响力报告（2018）在蓉发布. [2019-12-12]. http://www.sass.cn/101009/49884.aspx.
③ 中国智库索引. [2019-12-12]. https://ctti.nju.edu.cn/CTTI/index.do.

（6）《清华大学智库大数据报告》①

《清华大学智库大数据报告》首次发布于2016年②，采取每年发布的形式。2019年6月清华大学公共管理学院智库研究中心第四次发布研究报告。报告通过对智库及专家言论在网站、Twitter、Facebook、微信公众号、微博、论坛及新闻应用程序（APP）等社交媒体中的大数据分析，对智库进行评级，推出了中国智库大数据指数（China Think Tank Big-data Index，CTTBI）和全球智库大数据指数（Global Think Tank Big-data Index，GTTBI），并公布了对1065家国内智库和213家全球智库的综合评价结果。

（7）浙江大学《全球智库影响力评价报告》③

《全球智库影响力评价报告》是浙江大学信息资源分析与应用研究中心（Center for Information Resources Analysis & Application，CIRAA）基于数据公开、面向世界、评价透明、计算可重复原则，对全球著名智库活动进行数据驱动范式的综合性评价与评级的研究成果。该中心通过调研国内外智库发展趋势及目前主流智库评价框架体系，结合各领域的行业特点，推出了RIPO指标体系[智库资源（resource，R）、智库影响力（impact，I）、智库公共形象（public image，P）、智库产出（output，O）]，公布全球智库影响力评价结果。该报告首次发布于2017年，采取每年发布的形式，2020年4月，该中心第三次发布研究报告，收集了1291家智库信息，最终遴选确定376家智库进行评价研究。

本书在第3章将分享全球十大科技智库案例研究成果。在智库影响力对比部分，选取了三个不同侧重点的全球智库评价报告：①基础数据来源于采访、调查问卷和焦点小组会议，完全基于专家主观评价法的美国宾夕法尼亚大学《全球智库报告》；②基于网站、Twitter、Facebook、微信公众号、微博、论坛等社交媒体大数据分析的《清华大学智库大数据报告》；③以数据公开、计算可重复为原则，完全基于客观数据分析的浙江大学《全球智库影响力评

---

① 清华大学：2018年智库大数据报告（附下载）．[2019-12-12]. http://www.199it.com/archives/890149.html.
② 本系列报告2017年首次以《中国智库大数据（2016）》的形式发布。
③ 浙江大学信息资源分析与应用研究中心．全球智库影响力评价报告（2019）．[2020-05-01]. https://ciraa.zju.edu.cn/thinktank/.

价报告》。通过深入分析10家案例智库在以上3家全球智库评价中的排名变化，可从不同测度深入观察全球著名科技智库的优劣势，为中国特色新型智库建设提供参考。

2.1.3 智库评价对比研究

从已有的智库排行项目来看，智库评价基本上围绕四个维度展开：评价体系（包括基本原则理论依据和指标框架等）、评价方法、评价对象、评价结果（王继承，2012）（图2.1）。智库评价首先要在一定的理论依据和评价框架内构建科学、系统、有序的评价体系，明确科学化、合理化的评价方法，然后通过评价对象（主体和客体）的交互，借助评价主体对评价客体的客观论证与评价，将评价结果最终以不同维度的排名显示出来。

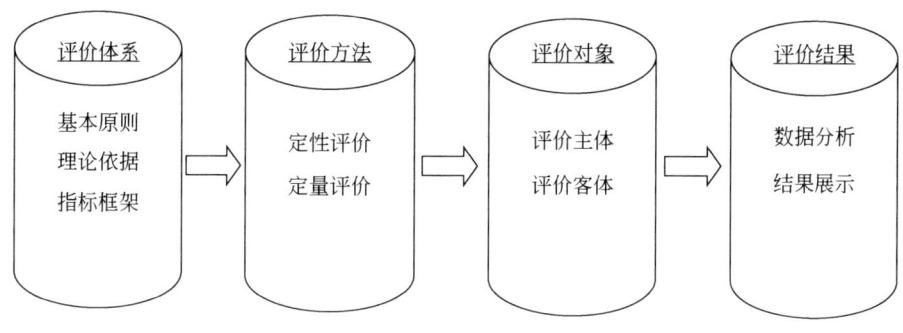

图2.1 智库评价研究示意图

2.1.3.1 评价过程对比研究

为了解智库评价的现状，选取《清华大学智库大数据报告（2018）》（简称清华报告）、南京大学中国智库研究与评价中心和光明日报智库研究与发布中心联合发布的《中国智库索引（2018）》中的《2018CTTI来源智库发展报告》（简称南大报告）、浙江大学信息资源分析与应用研究中心的《全球智库影响力评价报告2018》（简称浙大报告）这三份报告，从评价体系、评价方法、评价对象、评价结果四个方面进行对比分析。

（1）评价体系

评价体系一般包括评价的基本原则、理论依据和指标框架。评价体系是整个智库评价研究中的重要环节，它反映智库评价的出发点和理论基础，它的科学与否会直接影响智库评价的客观度和可信度，表2.1显示了三大智库评价指标的对比情况。

表2.1 三大智库评价指标对比

智库	一级指标	权重	备注
清华大学-中国智库《清华大学智库大数据报告（2018）》	中国智库微信引用影响力	33.33%	与南大报告中的智库媒体影响力指标、浙大报告中的公共形象指标有所对应
	中国智库微博专家影响力	33.33%	
	中国智库微信公众号影响力	33.33%	
清华大学-全球智库《清华大学智库大数据报告（2018）》	全球智库Twitter引用影响力	25%	与浙大报告中的公共形象指标有所对应（注：由于南大报告中不涉及国外智库，因此该指标不与南大报告进行对比）
	全球智库Twitter账户影响力	25%	
	全球智库Facebook引用影响力	25%	
	全球智库Facbook账户影响力	25%	
南京大学-《2018 CTTI来源智库发展报告》	治理结构	145	与浙大报告中的智库资源指标有所对应
	智库资源	135	
	智库成果	143+X（X为横向课题）	与浙大报告中的智库产出指标对应
	智库活动	61	独特指标
	智库媒体影响力	45	与清华报告中的一级指标、浙大报告中的公共形象指标有所对应

续表

智库	一级指标	权重	备注
浙江大学-《全球智库影响力评价报告2018》	智库资源	15%	与南大报告中的治理结构、智库资源有所对应
	智库影响力	35%	独特指标
	智库公共形象	30%	与清华报告中的一级指标对应
	智库产出	20%	与南大报告中的智库成果指标对应

宏观上，从总体评价框架上分析，清华报告仅关注社交媒体影响力，依据微信引用、微信公众号、微博专家等方面设置评价指标，共有3个一级指标，18个二级指标。南大报告从治理结构、智库资源、智库成果、智库活动及智库媒体影响力等方面设置5个一级指标，24个二级指标。浙大报告分别从智库资源、智库影响力、智库公共形象、智库产出等方面设置4个一级指标，12个二级指标，35个三级指标。从三者的数据权重来看，清华报告三个一级指标权重等同，南大报告治理结构与智库成果的比例最高，浙大报告智库影响力指标权重最高。需要注意的是，南大报告的指标数据未进行归一化处理，仍然是有量纲比较。

微观上，各项指标定义又各有特色：一是在组织概况指标方面，南大报告的治理结构与智库资源对应于浙大报告中的智库资源及智库影响力中的部分指标，如智库的人员概况及组织架构方面的数据指标，南大报告对于理事会、学术委员会等内设组织人员有则赋值，而浙大报告则关注领导人层面是否存在"旋转门"现象。二是在成果产出指标上，南大报告涉及面更为广泛，包含了内参、期刊、图书、研究报告、权威报纸评论、论文、纵向项目、横向项目等，浙大报告主要基于网站公开数据的获取，仅将研究项目、研究报告、连续出版物作为评价指标。三是影响力指标，南大报告设定了智库媒体影响力这一指标，包括报纸新闻报道、电视新闻报道、网络新闻报告。浙大报告除了涉及传统媒体对于智库的关注程度，还关注智库的同行评议情况，将智库是否入选宾夕法尼亚大学及中国社会科学院的智库排名作为相关评定标准。此外，南大报告中的智库活动这一一级指标较为独特，该指标包括智库参与或承办的会议、论坛以及参与不同级别的调研考察情况。

由上可见，浙大报告与南大报告的指标包含了清华报告的社交媒体影响力相关指标，该指标在南大报告中智库媒体影响力与浙大报告中的智库公共形象指标中有所反映。相比，清华报告结果注重特色领域聚焦，浙大报告与南大报告结果更为综合。

（2）评价方法

评价方法主要分为定性评价和定量评价。定量评价是依据一些易于识别且可分离计量的指标对智库本身及其活动和表现进行量化评估，它评价的是智库的单项活动或某几项活动而非整体，其客观性较强。定性分析是指通过问卷调查、访谈、座谈及专家打分的方式来评价智库的方法，相比于定量分析，其特点是基于受访人和评议专家的主观印象对智库的部分指标乃至整体印象做出评价。定性评价的优点是简便易操作，适合大量案例的研究，但缺点是受评价主体的主观偏见影响大，评价过程不可避免地会受到专家个人、地区、意识形态和学科的偏见，从而降低智库影响力测度的准确性。

从三份报告来看，清华报告与南大报告采用客观数据与主观意见相结合的方法对智库进行评价，浙大报告采用纯客观数据对智库进行排名分析。

（3）评价对象

评价对象即智库评价的主客体。智库评价的主体包括参与评价的专家以及提供智库相关客观数据的公开或非公开数据源。智库评价的客体是智库，智库选择的范围、类型以及遴选方法关系到智库的研究方向和排名的公信力。三大智库评价主体和客体比较详见表2.2。

从评价客体来看，三份报告中清华报告的智库入选标准较为宽泛，主要基于2018年社交媒体平台上中国的1065家智库，其体量较大；截至2018年底，南大报告收录706家智库，通过自主申报、专家评审等流程进行评价排名；浙大报告以智库公开数据为计算基础，并重点加强对在各排行榜中有显示度的智库机构的非结构性数据进行挖掘，涉及1291家智库。

表2.2 三大智库评价对象比较

智库	评价客体	评价主体
清华报告	全球智库（1065家）	·智库在社交媒体里大量无组织的痕迹数据 ·相关专家意见
南大报告	中国智库（706家）	·智库治理结构、智库资源、智库成果、智库活动、智库影响力的相关数据 ·98位领导专家意见
浙大报告	全球智库（1291家）	·智库资源、智库影响力、智库公共形象、智库产出等相关客观数据

从评价主体来看，清华报告评价主体为智库在社交媒体里大量无组织的痕迹数据及相关专家意见；南大报告评价主体为智库治理结构、智库资源、智库成果、智库活动、智库影响力的相关数据及98位领导专家意见；浙大报告评价主体为智库资源、智库影响力、智库公共形象、智库产出等相关客观数据。由上可见，除了浙大报告完全采用事实数据，清华与南大报告均包含客观数据与主观意见。

（4）评价结果

智库评价的研究结果一般以排行榜的形式呈现，即在获取智库客观数据及专家评价数据后，通过数据处理转化成统一量化数据进行建模分析，形成不同维度的榜单予以呈现。

三份智库报告由于评价对象、评价角度选取的不同，最终榜单的类别和数量各具特色，排名结果各有侧重。在最终结果呈现时，出于对数据可获取性、文章篇幅可读性等多方面的考虑，三个榜单均未完整揭示对所有评价客体的评价结果。

从智库评价揭示数量方面来看，清华报告涉及智库数量相对最多，对所有参评机构汇总查重后，统计得到343家国内外智库，其中国内智库239家，国外智库104家；其次为浙大报告，共涉及338家国内外智库，其中国内智库64家，国外智库274家；南大报告只涉及中国智库，数量相对较少，共142家中国智库。在中国智库方面，清华报告数量占优；在国外智库方面，浙大报告数量占优。

从榜单数量及类别来看，南大报告与浙大报告相差无几，南大报告共 12 个榜单，11 个细分研究领域，包括宏观经济与国际贸易、产业与金融、区域研究与国际关系、党的建设与国家治理、社会治理与公共事业、法律与公共安全、文化与教育、环境能源与基础设施、信息与科技、"三农"、"一带一路"。浙大报告共 11 个榜单，8 个细分领域，包括国家安全、经济、国际事务、健康、教育、科技与工程、社会政策、政府治理。清华报告专注于社交媒体影响力，共 9 个榜单，其细分榜单重点关注微博、微信、Facebook、Twitter 等国内外主流媒体。

2.1.3.2 评价指标体系对比研究

从前期调研来看，在全球智库评价领域影响力较大的主要有美国宾夕法尼亚大学主导的《全球智库报告》（简称宾大报告）和中国社会科学院中国社会科学评价中心发布的《全球智库评价报告》（简称社科院报告），这两份智库评价报告从不同研究视野、采用不同方法对全球智库进行研究，从中可以看出，智库评价已形成多家竞争的新格局，评价方法的科学性、结果的合理性以及基于排名的智库分析成为评价智库排名的关键因素。

本项目组在调研国内外智库评价指标体系研究成果的基础上，选取社科院报告全部 3 个一级指标、15 个二级指标、36 个三级指标，宾大报告全部 4 个一级指标、23 个二级指标进行逐条对比，分离出相似指标、融合指标以及独立指标三类。

（1）相似指标

相似指标指两套评价体系里含义近似的指标，参见表 2.3。

（2）融合指标

融合指标指某个指标对应另一套体系中的多个指标，包括以下两个方面。

1）社科院报告中多个指标对应宾大报告一个指标，参见表 2.4。

2）宾大报告中多个指标对应社科院报告中一个指标，参见表 2.5。

表2.3　相似指标对比

宾大报告		社科院报告	
序号	指标	序号	指标
1（资源）	雇用和留住顶尖学者和分析师的能力	7（吸引力）	吸引人才的能力（环境、平台、待遇）
4（资源）	雇员撰写研究报告和深度分析的能力	24（管理力）	专业技术能力（技术人员学历、分析决策水平）
7（使用率）	是否被媒体和政策精英视作该国著名智库	4（吸引力）	同行评议（专家评估、第三方评估）

表2.4　融合指标对比（一）

宾大报告		社科院报告	
序号	指标	序号	指标
2（资源）	财政支持的水平和稳定性	9、10（吸引力）	·资金值（人均年研发经费） ·多元化
8（使用率）	在媒体中曝光率和媒体引用、网站访问的数量和质量	8、30（吸引力、影响力）	·研究成果吸引力（下载量、转载量、网站点击量） ·媒体曝光度（人员、机构曝光次数）
9（使用率）	给政府呈送的简报情况、官方任命和咨询情况	25、26（影响力）	·对政策制定的影响力（委托研究项目数量、政府咨询人次级别、决策采纳次数） ·与政府及决策者的关系（"旋转门"）
11（使用率）	在学术界和出版界成果被引用情况，以及参加或组织的会议情况	28、29（影响力）	·论文被引（数量） ·学术活跃度（举办会议、学术交流）
15（产出）	组织的会议、研讨会和汇报会次数与质量	29、33（影响力）	·学术活跃度（举办会议、学术交流） ·国际合作（联合举办学术研讨会、合作发布研究成果、学术交流人次）
20（影响）	获奖情况	1、2（吸引力）	·决策奖励（政府、行业、组织奖励） ·学术声誉（学术奖励、学术道德、学术独立性）
21（影响）	被学术期刊和其他媒体引用且影响政策决策过程情况	25、30（影响力）	·对政策制定的影响力（委托研究项目数量、政府咨询人次级别、决策采纳次数） ·媒体曝光度（人员、机构曝光次数）
22（影响）	网站影响力	8、32（吸引力、影响力）	·在媒体中曝光率和媒体引用、网站访问的数量和质量 ·信息公开度（研究成果公开获取、网站内容丰富度、更新频率）

表2.5 融合指标对比（二）

社科院报告		宾大报告	
序号	指标	序号	指标
8（吸引力）	研究成果吸引力（下载量、转载量、网站点击量）	8、22（使用率、影响）	·在媒体中曝光率和媒体引用、网站访问的数量和质量 ·网站影响力
25（影响力）	对政策制定的影响力（委托研究项目数量、政府咨询人次级别、决策采纳次数）	9、12、16、17、19、21（使用率、产出、影响）	·给政府呈送的简报情况、官方任命和咨询情况 ·政策建议和新思想的数量与质量 ·职员被提名为政府机构顾问的人数与级别 ·建议被决策层和社会组织考虑或采纳情况 ·担任政党等政府机构的顾问情况 ·被学术期刊和其他媒体引用且影响政策决策过程情况
27（影响力）	成果发布（连续出版物数量、发布研究报告、论文、著作数量）	10、13（使用率、产出）	·书籍出售情况 ·研究报告发行情况 ·出版物（书籍、期刊文章、政策简报等）的发表数量与级别
29（影响力）	学术活跃度（举办会议、学术交流）	11、15（使用率、产出）	·在学术界和出版界成果被引用情况，以及参加或组织的会议情况 ·组织的会议、研讨会和汇报会次数与质量
30（影响力）	媒体曝光度（人员、机构曝光次数）	8、14、21（使用率、产出、影响）	·在媒体中曝光率和媒体引用、网站访问的数量和质量 ·受新闻采访次数与层次 ·被学术期刊和其他媒体引用且影响政策决策过程情况

（3）独立指标

独立指标即各个体系独有，参见表2.6。

表 2.6　独立指标对比

社科院报告		宾大报告	
序号	指标	序号	指标
3、4、5、6（吸引力）	·历史（成立时间） ·人员规模 ·求职比		
11~23（管理力）	·发展规划 ·组织层次（严密、系统） ·独立性（独立法人资格） ·客户关系管理（是否有专职公关人员） ·信息化管理（独立网站） ·流程管理 ·外包能力（翻译、数据处理、外包） ·素质（学历） ·结构（年龄、性别） ·领导人 ·合作能力 ·管理风格 ·导向管理		
31、34、35、36（影响力）	·社会责任（开展社会公益项目数量） ·注册国外分支机构（数量） ·外籍专业技术人员（比例） ·使用多语种（研究成果语种、网站语言版本）		
		3、5、6（资源）	·与决策层及其他政策参与方的沟通情况 ·与决策层、学术界和媒体网络的关系质量和可靠度 ·与政策层、学术界和媒体的主要联系人情况
		18、23（影响）	·社会关系网络中心性情况 ·成功挑战决策者传统思维

（4）对两份报告指标体系的分析

就总体而言，两份报告指标体系的理论依据不同、评价方法不同，导致指标分类相互重叠融合。两个机构都关注智库本身的资源属性,社科院报告的吸引力指标与宾大报告的智库资源指标相对应;社科院报告的影响力指标与宾大报告的使用率、产出、影响指标重合较多,社科院报告对影响力分类基于社会网络理论,分别从智库对政府、学界、社会、国际等几个方面的影响进行分类;而宾大报告二级指标分类界限不够清晰,各个指标容易混淆。

从独立指标来看,两份报告指标体系多为定性评价,社科院报告更加侧重智库本身的管理,如智库本身的战略、组织架构的严密性和系统性、价值观等;宾大报告的指标体系里也包括众多无法量化的指标,如智库与决策层、学术界、媒体的沟通、联系人情况、挑战决策者传统思维等。两者有一个明显差异在于"国际化",社科院报告关注国际影响力,从国际合作、外籍技术人员、多语种使用等角度进行了测度,而宾大报告基本没有这方面的考虑。

2.1.3.3 当前智库评价研究的特点

目前,智库的评价方法主要为定量分析和定性分析两类。为充分吸收已有经验,我们对目前国内外主流的智库评价项目指标体系中主客观指标的分配比例进行了调研,结果参见表2.7。

表2.7　各排行榜主客观指标分配

排行榜名称	客观指标比例/%	主观指标比例/%	评价方法
宾夕法尼亚大学主导的《全球智库报告》	0	100	专家打分
中国社会科学院中国社会科学评价中心发布的《全球智库评价报告》	85.87	14.13	客观分数+专家打分
上海社会科学院智库研究中心发布的《中国智库报告》	0	100	前期问卷调研+后期专家打分
四川省社会科学院、中国科学院成都文献情报中心联合成立的中华智库研究中心发布的《中华智库影响力报告》	70	30	客观指标+主观指数

从表 2.7 可知，目前各排行榜主要采用的评价方法或为完全主观，或混合采用客观指标和主观评价方法，尚没有机构完全基于客观指标开展智库排行榜研究。

2.2 基于客观数据的"全球智库影响力评价"

党的十八届三中全会强调"加强中国特色新型智库建设，建立健全决策咨询制度"。然而，新型智库建设是一项系统工程，智库发展要适应社会发展，各种不同类型、不同性质的智库，如何找准定位、明确责任，做大做强，体现优势和特色也成为智库发展的迫切要求。与此同时，如何建立多元化、多维度和多层次的智库评价指标体系已经成为行业的迫切需求。

2016 年，浙江大学信息资源分析与应用研究中心依托中国工程院"中国工程科技知识中心"建设项目，成立专门的智库研究小组，以智库评价为抓手，探索智库第三方评估的指标体系与模式，增强评估结果的客观性和科学性。研究小组在调研国内外智库排行的研究与发展现状的基础上，对指标体系和影响力构成进行比较研究，建构了一个相对合理、客观、透明、覆盖全球智库排行评价的指标体系。并通过采集调研大量智库的事实型数据，进行建模计算，开展数据挖掘与情报分析，实现量化排名。2017 年，研究小组首次发布《全球智库影响力评价报告》，该报告在 1200 余家全球来源智库样本中，基于数据公开、面向世界、评价透明、计算可重复原则遴选出 254 家最具影响力的智库，并对其进行评价。

2.2.1 项目特色与基本原则

为促进中国特色新型智库建设，服务国家治理体系与治理能力现代化，中国工程院于 2018 年设立"全球智库评价及排名"重点咨询项目，项目构建了公开透明的评价指标体系，增强智库评估结果的客观性、科学性、咨询性，同时，通过对全球智库的评议（排名）分析以及国际著名智库深入调研，挖掘智库建设的关键要素，为中国特色新型智库尤其是国家高端智库建设提供参考。为保障评价的延续性与可重复项，项目构建了基于调研分析、基础数据、评价研究，涵盖"评价指标体系、评价与咨询报告、数据库、数据管理与发布平台"等在内的智库评价网络系统。相对于其他智库评价报告，本研究最大的特色在于完全基于公开数据进行定量评价，以保证智库评价的客观性，具体表现如下。

1）数据公开：所有指标数据均来源于各智库官网对外公布的数据，或第三方平台的公开量化数据。

2）面向世界：评价客体是全球范围内的智库，并基于国内外智库评价报告的充分调研以及全球智库的共同特性制定指标体系框架。

3）评价透明：评价过程公开透明。

4）计算可重复：基于指标数据得出的结果可重复、可检验。

2.2.2 总体架构及研究流程

项目组主要通过文献检索、信息收集、专家座谈、管理团队交流等多种灵活形式，促进各研究课题之间的沟通交流，通过对国内外智库发展现状以及国内外智库评价排行报告的充分调研，深化智库概念及内涵，确定智库评价来源库的遴选原则，并进一步采集智库样本数据进行分析，同时，运用量化评价动态模型对指标数据进行建模分析，最终输出评价结果及高端智库建设可行性建议报告（图2.2）。

2.2.2.1 指标体系

（1）指标体系的初步提出

项目组结合前期智库评价指标的调研结果及对比分析，在2017年初步提出了自己的智库评价指标体系，包括4个一级指标、12个二级指标、35个三级指标。

一级指标分为四大模块：智库资源（resource indicators，R）、智库影响力（impact indicators，I）、智库公共形象（public image indicators，P）、智库产出（output indicators，O），构成RIPO指标体系框架，参见表2.8。

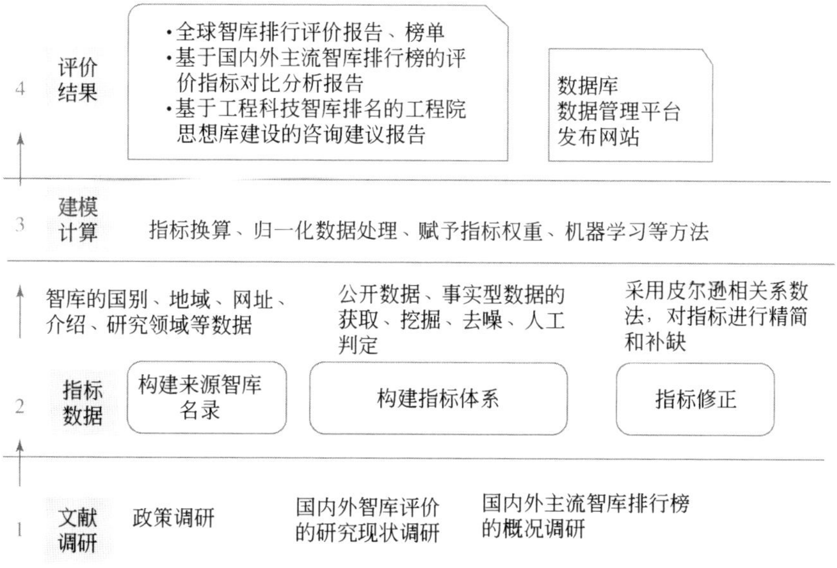

```
4  评价    • 全球智库排行评价报告、榜单
   结果    • 基于国内外主流智库排行榜的评      数据库
            价指标对比分析报告                数据管理平台
          • 基于工程科技智库排名的工程院      发布网站
            思想库建设的咨询建议报告

3  建模
   计算    指标换算、归一化数据处理、赋予指标权重、机器学习等方法

       智库的国别、地域、网址、    公开数据、事实型数据的    采用皮尔逊相关系数
       介绍、研究领域等数据       获取、挖掘、去噪、人工    法,对指标进行精简
                              判定                    和补缺
2  指标
   数据   构建来源智库           构建指标体系            指标修正
          名录

1  文献    政策调研    国内外智库评价    国内外主流智库排行榜
   调研              的研究现状调研    的概况调研
```

图2.2　全球智库影响力评价项目流程图

表 2.8　指标体系

序号	指标体系		
	一级指标	二级指标	三级指标
1	智库资源（R）	人员	人员规模
2			学历结构
3			性别结构
4		组织	成立时间
5			组织架构
6			独立性
7		资金	机构收入
8			职员平均薪酬
9			获得国家支持
10	智库影响力（I）	与政府及决策者关系	"旋转门"
11		获奖情况	政府
12			行业
13			学术
14		同行评议	专家评议
15			第三方评估

续表

序号	指标体系		
	一级指标	二级指标	三级指标
16	智库公共形象（P）	媒体曝光度	人员曝光次数
17			机构曝光次数
18			媒体引用次数
19		知名搜索引擎搜索量	谷歌
20			微软
21		社交媒体粉丝数量	Facebook
22			微信、微博
23		网站	访问量
24			更新频率
25	智库产出（O）	政策产出	委托研究项目
26			接受政府咨询
27			决策被采纳次数
28		学术产出	连续出版物数量
29			发布研究报告
30			论文著作数量
31			论文下载量
32			被引数量
33			举办学术会议
34			参加学术交流、研讨会数
35			客户关系管理（是否有专职公关人员）

智库资源(R)，即智库机构存在和发展的支撑要素，包括人员、组织、资金等。现代智库研究呈现多主题、多元化的特点，大量研究需要综合的资源力量，同时智库的规模仍然是公众判断其研究实力的可测度的指标。资源力反映了机构资源投入程度，从某种意义上资源投入应与产出呈正比例关系。

智库产出（O），即智库机构直接的学术成果和政策研究成果产出，包括政策产出、学术产出等。生产力是智库的核心元素，展现智库政策转化能力。

智库公共形象（P），即智库机构在外界的展示度，包括媒体曝光度、知名搜索引擎搜索量、社交媒体粉丝数量、网站等。现代智库越来越重视通过网络、新媒体平台来宣扬其自身政见，引导公共舆论。

智库影响力（I），即智库机构在国内外的影响力，包括与政府及决策者的关系、获奖情况、同行评议等。影响力是智库活动的结果，智库在政界、学术界和行业界的影响力是智库评价的重要指标。

（2）指标体系修正

从理论层面到实践层面，本项目组一方面参考借鉴国内外主要评估系统的经验，另一方面结合研究目标的独特性，同时根据数据获取情况以及模型试算的反馈进行不断的调整，对指标体系进行了多轮比较筛选和修正，摒弃了所有主观指标，最终指标见表2.9。指标体系修正说明如下。

表2.9 指标体系及指标释义

一级指标名称	二级指标名称	三级指标名称	数据主要来源	指标内涵及意义说明
智库资源（R）	人员与组织	研究人员数量	机构主页	指在机构中专门从事研究的人员数量。该指标用于体现智库作为决策咨询机构所应具备的研究属性
		人员总数	机构主页	指在机构中担任某种职务或从事某种工作的人。该指标一是反映该机构的人员规模；二是通过研究人员数在人员总数中的占比情况，考量智库的研究能力
		成立时间	机构主页	该指标反映某个智库的历史、从无到有、持续发展的过程
智库影响力（I）	与政府及决策者关系	领导人"旋转门"	机构主页	指机构中领导在公共部门和私人部门之间双向转换角色、穿梭交叉的机制。该指标体现智库领导层与政府之间交互现象
	同行评议	社科院报告排名	《全球智库评价研究报告》	机构在中国社会科学院发布的智库报告中的排名
		宾大报告排名	《全球智库报告》	机构在美国宾夕法尼亚大学发布的智库报告中的排名
	开放性	网站语言版本数	机构主页	指机构网站语言种类
		是否接纳访问学者	机构主页	该指标体现机构的开放程度
		成果合作情况	WOS数据库检索	该指标体现机构的对外合作能力
		数据公开情况	机构主页	该指标体现智库事实数据的透明度

续表

一级指标名称	二级指标名称	三级指标名称	数据主要来源	指标内涵及意义说明
智库公共形象（P）	纸媒曝光次数	《人民日报》曝光次数	中华数字书苑数据库检索	指过去10年，机构在《人民日报》全文中出现的次数
		《华盛顿邮报》曝光次数	ProQuest平台数据库检索	指过去10年，机构在 The Washington Post（《华盛顿邮报》）全文中出现的次数
	社交媒体	Facebook粉丝量	Facebook首页	指机构在Facebook拥有的粉丝量
		Twitter粉丝量	Twitter首页	指机构在Twitter拥有的粉丝量
		有无微信公众号	微信	指机构有无微信公众号
	网站	访问量排名（三月平均）	Alexa网站	指机构主页在近三个月内的平均访问量的排名
		网站规模	搜索引擎	指网站包含网页数量。网页是智库网络影响力发挥、保存、传播的重要载体，该指标是智库拥有信息资源和智力建设水平的重要体现
		网络影响因子	搜索引擎	指在指定时间内指向某网站的外部和内部网页数的比值
		链接数	搜索引擎	指机构网站被外部网站链接的次数
智库产出（O）	政策产出	研究项目	机构主页	指机构开展科学技术研究的一系列独特的、复杂的并相互关联的活动，这些活动有着一个明确的目标或目的，必须在特定的时间、预算、资源限定内，依据规范完成。该指标体现智库开展研究与决策咨询服务所具备的能力，体现研究项目运转与智库影响力及其可持续发展之间的关系
		年平均研究报告	机构主页	通过具体调查、研究、分析，评估项目可行性、效果效益程度，为决策或活动提出意见和对策。该指标体现智库（研究人员和团队）的自主知识产品产出能力以及对政策制定的影响力
	学术产出	连续出版物数量	机构主页	指具有统一题名、印有编号或年月顺序号、定期或不定期在无限期内连续出版发行的出版物。该指标体现智库研究能力与学术产出的可持续性

1）所有指标均采用客观数据进行量化研究，不涉及主观定性指标。

2）本研究从智库资源、智库产出、智库公共形象和智库影响力四大方面来综合评价智库的水平，并选择一些代表性的二级指标来反映智库间的差异。然而，指标间不可避免地存在一定的包含、因果关系，具有相同的变化趋势（如同时升高、降低）等，可能导致部分反映相同物理意义的指标被重复计算，最终影响评价结果。因此，通过进行指标间相关性分析，将相关系数较大的指标进行精简与合并，将有利于提高评价的准确度。

3）性别结构、学历结构等指标数据不具有结构化特征，需要大量人工干预，且对评价结果的影响相对较低，在修正时删除。

4）国内外机构对于获得国家支持经费、获奖情况等数据衡量标准不统一，在修正时删除。

5）"旋转门"数据主要依靠人工阅读机构网页上的研究人员简历来获取非结构性数据，目前仅对智库机构领导层人员进行统计分析。

6）微博（粉丝量）数据获取率低、微信（粉丝量）数据无法获取，在修正时删除。

7）对于学术产出，实际统计过程中发现论文成果与智库基于政策、决策指导的本源概念不吻合，删除了相关统计指标。

（3）指标定义及数据来源

经过多轮修正，本项目组基本确立了可行的评价指标体系，其中，一级指标4个，二级指标9项，二级指标下设22项三级指标，说明如下。

1）一个机构的工作是组织行为，需要所有员工共同努力完成。人员指在机构中担任某种职务或从事某种工作的人。组织指具有明确的目标导向和精心设计的结构与有意识协调的活动系统，同时又与外部环境保持密切联系的社会实体。"人员与组织"指标下设"研究人员数量""人员总数""成立时间（年）"3个三级指标。

2）"政策产出"指标强调智库对决策的影响力，这是智库对公共政策和战略问题开展决策咨询的重要体现。该指标下设"研究项目""年平均研究报告"2个三级指标。

3)"学术产出"指标强调机构智库的学术研究能力,下设"连续出版物数量"指标,体现智库研究能力与学术产出的可持续性。

4)"纸媒曝光次数"指标强调智库在权威报刊中的出现次数,经指标数据相似度分析,选取国内外具有代表性的2家报刊——《人民日报》曝光次数、《华盛顿邮报》曝光次数,作为2个三级指标。

5)"社交媒体"指标强调智库在国内外主流社交网络中的显示度,下设"Facebook粉丝量""Twitter粉丝量""有无微信公众号"3个三级指标。

6)"网站"指标强调智库的网站在整个互联网中的显示度。下设的4个三级指标中,"网站规模""链接数"是从数量的角度考量,"访问量排名(三月平均)""网络影响因子"着重体现网站的质量。

7)"与政府及决策者关系"指标强调智库在人员特别是领导层构成方面,对智库支持决策的能力存在的显性或隐性的影响,下设领导人"旋转门"指标。

8)"同行评议"指标强调权威智库排行榜的参照性,选取了两大参照系,即将"宾大报告排名"和"社科院报告排名"作为三级指标。

9)"开放性"指标强调智库在全球的学术交流与成果合作情况,下设"网站语言版本数""是否接纳访问学者""成果合作情况""数据公开情况"4个三级指标。

2.2.2.2 指标数据

(1)智库遴选原则

作为智库评价的客体,来源智库的选择是保证智库研究可靠性的重要方面。为保证智库研究数据的真实、权威、可信,减少用户识别数据的成本,在对全球各智库评价项目进行充分调研分析基础之上,本项目组提出了来源智库的遴选原则。

1)享有一定国际或国内知名度,即智库对于政界、学界或公众具有一定的辨识度。

2)有比较完善的组织架构与运行机制,从公开的渠道可以查询到相关信息。

3）有较强的资金和人才吸引能力，即拥有一定的人员保障和资金保障。

4）有较强的政策、学术产出能力，从公开渠道可以获取到相关信息，并有一定的影响力。

5）同社会各界保持良好关系，有较高社会评价。

基于以上5条标准，对每一个智库都通过公开访问渠道进行人工核实，确保来源智库的信息可靠性，为社会公众筛选出真实优质的智库机构。

（2）遴选过程

1）对全球智库样本进行调研。不同智库的评价报告对智库的定义略有差异，相应的智库样本不同。例如，美国宾大《全球智库报告》中缺乏对美国国会研究服务处、国家研究理事会等美国政府或党派所属型智库的评价。为此，本项目组通过对全球智库以及当前著名的智库评价项目的广泛调研，综合各个项目智库样本，分别筛选出全球智库样本与中国智库样本。

全球范围样本选择参照系为：美国宾大《全球智库报告》年度地区顶级智库榜单及科技智库榜单，中国社科院《2015全球智库报告》中已公布的TOP100智库，中国工程院《国外著名工程科技思想库概况研究报告》中提及的15家智库，国际工程与技术科学院理事会（CAETS）会员机构26家，经合并去重后得到全球范围样本。

中国范围智库样本选择来源包括：上海社会科学院年度总榜、科技类智库分榜及中国特色新型智库，四川社会科学院总榜，国家高端智库榜单，浙江大学智库榜单，浙江省高端智库建设试点单位，浙江省新型高校智库，智库评价报告中的中国智库，美国宾大《全球智库报告》年度分表中的所有中国智库，经合并去重后得到中国智库样本。

2）样本数据完善与核实。由于本项目组确定的评价原则是以智库公开的数据为计算基础，因此本项目组对以上样本数据进行了完善与核实，重点加强对在各大排行榜中有显示度的智库机构的非结构性数据的挖掘，增加工程科技智库、中国新型特色高端智库试点。2019年评价报告中，一共搜集到1291家智库的中英文名称、国别、网址、简介等信息。此外，对以下几种情况进行了删减处理。

第一，有些智库是高校下属的二级机构，考虑到可比性，高校机构一级单位不列入样本。例如，北京大学国家发展研究院、清华大学国情研究院、浙江大学中国西部发展研究院等，其所属的北京大学、清华大学、浙江大学则不再列入评价对象。

第二，对于涉及国家机密、军事安全、政治敏感的，不列入样本，如中央军事委员会下属军事科学院等。

第三，网址无法通过正常途径访问、网址无法确认以及有网址但无具体信息，虽有排名显示度，但未列入样本。网址无法通过正常途径访问的，如"一带一路"百人论坛（https://www.OBOR100.com）；网址无法确认的，如中国社会科学院世界经济与政治研究所。有网址但无具体信息的，如国务院研究室。最终，确定400家左右智库评价名单。

入选智库评价候选池中，国内智库占比约30%，国外智库占比约70%，待评智库机构涵盖了60多个国家和地区，研究领域涉及国家安全、经济、国际事务、健康、教育、科学与工程、社会政策、政府治理等方面。

（3）数据采集

指标数据获取过程中，主要注重数据的公开、客观、真实、可获得性。通过遍历、检索智库机构的主页、数据库等公开途径，本项目组获得了用于计算榜单排名的大量客观事实数据。

1）官方网站：智库主页是方便获取较为全面的机构信息的途径。智库的机构信息、资金、政策产出、网站指标等都可在机构的主页找到。通过阅读智库研究人员的简历等信息可获得"旋转门"等指标数据。

2）纸媒与社交媒体：智库在传统纸媒的曝光是公共形象体现的一种测度。采用的获取途径为中华数字书苑数据库检索、ProQuest平台数据库检索。

中华数字书苑。中华数字书苑是北京方正阿帕比技术有限公司推出的专业优质华文数字内容整合服务平台。中华数字书苑以数据库方式，收录了中华人民共和国成立以来大部分的图书全文资源、全国各级各类报纸及年鉴、工具书、图片等特色资源产品，旨在为图书馆、企业、政府等客户及其所属读者提供在线阅读、全文检索、离线借阅、移动阅读、下载、打印等数字内容和知识服务。其还收录了 900 多家出版机构、50 万位作者的信息及其作品库，可为出版产业链中的作者、出版单位、发行单位、信息情报单位、读者提供各类信息服务，为政府提供覆盖行业的出版信息管理支持和相关决策支持服务。

ProQuest 平台外文报刊库。该库所拥有的美国主要日报资源，为用户提供访问当前 5 种在美国广受读者信赖的全美流通及地区报纸，即《纽约时报》《华盛顿邮报》《洛杉矶时报》《芝加哥论坛报》《华尔街日报》的全文内容和可追溯到 1980 年的回溯档案。同时，该库还拥有欧洲新闻频道资源，其是最新的欧洲新闻内容及广博的回溯档案，让用户能够检索现今超过 430 种最具影响力的英国、爱尔兰和欧洲的报纸内容，而大多数报纸其档案可回溯到 20 世纪 90 年代。主要收录报纸包括《卫报》（*The Guardian*）、《金融时报》（*Financial Times*）、《独立报》（*The Independent*）、《世界报》（*El Mundo*）、英国《泰晤士报》（*The Time*）、英国《星期日泰晤士报》（*The Sunday Times*）。

3）搜索引擎：搜索引擎是人们从互联网上搜集获取智库信息的便捷途径，智库在搜索引擎中被检索的条数是其公共形象的反映。这里采用谷歌与百度两个知名、先进的搜索引擎。

4）网站数据统计：Alexa 是一家专门发布网站世界排名的第三方网站，由美国 Alexa Internet 公司于 1996 年 4 月创建，1999 年成为亚马逊公司的子公司。Alexa 旨在让互联网网友分享虚拟世界资源的同时，更多地参与进来。Alexa 每天在网上搜集超过 1000GB 的信息，不仅给出多达几十亿个网址链接，而且对其中的每一个网站进行排名。可以说，Alexa 是当前拥有统一资源定位系统（Uniform Resource Locator，URL）数量最庞大、排名信息发布最详尽的网站。

（4）数据处理

数据获取过程中，会不可避免地遇到指标数据存在中外差异，如搜索引擎、社交媒体等；由于数据库的检索限制，仅靠机器获取的数据，会存在一定误差，需要人工介入对检索结果进行二次筛选；同时，由于部分智库机构网站数据公开程度不高、语种多样、不同国家社交媒体差异等，智库机构的某些指标数据存在获取不完整的情况。因此，需要对指标数据进行归一化、权重分析、基于缺失值进行补全等工作。

1）归一化处理。数据归一化是指标数据计算处理的基础工作。由于不同评价指标往往具有不同的量纲，数值间的差别可能很大，若不进行归一化可能会影响计算结果。结合采集到的智库指标数据特点，对补缺完整的数据，本项目组使用 Z-score 标准化方法，其标准化后的变量值围绕 0 上下波动，适用于 Logistic 标准化的条件（特征取值分布相对比较集中地分布于 0 两侧），然后使用 Logistic 标准化方法，将数据映射到 0 与 1 之间。

Z-score 标准化对特征取值中的每一个数据点做减去均值并除以标准化的操作，使得处理后的数据具有固定均值和标准差，处理函数为

$$f(x_{i,j}) = \frac{x_{i,j} - \overline{x_j}}{\sqrt{\frac{\sum (x_{i,j} - \overline{x_j})^2}{N}}}$$

式中，N 是智库的个数；$\overline{x_j}$ 是指标 j 的均值；$x_{i,j}$ 为第 i 个智库第 j 个指标的数据值。

Logistic 标准化利用 Logistic 函数的特性，将 $f(x_{i,j})$ 映射到 [0，1] 区间内，其处理函数为

$$g(x_{i,j}) = \frac{1}{1 + e^{-f(x_{i,j})}}$$

2）权重分析。对于一级和二级指标权重，目前采用的是层次分析法来计算权重系数。在综合大量文献调研和专家意见后，本项目组提出了全球智库评价体系，采用层次分析法计算各级指标的权重，详见表 2.10。

表2.10　全球智库评价指标体系及其权重　　　　（单位：%）

一级指标	权重	二级指标	相对权重	实际权重
智库资源（R）	$W_1=15$	人员与组织	$W_{11}=100$	15
智库产出（O）	$W_2=20$	政策产出	$W_{21}=65$	13
		学术产出	$W_{22}=35$	7
智库公共形象（P）	$W_3=30$	纸媒曝光次数	$W_{31}=25$	7.5
		社交媒体粉丝量	$W_{33}=25$	7.5
		网站	$W_{34}=50$	15
智库影响力（I）	$W_4=35$	与政府及决策者关系	$W_{41}=40$	14
		同行评议	$W_{42}=20$	7
		开放性	$W_{43}=40$	14

对于三级指标，采用变量归一化后的均标准差作为衡量该指标的权重。在统计分析中，变量间的离散程度在一定程度上反映了变量的重要性。一个变量的重要性与波动程度有关系：如果其波动程度较大，那么就会显得较为重要；否则，就显得不太重要。变量归一化以后的均标准差为指标 j 的各指标内权重，即三级指标权重（γ_j）：

$$\gamma_j = \frac{\sum |f(x_{i,j})|}{N}$$

3）数据补全。针对本研究中部分数据缺失较多的情况，我们采用了区间取值的方法，对数据缺失较少的用插值法进行数据补全。插值法是指用相应指标进行多轮排序后，排名百分位匹配的方法得到近似值并以此来填补该缺失值的方法，它能够有效改观当前的数据缺失情况。

综合以上情况，《全球智库影响力评价报告2019》中，项目组对于22个三级指标的预处理、补缺和归一化方法如表2.11所示。

表2.11 各指标预处理、补缺和归一化方法

序号	一级指标	二级指标	三级指标	归一化方法
1	智库资源	人员与组织	研究人员数量	区间取值后归一化
2			人员总数	区间取值后归一化
3			成立时间	区间取值后归一化
4	智库影响力	与政府及决策者关系	领导人"旋转门"	归一化
5		同行评议	社科院报告排名	换算百分位后归一化
6			宾大报告排名	换算百分位后归一化
7		开放性	网站语言版本数	区间取值后归一化
8			是否接纳访问学者	归一化
9			成果合作情况	区间取值后归一化
10			数据公开情况	归一化
11	智库公共形象	纸媒曝光次数	《人民日报》曝光次数	归一化
12			《华盛顿邮报》曝光次数	归一化
13		社交媒体	Facebook 粉丝量	归一化
14			Twitter 粉丝量	归一化
15			有无微信公众号	归一化
16		网站	访问量排名（三月平均）	换算百分位后归一化
17			网站规模	归一化
18			链接数	归一化
19			网络影响因子	归一化
20	智库产出	政策产出	研究项目	区间取值后归一化
21			年平均研究报告	区间取值后归一化
22		学术产出	连续出版物数量	区间取值后归一化

2.2.2.3　建模排行

（1）建模方法确定

常用的数据建模方法根据其应用领域的不同，可大致分为数学规划算法、现代优化算法（禁忌搜索算法，模拟退火算法，遗传算法）、图论法、数据拟合法、聚类分析法、判别分析、回归分析法等。这些建模方法都有其各自的适用场合和条件限定，如图论法适用于可以抽象为图的数学问题的建模，而回归分析法需要更多的历年数据进行统计训练，且数据满足自变量与因变量呈直线关系的条件等。

根据建模的目的，本项目组认为线性加权法基本符合本研究建模的需要。即本研究所关心的建模问题可以转换为一个数学上的评价得分问题。具体而言，根据评价规则直接确定评价指标的得分情况，即各机构主体指标的得分为其所对应的指标得分乘以各对应指标的权重系数，然后将乘得的结果相加就得到该机构指标的分值。

（2）建模试算

权重作为评价中的关键部分，其合理性很大程度决定了评价结果的合理性。本研究采用变量归一化以后的均标准差来作为衡量每个变量重要性的参数。在统计分析中，变量间的离散程度在一定程度上反映了该变量的重要性。即一个变量的重要性与波动程度有关系：如果其波动程度较大，那么就会显得较为重要；否则，就显得不太重要。

本研究采用的变量归一化以后的均标准差便是基于此原理。变量归一化以后的均标准差为指标 j 的各指标内权重，即三级指标权重：

$$\gamma_j = \frac{\sum |f(x_{i,j})|}{N}$$

对于二级和一级指标，本项目组考虑到指标体系中智库资源、智库产出、智库公共形象和智库影响力这四大模块包含的指标间均衡的原则，调整其中的二级指标 k 的权重（δ_k）为

$$\delta_k = 该二级指标所属一级指标得分 \times 该二级指标的权重划分数$$

最后，同时考虑指标权重 γ_j 与模块权重 δ_k 的影响，最终确定指标 j 的指标系数 $\beta_j = \delta_k \times \gamma_j$。

基于补缺后的指标权重与归一化以后的指标值，再采取线性加权的方法来评估智库的综合影响力，具体而言，针对智库 i，其综合影响力水平得分 $= \beta_1 f(x_{i,1}) + \beta_2 f(x_{i,2}) + \cdots + \beta_j f(x_{i,j})$，其中 j 为指标总个数。

（3）权重调整

排行建模的重点和难点在于指标权重的确定。指标赋权无外乎两种方法，一种是定性方法，即专家打分；一种是定量分析，如因子分析法、层次分析法等。郭瑞（2017）基于高校智库评价实证研究，采用因子分析赋权，通过3次因子分析后提取出6个公因子，将公因子代表方差的程度进行归一化处理后得出各个公因子所占的客观权重，即社会影响力因子、学术影响力因子、智库资源及管理因子、智库平台建设因子、同行影响力因子、政府影响力因子。陈杰等（2016）开展的中国特色新型智库有效性评价指标体系构建研究中，运用层次分析法构造阶梯层次的判断矩阵，并采用Seaty1～9标度法和两两比较法进一步分析各指标因子的相互关系，具体为：组织有效性（7%）、影响力有效性（52%）、多元化有效性（17%）、国际化有效性（24%）。肖福军（2016）采用问卷调查和层次分析法对指标体系重要性进行判定，使用ExpertChoice软件进行运算得出权重，包括：决策影响力（45.1%）、社会影响力（17.3%）、学术影响力（17.1%）、智库成长与营销能力（8.4%）、国际影响力（8.1%）、校园影响力（4%）。本项目组经过综合分析与参考，对各指标相对重要程度进行判定，经过多轮验证后，最终确定了权重分配（表2.10）。

2.2.3 研究成果

目前，本项目组已经取得以下研究成果。

（1）全球智库索引数据库

建立严格的智库遴选原则，对全球各智库评价项目进行充分调研分析，筛选出全球智库样本与中国智库样本，并进行完善与核实，保证数据的多样性与完整性。确定科学、客观、合理的指标体系，可以全面地反映智库评价的各个因素，最终建立全球索引数据库。

（2）全球智库评价数据库

本项目组对目前国内外主流的智库评价排行榜的指标体系中的主客观指标的分配比例进行调研，分析比较各个智库评价排行指标的对应关系，即相似、相融、特有，根据已有数据找出使评价方法更具有科学性、结果更为合理的评价智库排名关键因素，提出自己的指标体系，并采集大量客观事实数据，在不断地反馈中进行调整，对指标体系进行多轮的比较筛选和修正，并最终建立全球智库评价数据库。

（3）智库量化评价标准和评价指标体系

在参考国内外智库评价指标体系的基础上，结合研究目标的独特性，进行试算。在不断的反馈中进行调整，对指标体系进行多轮的比较筛选和修正，并最终结合各领域的行业特点，建立了智库量化评价标准和全部为客观指标组成的 RIPO 三级指标体系。其中一级指标依据目前较为通行的智库评价定量分析方法，分为四大模块，包括智库资源（R）、智库影响力（I）、智库公共形象（P）、智库产出（O）。4 个一级指标下设二级和三级指标，对全球智库进行综合评价。

（4）全球智库数据库

在对全球智库评价项目充分调研分析的基础上，确定 5 条智库遴选原则（详见 2.2.2.2 节），收集 1200 余家中外著名智库的中英文名称、国别、网址、简介等信息，构建全球智库中心数据库，并在此基础上，对智库机构进行多维度分类标引，构建全球智库评价数据库，用于年度智库评价研究。

（5）数据管理与发布平台

为了更好地管理智库数据，智库项目组建立了评价项目数据管理与发布平台[1]。该平台包含工作平台（图 2.3）和发布平台（图 2.4）。工作平台仅

---

[1] 浙江大学信息资源分析与应用研究中心．评价项目数据管理与发布平台．[2020-05-05].https://ciraa.zju.edu.cn/thinktank.

供项目内部使用，主要功能是对本研究实施过程中的工作流程分派、数据采集与治理、数据变更、数据交换、数据试算、榜单预发布与正式发布进行管理。发布网站面对公众用户，实现榜单发布、全球智库导航、可视化比较与分析等功能。

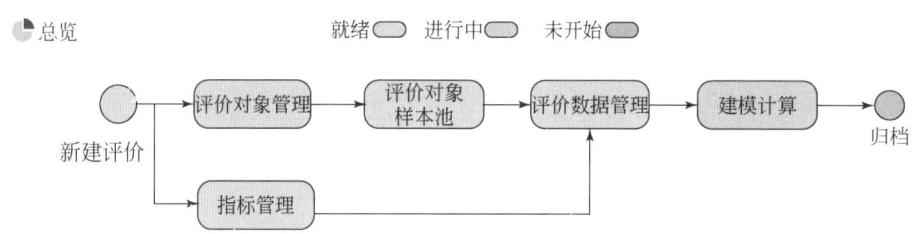

图2.3　智库工作平台

图2.4　智库发布平台

（6）《全球智库影响力评价报告》

《全球智库影响力评价报告》于2017年首次发布，截至2019年，已连续发布三年，智库中心库收集了1291家国内外著名智库的基本信息，评价数据库数量也在逐年扩展，参评智库数量由2017年的254家、2018年的338

家增至 2019 年的 376 家，在总智库池扩充的情况下，国内智库入选占比也逐年提高。项目组在实践的基础上，不断根据实际需求、专家建议以及大量来自各类智库和管理部门的反馈，调整指标体系，优化评价模型，在构建完全基于客观指标的 RIPO 指标体系的基础上，通过数据驱动反馈及相关性验证，合并相关性高的指标，凸显智库政策影响力，三级指标由 2017 年的 35 项、2018 版的 24 项精减至 2019 版的 22 项。

2.3 基于全球智库影响力评价的启示

纵观上述对智库评价项目及指标体系的全面调研及综合比较，智库综合评价指标体系包括全定性指标的指标体系、定性与定量相结合的指标体系（上海社会科学院智库研究中心，2015）[1][2]，以及完全基于客观数据的指标体系。项目组选取《全球智库影响力评价报告 2019》的全球智库榜单 TOP100 智库样本，进行微观数据对比。上榜智库数量前五名的国家分别是：中国 27 家、美国 26 家、英国和德国各 8 家、韩国 6 家。中国虽然上榜智库数量超过美国，但在全球顶尖智库对比中，仍有差距，TOP20 智库美国入选 12 家，而中国只有 4 家。

以 TOP100 上榜智库为研究对象，按国家分别统计上榜智库在智库资源（R）、智库影响力（I）、智库公共形象（P）和智库产出（O）4 个一级指标的平均得分（表 2.12）。

表2.12　TOP100智库一级指标得分统计表

国家	智库资源 平均得分	智库影响力 平均得分	智库公共形象 平均得分	智库产出 平均得分
澳大利亚	4.85	26.24	24.29	9.80
比利时	6.74	22.58	19.39	9.83
丹麦	7.11	30.52	16.95	10.53
德国	11.87	21.01	15.19	11.86

---

[1] 见《2014 中国智库影响力报告》.
[2] 中国社会科学网. 全球智库评价报告（2015）. [2019-12-21]. http://skpj.cssn.cn/xspj/qwfb/201806/t20180621_4373845.shtml.

续表

国家	智库资源平均得分	智库影响力平均得分	智库公共形象平均得分	智库产出平均得分
俄罗斯	4.10	30.80	14.31	12.81
韩国	10.70	22.11	11.35	15.45
美国	10.94	25.44	22.57	12.05
南非	7.28	24.87	9.92	12.72
挪威	10.36	24.71	9.23	15.82
日本	10.82	25.31	15.10	12.10
瑞典	9.06	24.85	12.94	8.87
瑞士	10.79	19.41	28.79	10.36
土耳其	4.85	27.12	11.31	9.80
新加坡	9.06	29.24	7.99	8.81
以色列	9.06	27.51	10.37	9.83
意大利	10.51	26.85	10.20	11.17
印度	7.44	27.04	11.53	18.65
英国	10.06	25.55	14.40	11.77
中国	10.16	19.13	20.66	13.09
TOP100智库平均得分	10.12	23.16	18.23	12.37

在一级指标智库资源（R）得分上，中国上榜智库均超过平均水平，在19个上榜国家中排第8位，人员与组织保障上总体表现良好。中国智库在研究人员和工作人员数量上均有保障，而在成立时间上，我国大多数智库是在中华人民共和国成立之后建立的，因此在持续时间长度和发展历史积淀上还有所欠缺。

在一级指标智库影响力（I）平均得分上，中国在19个国家中排最后一位，整体影响力与国际高端智库相差较大。从二级指标来看，在"与政府及决策者关系"上，我国的高端智库整体表现较好，能够在各自研究领域充分发挥政府智囊团的作用，如中国国际问题研究院、中国工程院、中共中央党校（国家行政学院）、中国财政科学研究院、中国（海南）改革发展研究院等，均进入该指标得分的 TOP30。然而，一些小型的、地方性智库在辅助政府决策方面还没有发挥明显作用。在"同行评议"二级指标上，中国智库总体表现一般，在完全基于主观评价的宾大报告中，中国智库整体认可度不高，仅有中国现代国际关系研究院、国务院发展研究中心、中国国际问题研究院在该指标上进入 TOP20。在"开放性"二级指标上，我国智库也有较大提升空间，如智库网站的语言版本一般可以做到中英双语，有利于国外了解智库的研究成果，但也有些智库只有中文一种语言，限制了智库成果的国际化传播。在"是否接纳访问学者"方面，进入 TOP100 的中国智库中，有 12 家接受访问学者，15 家未接受访问学者，建议我国智库多开展国内外研究学者相互交流学习的项目，互鉴互通。在"成果合作情况"方面，有半数的中国上榜智库得分为 0，智库机构的对外合作能力亟待提升。在"数据公开情况"方面，一些智库的官方网站未能将最新的研究动态和成果发布在网上，网站维护与更新不够及时，智库事实数据的透明度和完整度不够充分。

在智库公共形象（P）一级指标上，中国上榜智库整体表现良好，平均得分在 19 个国家中排第 4 位。但是在该指标表现最好的国内智库并不是排名最靠前的几家，而是由高校主导建设的新型智库，如北京大学国家发展研究院、中国人民大学国家发展与战略研究院。2014 年 2 月 10 日，教育部印发的《中国特色新型高校智库建设推进计划》中就提出高校智库拓展成果应用渠道，打造高端发布平台的建议，这对其他智库同样具有借鉴意义。在互联网时代，智库在重视传统纸质媒体的同时，应该充分利用社交媒体、官方网站，增加智库的曝光度，将智库最新的研究成果和专家学者的观点广泛传播，提高影响力，提升公众形象。同时，也需要更多地在国际上发出中国智库的声音，传播中国智库的观点，提升国际形象和影响力。

在智库产出（O）一级指标上，中国上榜智库平均得分位列 19 个国家中的第 3 位，整体表现较好。在"政策产出"方面主要考察研究项目和年平均研究报告数量，在"学术产出"方面主要考察连续出版物数量，一些规模大、成立时间早的智库能够积累更多的成果产出，较有优势。但各家智库的研究成果在官方网站上披露程度不同，有些机构的研究项目和研究报告数量获取并不完整，也会影响该项指标的表现。我国智库在注重成果数量积累的同时，也应该对能够扩大影响力的热点问题给予关注和研究。

党的十八大以来，习近平总书记就建设中国特色新型智库、建立健全决策咨询制度作出了一系列重要论述和指示，特别强调要从推动科学决策、民主决策，推进国家治理体系和治理能力现代化，增强国家软实力的战略高度，把中国特色新型智库建设作为一项重大而紧迫的任务切实抓好。根据对《全球智库影响力评价报告2019》各级指标的分析，在中国特色新型智库建设过程中，重点做好以下几方面工作。

（1）引进高端人才，注重人才培养

研究分析人员是智库最为重要的资源，是智库开展研究分析工作的重要支撑。《关于加强中国特色新型智库建设的意见》提出，智库应该具有一定影响的专业代表性人物和专职研究人员。我国智库需要根据自身的人才现状、研究领域和发展趋势，研究制定国际高端智库人才引进办法，侧重引进具有多元文化、跨专业、跨部门和跨国工作经验，符合国家安全管理政策要求的国际智库高端人才。

同时需要加强对智库研究人员的培养，为智库人才的对外交流和成长创造机会。完善政府和智库的人员多元沟通机制，通过合同、聘任、项目委托、调研合作、研讨座谈等方式，邀请智库人员参与涉外重大政策的调研、起草、论证、评估等。还可以选拔优秀人才到联合国机构、世界银行、国际间组织任职、挂职，支持智库专家深度参与国际组织战略规划。

（2）增强交流合作，扩大影响范围

智库机构应坚持开放性、国家性和全球化理念，加强与国外知名智库的交流合作，通过签订合作协议、共同开展研究、接收访问学者等手段，构建智库间的国际交流平台，培养一支具有国际对话能力的智库人才队伍，逐步确立自身对全球性问题的发言权和影响力（王健，2015）。智库还可以与国内的政府部门、科研院所、新闻媒体等开展合作，提高研究质量，通过共同发布研究成果，扩大影响覆盖面。

为参与政府重大决策和政府制定政策提供参考，智库除向政府提供内参、专报外，还可以充分利用"旋转门"机制，吸引曾在政府部门任职、有参与政策制定经验的高端人才进入智库工作或者作为智库的专家顾问，利用其丰富的从政经验和社会资源，为智库的研究和发展提供帮助。

（3）创新传播机制，提升公共形象

智库影响力和公共形象的提升主要依托于智库研究成果的传播和研究人员在公众面前的发声。智库一方面要加强自身官方网站的建设与内容的及时更新，尤其是国际化网站平台建设，另一方面要加强新媒体的宣传推广。例如，充分利用微博、微信、论坛等新媒体平台，形成和打造多渠道的成果发布机制，发布最新的研究成果、研究报告、专家观点、音视频和新闻报道，将智库专家对社会热点问题的介绍和解读，对重大国际事件和国际问题的评论广泛传播。加强对智库人员媒体沟通能力的培训，形成自己的传媒推广战略和媒体形象设计。

（4）关注热点问题，增加成果产出

智库的研究成果可分为学术产出和政策产出，学术产出主要有专著、学术论文、连续出版物等，对于智库专家学者之间的学术交流有重要意义。可以通过研究前沿课题，在有影响力的学术刊物上发文，参加和举办论坛、研讨会等活动扩大学术影响力。政策产出主要以研究项目和研究报告等形式，为党和政府的决策提供参考。党的十八届三中全会通过的《中共中央关于全面深化改革若干重大问题的决定》指出，要"加强中国特色新型智库建设，建立健全决策咨询制度"。可见，服务决策、支撑决策是加强中国特色新型智库建设的基本出发点。我国的智库，需要重点关注国家社会发展中的热点、难点问题，如科学技术、公共服务、社会治理、政策法规等方面，同时结合自身的研究专长，进行科学的研究和分析判断。智库研究也要具有国际视野，各国之间的国际合作、地区间发展不平衡、健康、环境保护等全球热点问题同样需要关注和研究，为中国参与国际事务，在国际舞台上发挥更大的作用提供支持。

第3章 全球智库概述

3.1 欧洲智库

3.1.1 英国智库

3.1.1.1 英国智库的概况

在英国,"智库"最初特指1970年由首相爱德华·希思在内阁建立的中央政策评论部(CPRS)。此后,智库一词逐渐包括了独立于政府之外的、散布于民间为政府决策提供思想支持的政策咨询研究机构。美国宾夕法尼亚大学发布的《全球智库报告2019》显示,英国共有321家智库,约占全球8248家智库总数的3.9%。就智库数量而言,英国作为国土面积、人口数量都较小的国家,却是仅次于拥有1871家智库的美国、509家智库的印度和507家智库的中国,位居全球第四,并有2家位居榜单前10名之列。

英国虽然在政府体系内设立咨询研究岗位,但数量较少、规模较小,同时由于英国传统内阁体制的文官制度低效率,故英国需要并依赖于政府架构之外的智库机构。这些智库的核心功能不在于纯学术问题探讨或学科建设,而是提出政策建议并试图影响决策或发挥其前瞻性。智库的重要作用在于当政府可能做出决策失误之前,对政府提出建议或警告。如果这些建议被采纳,则说明该智库是具有政策影响力的,也拥有一定的监督作用,是一种对政府的非法定压力机制,这一点在英国表现得尤为明显。

英国智库制度起源于国家体制内,后逐步在体制外独立运营,但仍与政府保持密切关系。首先,一些权威智库的运营需要依靠政府的资金支持,因此英国智库的独立性往往被质疑。其次,由于英国政府的内阁制及两党制对立存在,与政府保持密切关系的智库存在党派倾向性。最后,智库是研究员与政客之间转变身份的"旋转门"。每逢换届,卸任的官员很多会进入智库,很多智库的研究者也可能进入政府担任职务，从而完成研究者与执政者的角色转换。"旋转门"机制不仅构建了智库的人际关系网络，而且搭建了知识与权力的桥梁，成为不同利益群体向最高决策者传递利益诉求的重要纽带，通过智库的影响力，渗透到对英国政策制定的影响中。

3.1.1.2　英国智库的起源与发展

智库制度最先起源于英国。在英国，最早具有政策研究职能的组织是1884年成立的费边社（Fabian Society）。英国智库的发展经历了漫长历史，大致可以分为三个主要发展阶段。

工业革命以后，英国智库迎来了第一次发展。1920年英国第一家真正意义上的智库查塔姆社成立。10多年后，受华尔街经济危机的影响，政治与经济规划委员会（PEP）和国家经济与社会研究所（NIESR）相继成立。这一时期的智库坚持独立和理性的研究，拒绝党派和意识形态的束缚，致力于为政府决策者提供务实可行的政策建议。

第二次世界大战后至20世纪80年代，为迎合政党竞争和冷战时期意识形态宣传的需要，出现了英国智库发展的第二次浪潮。这一时期先是出现了一大批右翼智库，如经济事务研究所、政策研究中心（CPS）、亚当·斯密研究所。这批智库主张回归经济自由主义和"小政府"，它们与保守党关系密切，为保守党的执政提供了帮助。为与右翼政党相抗衡，工党在1988年成立了左翼智库公共政策研究所，致力于扩大左翼思潮的影响力。公共政策研究所的主要任务是促进工党的现代化转变并在人民大众中宣传左翼思潮。

英国智库的第三次发展是对上一时期意识形态严重分歧的反思。这一时期成立的著名智库主要有狄莫斯（Demos）和社会市场基金会（SMF）。它们没有意识形态使命，与政府保持若即若离的关系。例如，狄莫斯的宗旨是"超越党派、意识形态和学科界限，创造开放的知识和学习"。其研究范围主要集中在民主、学习、企业、全球化和生活质量改进方面。社会市场基金会则声称要同时拥抱"左"和"右"，既支持社会主义思想，也拥护社会市场经济。

3.1.1.3　英国智库的特色

根据英国智库建立的历史背景,英国智库可以分为两类:第一类智库是传统智库;第二类智库是新兴智库。第一类智库在英国霸主时期崛起,第二类智库发展则更多地得益于当代英国在语言、文化、教育和对外交流等方面的优势领域。

第一类智库的典型例子包括查塔姆国际事务研究所、皇家联合军种研究所和国际战略研究所。这三家智库均为著名老牌智库,重点关注的领域都集中在国际关系和国际安全领域。

查塔姆国际事务研究所(又称英国皇家国际事务研究所)与皇家联合军种研究所均由参与巴黎和会的英国代表团建立。查塔姆国际事务研究所和皇家联合军种研究所成立之初均与国家利益密切相关,之后随着时代发展,开始逐渐强调自身的独立性,不断拓宽自身的视野。现今,查塔姆国际事务研究所不仅依然着眼于英国国际事务,而且能够在世界范围内发挥影响。皇家联合军种研究所关注的重点是国际安全领域,目前已经成为该领域的顶尖智库。

国际战略研究所成立于"冷战"时期,最初关注重点在核威慑与军备控制领域。"冷战"结束以后,它便宣称成为脱离任何政权、政府与政党的独立组织,依靠分布在100多个国家和地区的研究院与附属研究机构,为各类机构提供关于国际战略的第一手资料和原创研究成果。

第二类智库的发展则更多地得益于当代英国在语言、文化、教育和对外交流等方面优势,提供智库服务。英国新兴智库的成功代表包括:经济政策研究中心、欧洲外交关系委员会、伦敦政治经济学院外交与国际战略研究中心等。这些智库不仅广泛关注具有国际影响的政治、经济与社会议题,而且在成立之初就非常注重国际视野,强调与关注对学术资源的利用。

3.1.1.4　英国智库发展趋势

第一,英国智库发展战略从世界布局转移到聚焦欧洲。英国在其鼎盛时期曾一度奉行"光荣孤立"政策，以平衡欧洲各派势力来维护自身霸主地位。但在两次世界大战、美苏"冷战"之后，英国国力明显下降。权衡利弊后，英国做出了将外交重点逐渐向本土收缩的转变，英国与欧洲大陆的联系越来越密切。如今，英国虽然已经脱欧，但不可否认的是其自身法律与政策深受欧洲大陆的影响，加之其欧盟创始国成员之一的身份和常年深度参与欧洲事务的历史背景使得英国与欧洲各国的关系依然密切，这也为那些兼具欧洲关怀与国际视野的英国智库提供了落脚点。

例如，成立于1983年的经济政策研究中心和成立于2007年的欧洲外交关系委员会，虽然将总部设在伦敦，但都建立起了覆盖整个欧洲的研究网络。经济政策研究中心拥有800多名供职于各大高校、研究所、政策研究机构和国际组织的研究人员；欧洲外交关系委员会在柏林、马德里、巴黎、罗马、索菲亚和华沙等欧洲大陆多个首都城市设有办事处。可见，这两个智库虽然立足英国，但在组织运行和活动开展等方面都特别注重自身所具有的欧洲视角和欧洲属性。伦敦政治经济学院外交与国际战略研究中心是英国顶尖智库中最年轻的成员，前身是成立于2004年的伦敦政治经济学院冷战研究所，它依托所在高校雄厚的科研能力与西方许多国家政坛人物的密切联系，迅速成为联结英国国际关系研究和外交政策的重要桥梁。

第二，英国智库的政党依附性，已成为限制智库发展的重要弊端。虽然智库依附于政党可以获得连接权力中心的便捷渠道，却限制了智库的长远发展。首先，智库的关注议题被局限于宣传党派主张和开展意识形态辩论，不利于开展高质量研究。其次，造成了不同党派智库之间的对立，无助于取长补短、合作与共同进步。最后，政党依附型智库的兴衰很容易受到执政党更替的影响，如撒切尔夫人支持的右翼智库在工党执政后就变得处境艰难。

智库依附政党的属性不但对智库本身造成很大局限，而且对英国的国家和社会发展也很不利。一方面，智库依附于政党限制了其决策外脑作用的发挥，导致政策辩论成为意识形态之争，不利于政府实现理性决策。另一方面，意识形态化和党派化的智库很难在社会中营造开放的舆论环境和理性的政治氛围，导致智库启迪公众的潜力难以充分发挥，反而加剧了整个社会的思想对立。

第三，提高智库独立性成为英国智库改革的重要方向。基于对时代变迁的适应和对传统模式的反思，当代英国智库大都在积极调整发展策略。就未来发展趋势来看，英国传统智库应增强其独立性，弱化其党派属性。例如，英国传统智库可将主要关注领域转向对具体政策问题的研究，对研究成果的评价基于其质量和影响力而非意识形态，经费来源也转为主要依靠项目收入而非政党拨款。另外，英国公民参与政治的渠道更加多元；英国的政党政治逐渐走向衰落，两大政党的党员数量都在不断减少。为适应这一系列变迁，智库超越政党依附型智库的种种局限，不断扩大智库的公信力和影响力。

3.1.2 法国智库

3.1.2.1 法国智库的概况

法国智库也是欧洲具有代表性的智库体系，但法国智库起步较晚。20世纪初期美国智库的崛起及英国智库的传统强势，且英语语系的庞大使得美、英智库在国际上占据主导，法国智库的影响并不大。但在20世纪70年代末，法国智库蓬勃发展，成为欧洲范围内继英国、德国之后智库体系较为发达的国家，并在国际上产生了较强的影响力。根据美国宾夕法尼亚大学发布的《全球智库报告2019》显示，法国共有203家智库，约占全球8248家智库总数的2.5%，位居世界第8位，并有1所智库高居榜单第3位。

相对于英国智库成立时间早、规模较大、行业发展较成熟的特征，法国现代智库成立时间较短。法国最大和最具影响力的综合性智库法国国际关系研究所于1979年成立，法国国际和战略关系研究所创建于1990年，法国可持续发展与国际关系研究所成立于2001年。这几家智库在法国的政治、经济、外交、环境、社会管理等方面发挥了重要的作用并形成了显著的影响力。法国智库具有熟悉非洲事务的优势，在非洲影响很大。仅30多年时间，法国国际关系研究所已成为欧洲十大智库之一和法国最有影响力的智库。

法国智库主要特点是：智库与政府关系密切；智库研究的选题注重实效；注重研究成果的交流推广宣传等。从智库数量以及资金等角度来看，法国智库的规模与英、德相比较小。从组织结构上看，法国智库可分为政府研究机构、独立研究所、大学研究中心和政治俱乐部四种类型。其中政治俱乐部就是明确具有政党背景的智库类型。在法国政治实践过程中，议会议员和前内阁成员比较热衷于组建各类俱乐部，为政、经两界人士讨论内政外交提供场所。此外，从研究成果来看，法国智库主张以意识形态作为定义智库作用的标准，而资金的源头方不起决定性影响，故法国智库的重要职能就是依托某种意识形态进行研究以确保成果产生一定的政治影响。

3.1.2.2 法国智库的起源与发展

法国智库的发展在第二次世界大战后经历了三个阶段：第一阶段是1945~1993年，属于战后经济恢复期，当时大批企业生产水平低，管理人才缺乏，竞争力低下，众多的企业需要生产技术、财务管理、成本核算等方面专业知识的帮助，咨询业适应这一需求，发展了技术咨询、财务会计、法律合同等方面的智库。

第二阶段是1955~1975年，在此阶段法国加入了欧洲经济共同体，法国企业开始进军国际市场，与国外企业展开激烈竞争，法国的咨询业逐步转向市场开发和企业管理方面的咨询，各种专业的咨询企业由小到大快速发展，建立起大型管理咨询公司。

第三阶段是1974年经济危机之后，法国经济进入缓慢发展期，法国智库越发重视国际市场，咨询重点转向了发展中国家的企业战略领域，大踏步地进军国际市场。

3.1.2.3 法国智库的特色

法国的智库虽然起步晚，却能在国际上有较高的影响力，原因就在于注重实效，不做书斋式或纯理论式的研究，注重对具体的、与社会经济生活密切相关的实际问题进行调查、分析、研究和判断，重视智库咨询的针对性、实用性、有效性、及时性，用高质量、专业化的研究成果影响决策，让政策更加合理。

此外，法国智库注重开展国际交流、拓展国外业务，致力于宣传其技术力量、咨询经验、咨询优势，并极力提高其国际知名度。为此，还专门成立一个海外技术援助协会，帮助法国智库拓展和完善国外智库业务。

3.1.3 德国智库

3.1.3.1 德国智库的概况

欧洲范围内除了英国和法国，德国也是智库发展非常有代表性的国家。根据美国宾夕法尼亚大学发布的《全球智库报告2019》，德国共有218家智库，约占全球8248家智库总数的2.6%，位居欧洲第2位、世界第6位，并有11所智库进入全球前150名。相对于国家体量，德国的智库数量众多且资金充裕，但鲜有发展为具有全球影响力的知名智库。

学术型智库是德国智库的主流形式，无论是运营方式、理念，还是人员构成，都与高校有极高的相似度和重合度。德国公众对知识的尊重增强了智库在德国社会中的公信力，使其成为社会各界普遍认可的信息来源。但由于德国的主流智库大多得到公共资金的资助，市场竞争意识相对薄弱，且受传统影响，过度注重学术性，而忽略了与政界、商界等其他领域的交流，显示出较强的"学究气"，其研究内容和成果有时与决策者的期待不相符。总体来说，德国智库对地区、国家和跨国层面的政策制定影响力都十分有限。

3.1.3.2 德国智库的起源与发展

德国是较早建立智库的国家之一。20世纪初，德国在第一次崛起之际，先后成立了汉堡世界经济档案馆（1908年）、威廉皇家学会（马普学会前身，1911年）、基尔世界经济研究所（1914年）等早期智库机构，开展情报分析、科学研究、经济形势分析和预测，为德国快速发展提供了决策支撑。

第一次世界大战后，德国意识到民主政治教育和广泛的政治参与在现代国家建设过程中的重要性，开始建立政治基金会，成为各政党的思想库。如 1925 年，德国建立的第一个政治基金会——弗里德里希·艾伯特基金会，是德国社会民主党的重要智囊，在国际上有重要的影响力。在美国宾夕法尼亚大学发布的《全球智库报告 2019》智库综合排名中，位列全球第 17 位。1925 年成立的德国经济研究所，为德国联邦政府提供经济政策参考支撑，是目前德国最权威的五大经济研究机构之一。

第二次世界大战后，德国经济和社会发展遭受重挫，工业体系被摧毁，与其他国家关系破裂，为实现全面快速恢复，先后建立了多家专业智库。如 1949 年成立的弗劳恩霍夫协会，致力于提高德国的应用研究水平，是目前德国最大的应用科学研究机构。1960 年成立联邦德国外交政策协会（现德国外交政策协会），为德国政府制定对外政策提供对策建议；1964 年，成立康拉德·阿登纳基金会和联邦德国发展研究所（现德国发展研究所），前者是德国基督教民主联盟的思想库，后者是全球发展和国际合作的领先智库之一。在《全球智库报告 2019》智库综合排名中，分别位列全球第 49、第 15 和第 42。

20 世纪 90 年代，德国经历了东西德的分治到统一。在这种背景下，德国面临重建的一系列问题，亟需须借助外力外脑进行科学决策、民主决策和启迪民智，智库呈现快速发展势头。如 1990 年成立欧洲经济研究中心，致力于欧洲经济研究和国际比较。1995 年成立德国生态研究所，致力于环境研究和政策分析，为德国可持续发展提供参考，其在《全球智库报告 2019》环境政策智库中名列全球第 3。

进入 21 世纪，德国先后提出可持续发展战略、高技术战略、工业 4.0 战略。为支持战略的实施，一批为政府提供决策咨询的机构应运而生。如 2001 年成立的可持续发展委员会，负责向联邦政府提供可持续发展政策建议；2006 年成立的德国研究与创新专家委员会，通过分析和评估创新政策，为德国提供科学发展的政策建议。

3.1.3.3 德国智库的特色

虽然德国智库发展历史悠久，但"智库"的概念在 20 世纪末才引入德国。

在此之前，一些机构虽然事实上发挥着智库的功能，但大多没有为自己贴上"智库"的标签。在接受智库概念后的 20 多年中，德国智库在数量上有了较大幅度的增长，组织形式也变得更加多元，逐渐形成了自己的格局和特色，被视作德国的"新型智库"。

在 20 世纪 70 年代，虽然德国还没有普遍接受智库概念，但一些德国学者、政治家、社会活动家受到美国智库制度的影响，开始以私人名义创办小型智库。它们公开承认自己的智库功能，并将"智库"作为机构的标签或定位。

这类智库普遍具有如下特点：第一，资金来源广泛，既接受企业和利益集团的资助，也接受社会捐助；第二，一般规模较小，常设工作人员一般只有几人；第三，既重视科学研究，也重视公关工作，与媒体积极互动；第四，形式上较为灵活，既有传统研究所型，也有平台型，近些年甚至出现了仅以网络形式存在的"线上智库"；第五，一般有明确的立场，但不受党派和利益集团左右，坚持其独立性。

例如，1982 年成立的法兰克福研究所，即现在的市场经济基金会，就是一家典型的新型智库。经济学教授沃勒夫拉姆·恩格斯和克隆拜尔格的企业家路德维希·埃克斯决定推广社会市场经济思想，于是召集自由市场经济学家，成立了克隆拜尔格小组，在此基础上又成立了基金会，创建了智库。该智库强调独立于政党和利益集团之外，不接受公共资金资助。除出版物和专业会议外，它们也可以与政界和社会决策者直接对话，甚至参与法律文件的撰写。

再如，2003 年全球公共政策研究所成立于柏林，注册为公益性协会。主要研究领域包括：发展中的创新、和平与安全、人道主义行动、监管与评估、新兴国家、人权以及全球互联网政策，服务对象主要为联合国、欧洲委员会和德国政府。咨询委员会由 12 位来自学界、政界和商界的资深人士组成，不承担监管职能；执行委员会由 7 位创始人和负责人组成，无偿承担研究所的管理工作。兼职研究员主要由来自大学、国际组织和基金会的学者及专业人士组成，通过个人项目参与研究工作。该研究所没有基金和固定资金来源，获得的所有资金均针对特定项目，主要资金提供者包括欧洲各国政府、联合国机构和欧洲委员会。

还有一些新型智库选择与高校合作，将自己置于高校名下，借助高校学术资源和人力资源开展研究；高校也乐于吸纳这些新兴民营智库，以提高自身的影响力，将其称为"附属研究所"。部分该类智库由卸任高官创办，所以在很短的时间内就能形成较大的政治和社会影响力。

3.1.3.4　德国智库发展趋势

近年来，德国各界逐渐重视智库的作用。德国智库对于智库概念和运营模式的认识深受美、英影响，且美国化趋势十分明显，具体表现为：追求资金来源的多元化，提高资金使用的透明度，重视与其他机构和领域的合作，加强与政界的沟通，重视媒体的作用，提高专业化程度，建构智库标准等。新成立的民间智库都尽可能按照美国的标准和理念运营，接受公共资金资助的智库将会从学术机构剥离出来。

在欧债危机的影响下，德国智库普遍遇到了筹资困难。不过，伴随着欧盟和全球化进程中出现的问题不断增加，为解决这些问题，德国智库不仅获得了研究机会，也获得了扩充经费来源的商业机会。德国智库正在努力适应新的政治和经济环境，完成自身的变革。

3.2　美国智库

3.2.1　美国智库的概况

美国两党轮流执政的政治体制为智库的出现创造了条件。由于美国民主党和共和党轮流执政，为了争取更多选民支持，两党政策出台都需要智库提供支持。而且两党政治制度规定总统出台的每一项政策都需要国会批准才能实行，所以总统需要智库为其出谋划策，使决策能够被国会采纳；同样国会议员也需要智库为其提供咨询服务以掌握主导权。

智库在美国具有极大的影响力，美国政府甚至会颁布一些对智库有利的法律或者在修改法律时将对智库有利的条款添加进去。例如，美国法律规定政府决策必须经过决策咨询的法定程序才算有效。在法律层面明确规定决策咨询，提高了全社会对智库的认知。

3.2.2　美国智库的发展阶段

20世纪以来，美国智库迅速发展，学术界比较认同的观点是将发展历程划分为四个历史阶段。

第一阶段是20世纪初期到第二次世界大战结束，研究导向型智库如雨后春笋般出现。例如，1910年成立的卡内基国际和平基金会，1919年成立的斯坦福大学胡佛战争、革命与和平研究所，1921年成立的对外关系委员会，1927年成立的布鲁金斯学会。这些智库致力于为政府决策提供建议，并且追求自身的独立性。他们对国际政治经济事务进行分析研究，希望用专业的科学知识解决公共政策问题。这一时期智库的任务主要是提高社会公众的认知水平，使社会公众能够充分认识和理解困扰社会的政治经济问题。

第二阶段是20世纪40年代中期到60年代末，一批政府委托型智库得以成立。其中，最为典型的智库是成立于1945年的兰德公司、成立于1946年的美国国会研究服务处（原美国国会图书馆的立法参考部）、成立于1961年的哈德森研究所和成立于1968年的城市研究所。因为政府面临着各种各样的压力，所以这一阶段智库的主要工作是针对内政外交问题，为决策层提供决策咨询服务。这些智库的客户主要是政府，资金主要来自政府项目。政府委托型智库普遍具有较强的专业性，操作更加规范化，但是独立性与前一阶段相比更低。

第三阶段是20世纪70年代初到80年代末，政策倡导型智库快速发展。政策倡导型智库如同"不达目的不罢休的推销员"，通过有影响力的政策辩论影响美国政治。这一阶段比较典型的智库是成立于1973年的传统基金会和成立于1980年的罗克德福研究所、卡托研究所。这一阶段，美国智库在数量上增长很快，美国智库数量几乎超过了世界智库总量的一半。但是与前一阶段不同的是，这个时代的智库并不是以研究为主要工作，而是通过各种渠道，组织各种活动来宣传自己的主张，以求将自己的观点为决策层所知晓和采纳。

第四阶段是 20 世纪 90 年代至今，遗产型智库建立与发展。1990 年以后，全球化进程逐年推进，美国的智库不仅数量不断增多，专业性不断加强，而且智库之间形成了竞争与合作并重的局面。这一阶段比较典型的智库是成立于 1994 年的尼克松自由与和平中心，以及参议员为了竞选所创建的"卓越美国"研究所、"团结就是力量"研究会等。遗产型智库共有两种：一种是由竞选公职的候选人或者他们的支持者创建的，宣传他们的政治主张，达到帮助选举的目的；另一种是由政府机构的官员在卸任后创建的，使其卸任后政治观点得以持续传播。

3.2.3　美国智库的发展趋势

美国智库拥有一套完善的运行机制，主要包括管理机制、资金筹集机制、成果推销机制和用人机制。智库不设置股东和股东大会，出资人也没有权利参与智库分红，而是设置专门的理事会或者董事会依照完整的规章制度对智库进行日常管理。

第一，在体制方面，美国智库具有独立法人资格，不受政府以及任何出资集团的控制，可以独立进行研究活动以及提供咨询服务。智库的发展需要对研究成果进行把关，保证产出高质量研究成果。

第二，美国智库建设投入巨大，采取市场化运营模式。智库每年在人才的招聘、管理、培训与激励方面投入大量的人力、物力、财力以保证智库有充足的人才供应。因此，美国智库广泛建立有效的传播渠道，将研究成果转化为社会影响力，以使智库获得更多的项目和社会资助。

第三，美国智库的资金来源渠道多样，包括基金会、企业或者个人资助。研究项目的收入、出版书籍和举办各种会议的收入以及来自政府的资助等都是可靠的来源，多种资金来源渠道保证了智库研究工作的顺利进行。

第四，美国各大智库具有完善的管理规定，实现了制度化管理。美国智库运营的各个环节都有详细的说明，为了保证其科学性和可行性，这些规定往往是按照实际情况经过多次修改制定出来的，管理人员必须严格按照此规定执行。

第五，"旋转门"机制是美国智库与政府建立联系的稳定渠道。美国智库一方面将人才送到政府部门担任职务，另一方面接收一些政府部门卸任的管理决策者到智库参与研究。智库的研究人员与政府的管理人员在两种角色之间双向转换，从而保证了智库充足的人才供应。这种机制的好处就是政府部门和智库都能得到他们需要的人才，定期"旋转"可以为智库和政府提供新鲜血液，促进研究和决策的顺利进行。从短期来看，知识提供者与权力所有者得到了结合，使智库成为美国政府人才的供应地；从长期来看，美国智库的思想和观点会直接渗透到决策层，成为决策所不可缺少的一个环节。

3.3 俄罗斯智库

3.3.1 俄罗斯智库的概况

智库在俄罗斯通常又称"分析中心""思想工厂""思想库""智囊"等。近年来，俄罗斯在智库建设方面取得较好成就，根据美国宾夕法尼亚大学发布的《全球智库报告2019》，全球共有智库8248家，其中俄罗斯智库215家，排名全球第7位。俄罗斯科学院、俄罗斯国际事务委员会、外交与国防政策委员会、全俄社会舆论研究中心、西北基金会战略研究中心、莫斯科大学等都是俄罗斯比较有名的智库。

俄罗斯智库的作用主要体现在三个方面。一是政策储备。这方面俄罗斯智库对政府的政策供给形式较为复杂，这是由其构成的多样化决定的。情报机构、官方智库通过政府层级管道实现沟通；民间智库中，一种形式是接受政府委托，直接提交建议，另一种形式是自行选择研究项目，通过成果发表影响社会认识，从而影响决策，与政府间接沟通；商业智库作为经营主体，一方面接受政府管理，另一方面以其成果来影响政府决策，与政府是相互式沟通。二是对社会共识的引领。俄罗斯的知识精英通过对政府政策进行专业性的解读来引领社会认识，也可以通过对政府政策提出建议、辩论乃至质疑批评等手段，建立社会共识。三是建立人才"蓄水池"。俄罗斯智库培养了大批专业人才，能够与政府官员之间实现互通、互动、互相输送，从而提升国家的治理水平。

从构建角度看，俄罗斯智库建设具有鲜明的政府主导色彩，整体上独立性相对较弱。在"可控民主"的思维下，俄罗斯政府长期以来希望对智库建设能够管控得住。时至今日，官方智库无论在投入上、规模上还是影响上都明显占据上风，并且影响力大的民间智库也受官方眷顾，具有明显的半官方性质。近年来，随着俄罗斯收紧外资介入的条件，以后再出现具有影响力且有西方背景智库的可能性微乎其微了。而在学术特点方面，俄罗斯智库的研究能力可谓有其所长。一是突出表现为基础扎实，资料翔实细致。二是思维活跃，视野宽广，具有战略眼光。给总统、总理提交的战略性分析报告具有全球意识，布局深远，突出客观真实，不受短期形势甚至项目的拘泥。三是注重科学范式，要求理论和方法与世界先进水平同步，强调研究规范。

从俄罗斯智库构建的体系看，俄罗斯智库是一个多层次、多领域、多元化的分析研究机构体系。整个体系力量庞大，机构繁多，主要可归纳为四大系统，分别是政府系统、科学院系统、独立系统和海外基金会系统。其中政府系统和科学院系统是来源于苏联的智库机构，基本上保持了传统特色，但机制有所改变，而独立机构和海外基金组织则是俄罗斯独立后出现的。

3.3.2 俄罗斯智库的发展阶段

俄罗斯现代意义上的智库出现在苏联中后期。第一阶段是在苏共二十大之后即 20 世纪 50 年代后期。当时以赫鲁晓夫为代表的苏联执政精英阶层，发起了所谓的"解冻"浪潮，开始认真反思国内经济和政治现实，在对外政策上，列宁主义的和平共存思想取代了斯大林时代与西方强硬对抗的方针。由于长期受困于教条僵化的官方意识形态，当时的苏共领导层对外部世界尤其是西方世界的认知严重不足，客观上要求对世界各国经济和政治进行全面深入的研究，苏联科学院旗下的一系列智库机构由此应运而生。科学院体系内的著名智库机构包括世界经济和国际关系研究所（1956 年）、非洲研究所（1959 年）、世界社会主义体系经济研究所（1960 年）、拉美研究所（1961 年）、远东研究所（1966 年）、国际工人运动研究所（1966 年）、美国研究所（1967 年，后更名为美国与加拿大研究所）等。

第二阶段是到 20 世纪七八十年代，苏联智库机构不断壮大，结构更为复杂，专业分类也更加精细。有的机构专注于信息收集领域，如全俄科技情报研究所、社会科学学术情报研究所等。有的机构专注于分析研究，如世界经济和国际关系研究所、美国与加拿大研究所、世界社会主义体系经济研究所等。还有的侧重于宣传职能，如苏联新闻社（俄罗斯新闻社的前身）、苏联保卫和平委员会、青年组织委员会、苏联亚非国家团结委员会等。这些机构之间为赢得对党的最高领导层的影响力而相互竞争。苏共中央领导层对这些智库研究成果的关注度就是衡量各研究所业绩的主要标准。

第三阶段是 1985 年戈尔巴乔夫发起改革后，苏联智库机构的发展进入新的阶段。苏联政治体制面临向市场经济和民主机制转型等许多问题，戈尔巴乔夫的领导团队试图依靠那些倾向于改革的智库机构学者。一些学者被直接吸纳参与制定新的国策，在新成立的国家机构里出任要职。例如，苏联科学院经济和科技进步预测研究所（1991 年更名为国民经济预测研究所）的 C.C. 沙塔林院士出任国家经济改革委员会委员，负责制定市场经济转型方案；苏联科学院世界经济和国际关系研究所 E.M. 普里马科夫院士任苏共中央政治局委员等。

第四阶段是在叶利钦时代之后，民间智库遍地开花。由于经济和"颜色革命"等各种原因，很多民间智库都消亡了，只有那些亲政府的组织得以生存下来。但是，到 20 世纪 90 年代后期，西方资助的莫斯科卡内基中心东西方研究所、美国传统基金会等许多国际研究机构相继在俄罗斯登陆，进一步壮大了非政府组织的声势。

3.3.3　俄罗斯智库的发展趋势

参与外交决策的非政府组织的作用在日益增强，是俄罗斯智库的总体发展趋势。据俄罗斯战略研究所亚太室负责人米尔卡西莫夫介绍，通过聘用前政府高官，俄罗斯智库使自己更接近政治家和政府的决策。由于政府部门不断加强与智库交流信息，智库的工作更加有效。同时，网络信息的相互交流改善了智库在决策过程中的地位。网络技术的引进还导致不同群体之间接触增加和受众的多元化，增强了对决策的影响力。

大力发展并完善"旋转门"机制，促进人才流通。在人才建设方面，俄罗斯智库与政权的互信、互动、互通越来越受到阻滞，形成了小范围利益集团，导致智库精英很难有施展才能的空间。发展"旋转门"机制方便智库获得项目，也有利于人才资源的配置组合。例如，国际事务委员会主席伊万诺夫是俄前外长，其成员由多名外交官、国际关系学者和政治家组成；还有些智库机构本身就是由著名政治家、外交家或学者创办的。重要的是，这种与政府关系密切的机制，能使智库成果很快传播至俄罗斯政府高层，进而影响政府决策。

3.4 日本智库

3.4.1 日本智库的概况

日本智库是深入了解、研究日本社会发展、外交决策、战略走向的一个重要窗口，经过多年的发展在亚洲甚至是全世界都有着重要的影响力。日本智库提出了许多对日本乃至对国际都有深刻影响的方案，在智库的全球评价和运作模式等方面，日本智库有着领先优势。据美国宾夕法尼亚大学发布的《全球智库报告2019》，日本拥有128家智库，总量位列全球第9位。其中，日本国际问题研究所名列全球顶级智库第13位。2015年11月中国社会科学院中国社会科学评价中心发布的《全球智库评价报告》中，有9家日本智库进入了全球智库综合评价指标体系总分排行的前100位。

第二次世界大战结束以后，日本经济濒临崩溃、社会动荡不安，政府通过建设智库来恢复国民经济。自此,日本智库迎合了日本当前的社会环境，为日本摆脱第二次世界大战后的危机做出了巨大贡献。日本的智库，虽然在某种意义上只是单纯的调查研究机构，但它在启发国民对公共政策的参与意识、为国家公共政策的制定提供智力支持、对政府公共政策活动提出建议、在国际场合发出声音等方面发挥了积极作用。同时，日本智库还包括以下两个重要作用：一是充当政府政策人才发挥作用的第二阵地，如东京财团的很多研究人员曾出任政府高级官员；二是在某些程度上承担着第二外交渠道的作用。

日本智库重视高水平的核心研究人才。除了野村综合研究所等少数智库外，大部分日本智库呈现出"小队伍、精干化"的特点。与其他国家"旋转门"机制不同的是，在日本智库"旋转门"的运营中，更多的是由智库充当政府官员流转的接盘手，很少有智库人员进入政府任职。

3.4.2 日本智库的发展阶段

以日本的政治经济发展历史来划分，日本智库主要经历了五个阶段。

第一阶段是20世纪初至第二次世界大战结束，这是日本智库发展的雏形期。1907年成立的"满铁"调查部，被认为是日本智库的"鼻祖"，主要为日本军国主义的对外侵略提供服务。

第二阶段是第二次世界大战后至20世纪50年代末，为解决战后日本的社会问题，学习和引进欧美的研究方法来恢复日本的经济实力。例如，1959年日本首相积极倡导与推动，仿效英国皇家国际事务研究所和美国对外关系委员会，成立了日本国际问题研究所。

第三阶段是20世纪60年代初至20世纪80年代上半期，这是日本智库发展的第一个高潮期，日本引入"智库"概念也正是在这一时期。这时候日本涌现出了大量智库。例如，成立于1965年的日本第一个现代"思想库"野村综合研究所，1966年的日本能源经济研究所，1969年的社会工学研究所，1970年的三菱综合研究所等。在1974年，日本国会通过了《综合研究开发机构法》，并于同年3月25日建立日本综合研究开发机构。综合研究开发机构通过提供研究资金、协助研究政策等方式，为日本智库组织的形成做出了重要贡献，曾经被称为日本智库的"总管"。

第四阶段是20世纪80年代下半期至20世纪90年代初，这是日本智库发展的第二个高潮期，智库的数量由70年代的200余家急速发展至300余家。在强势经济的支持下，日本建立了众多以金融机构或保险公司为核心的智库，如属于金融系统的富士综合研究所、属于保险系统的安田综合研究所等。

第五阶段是20世纪90年代中期至今，这是泡沫经济崩溃后日本智库发展的深度调整期。逐步解散、停止活动、缩小规模以及改变性质，成为这一时期日本智库发展的显著特点。直到1997年，日本智库的发展出现了转折，众多非营利性独立智库成立。在这一阶段，日本形势的变化以及政权的更迭促使了政党系智库的出现。例如，民主党成立的"公共政策平台"、自民党成立的"日本智库2005"。

3.4.3　日本智库的发展趋势

在日本的经济发展过程中，很多新思想、新观念、新思路等都源自于智库的理论探讨与实证分析，其中，政策的制定过程中也凝聚着人文社会科学研究者的智慧。同时，政党、利益集团、专家学者，以及各种社会团体的政治诉求在很大程度上也决定着智库建言献策的价值取向。因此，日本智库形成了三种主要的类型，具体如下所述。

（1）政府支持型智库

所谓的政府支持型智库主要是指该智库的运营资金主要由政府的财政拨款支持，它是一种综合性研究机构，公益性较强，主要职能是为政府的决策提供支持保证，一般不具有独立性。其活动范围、业务领域和服务网络覆盖日本各个地区、各个行业，相比其他类型的智库而言，研究范围较广泛，如亚洲经济研究所、经济产业研究所等。

（2）企业支持型智库

这类智库主要是由日本大型的企业财团依据自身发展的需要建立起来的，规模大，实力雄厚，运营机制与企业相似，多为智库产业的巨头。其研究范围和领域相对较窄，主要为企业的战略决策提供支持，如野村综合研究所等。

（3）独立民间型智库

独立民间型智库主要是由个人独立开设的咨询公司和具有法人资格的社会团体，以及企业创办的或从中分离出来的咨询公司等，研究经费大多来源于承担政府项目研究经费、大企业赞助、对外咨询业务收入等。其没有特定的研究领域和范围，主要是通过接受委托人的要求研究社会热点问题等。例如，民间综合性智库综合研究所、木村经营研究所等。

虽然日本不同类型的智库具有不同的特点，但是这些智库的发展表现出以下共同的趋势。

第一，在日本智库的漫长发展历程中，"官僚主导"政策过程没有明显改变。日本历来都把官僚机构云集之地"霞关"看成日本最大的智库，日本官僚的优秀素质也确实使他们能够肩负起"政策立案"的重任。自明治维新以来，日本具有政策立案能力的组织非行政机构莫属。特别是第二次世界大战后经济高速增长期间，日本的官僚制度显现出非凡的优越性，即便是经历了民主党执政期间对官僚机构实行的"大扫除"，官僚掌控政策制定过程的态势仍然没有得到实质性改变。因为日本的官僚素质较高并且对以往政策以及政策制定过程了如指掌。同时，日本又是一个等级制度森严的国家，不要说民间智库很难有机会介入，就是官邸和政治家想主导政策制定都不是一件容易的事情。

第二，趋于保守是日本智库发展的基本特征。事实上，在野田佐彦执政期间，民主党在政治上就已经向右转。自民党重新夺回政权后，日本保守阵营的力量得到壮大和发展。保守政权打造的政策环境，必然要影响到智库的研究内容和政治立场，保守智库纷纷提出偏右的政策主张，为安倍晋三的"新日本主义"执政理念提供政策依据。可以说，2012 年便是日本智库发展的转折点。这一年，不仅智库的数量下降到冷战结束时的水平，政治立场趋于保守化也成为此后日本智库发展的基本特征。而后来的日本国际论坛、国际问题研究所以及世界和平研究所在 2012 ~ 2016 年提出的相关报告书和政策建议就是日本智库趋于保守化的明显例证。

3.5　印度智库

3.5.1　印度智库的概况

近年来，印度智库在数量、规模、影响力等方面发展迅速，部分智库在国际社会中扮演着重要角色，并拥有很好的国际话语权，在气候、安全、可持续发展、能源利用等一些领域取得了重大进展。除此之外，印度智库在某些方面也走在了发达国家的前面。根据美国宾夕法尼亚大学发布的《全球智库报告2019》，印度智库有509家，居世界第二，有4家智库入选全球智库排名前100名。其中，印度国防分析研究所排41位，印度观察家研究基金会排27位，印度能源与资源研究所排111位。这三家智库规模大、知名度高、影响力深远，是印度智库的典型代表。

印度智库与政府保持密切关系。一方面，印度智库本身就是"历史的囚徒"，大多由政府扶持或赞助而成；另一方面，这也是由印度现行的政治体制所决定的。许多规模较大的智库大多是由退休的高级官员执掌，这就注定印度的智库对政府具有较大的依赖。在印度，所谓的"自治组织"在现实中几乎是不存在的。长期以来，印度一直是保持着国大党一党独大的状态，其智库主要是官方背景。

印度智库影响政府决策的方式也具有多样性，总共有四种形式：一是通过具有重大影响力的媒体。印度智库主要在一些重要的刊物、报纸、电视台、网站发表研究成果或观点，引起社会的关注，从而影响政府的决策。二是举办专题研讨会或专家讲座等。印度智库会就人们当前或未来的重点问题进行研究，然后在研讨会或讲座中公布自己的研究成果，引起人们的关注，从而影响政府的决策。三是通过开设培训班，传播自己的观点、立场、建议，引导社会舆论走向，从而影响政府决策。四是通过合作的形式。印度智库常与国家重要机构合作举办研讨会、研究项目等，在合作的过程中宣传自己的思想，从而达到影响政府决策的目的。

印度智库类型多样，其主要特点包括三个方面：一是智库规模较小，印度智库数量虽然较多，但智库规模较小，以印度国内知名的政府智库——印度政策研究发展中心为例，该中心共有研究人员四十多名，办公场所也较小。二是印度智库与政党联系不紧密。印度国内党派林立，各类政党有三十多个，但印度智库在发展中与这些政党关系较弱，他们强调不与任何政党取得联系，主张智库研究的非政党化。三是研究关注的焦点主要集中在发展问题上。印度智库研究和关注的重点由过去的对政治、军事、外交逐渐向科技、教育、文化、资源环境等领域转变。

3.5.2　印度智库的发展阶段

印度曾是英国的殖民地，直到 1947 年才独立，但是印度智库在其独立之前就已经存在。因此印度智库的发展历程大致可以分为三个阶段。

第一阶段是印度独立之前。此阶段的智库包括 1870 年成立的印度三军协会研究所，主要研究国家安全和国防。还有一家智库是印度国家科学院（Indian National Science Academy，INSA），成立于 1935 年，主要为科学家提供研究场所、组织科研会议。

第二阶段是印度独立后到 20 世纪 80 年代中期，此阶段的智库大多是进行政策研究。印度数据统计研究所是独立初的主要智库，当时吸引了很多经济学家参与研究，提供了许多经济发展模式方面的统计数据。直到 1965 年，第一个独立于政府和高校的智库——印度国防分析研究所成立，主要研究国家安全、外交政策和战略，且在协助政府制定国际安全及外交政策方面起到了重要的作用。1973 年政策研究中心（CPR）成立，致力于影响印度内政外交政策的制定与实施。1981 年 8 月印度国际经济关系研究委员会（ICRIER）成立，主要研究印度与全球经济关系，它的宗旨是推动印度更好地参与全球经济，以及应对全球化的挑战。该阶段的智库还有印度经济发展研究所、信息系统研究所等智库，也是政策研究类智库，并持续发展成为印度的重要智库。

第三阶段是 20 世纪 80 年代中期至今，该阶段各种类型的智库纷纷成立。当时外国大量资金流入印度，以及受信息革命的影响，印度智库得到迅速发展。大多智库发展成为国内的主要智库，甚至在国际上占有重要地位。观察家研究基金会成立于 1990 年，主要进行政策和经济方面的研究，后来扩展到其他研究领域，成为了综合性智库。和平与冲突研究所（IPCS）创建于 1996 年，主要进行和平与安全方面的研究。印度国家海事基金会（NMF）于 2005 年成立，主要进行海洋问题方面的研究。印度全球关系委员会于 2009 年在孟买成立，是一家研究外交政策的智库，其目标是推动印度商业和外交政策交流，影响印度和全球各国外交政策。辩喜国际基金会（VIF）于2009年12月在新德里成立，主要研究国家安全、战略、国际关系、外交、周边国家、政治治理和经济问题等。这时期一些新型智库尤其是新闻类智库也在印度纷纷成立，并得到快速发展。

3.5.3　印度智库的发展趋势

印度智库对政府的依赖程度很高，许多智库都是依靠政府的资助。目前印度智库的发展现状是资金缺乏，一方面是政府不愿向智库增加投入，另一方面是印度缺乏像美国那样私人赞助智库的优良传统，他们宁愿为外国智库和研究机构捐钱。因此未来智库发展和保持研究的独立性，更需要政府和相关部门发展国内相关的智库发展基金，以及对智库研究项目和计划予以支持，对捐赠智库的资金给予税收减免优惠政策。

更加注重培训和建设综合性智库和重视复合型人才。由于国内贫困以及基础设施落后，印度高级研究机构大多集中于科学、工程、管理环境领域，除了经济学，其他社科领域是全面落后的。可以说，印度智库的研究范围较为狭窄，缺少活力。因此，印度智库未来需培育具有国内外影响力的大型综合性智库，而这类智库的研究领域绝不能仅限于某一领域。随着互联网的发展，对于智库研究人员的素质提出了新挑战、新要求，智库要非常重视跨学科或复合型人才，应注重提倡在实践的基础上具备政策集成的创新能力。

更加重视智库研究成果的媒体传播。由于历史遗留下来的问题，印度的民主气氛淡薄，民主意识不强、等级制度森严等问题限制了印度智库的发展。同时，政府对外界的意见和建议有很大的抵触情绪，制约了进一步发展。未来智库应该从思想上对社会产生广泛影响，加强与公众的沟通，从而间接影响政府的决策，这也是智库参与决策的一种形式以及智库竞争的重要内容。

第二部分

著名智库案例研究

《全球智库影响力评价报告》通过采集大量智库的事实型数据，合理设定客观评价指标，对全球智库进行了客观评价。为了进一步探析全球知名智库的发展模式、成功经验，本书在评价报告的基础上，选取了排名靠前的10家不同发展阶段、不同成长模式的知名智库进行深入的案例研究。为便于学习不同类型的智库，这10家智库中，既有布鲁金斯学会、卡内基国际和平基金会这种历史悠久、久负盛名的老牌顶尖智库，也有亚洲发展银行研究所这种迅速跻身前列的新兴智库；既有兰德公司这种涵盖政治、经济、军事、科技、社会等多领域的综合型智库，也有彼得森国际经济研究所、世界资源研究所这种特色明显的专业型智库；既有世界经济论坛这种跨国智库，也有韩国开发研究院、法国国际关系研究所、英国查塔姆研究所这种各国国内高端智库。通过对这些智库进行全方位、多维度的研究，以发展的眼光审视国际智库成长变迁，以期为我国智库建设提供国际经验。

第4章　美国布鲁金斯学会

4.1　智库概况

布鲁金斯学会（Brookings Institution），又称布鲁金斯研究所，是美国历史上最悠久、最著名的公共政策研究机构之一。学会以高质量（quality）、独立性（independence）和影响力（impact）作为核心价值观，力求研究人员和研究观点的独立性、多样性和包容性。

在宗旨上，布鲁金斯学会致力于开展独立、深入、高质量的研究，为解决地区、国家和全球层面的社会问题提供创新性、务实性建议，以实现三大目标——加强美国民主，促进所有美国人的经济和社会福利、安全、机遇，建立一个更加开放、安全、繁荣和合作的国际体系。

布鲁金斯学会由罗伯特·布鲁金斯（Robert S. Brookings）创立。1927年，罗伯特·布鲁金斯将1916年创立的政治研究所（Institute for Government Research，IGR）、1922年成立的经济研究所（Institute of Economics，IE）和1924年创办的罗伯特·布鲁金斯大学经济政治研究学院（Robert Brookings Graduate School of Economics and Government）三家机构合并组建为布鲁金斯学会。第一任学会主席为美国芝加哥大学教授哈罗德·莫尔顿（Harold Moulton）。

作为最悠久的智库机构之一，布鲁金斯学会在海内外享有盛誉。美国卫生和公共服务部长西尔维娅·伯韦尔（Sylvia Burwell）曾说："我对布鲁金斯学会及其他们对所有问题的研究表示敬意……他们通过明智的、系统的实证研究，思考并分析了未来一段时间的趋势。"国际货币基金组织主席克里斯汀·拉加德（Christine Lagarde）曾说："似乎每当我们有重要的事情要说时，我们都会来布鲁金斯学会。这不是随机选择。"欧洲委员会委员乔纳森·希尔（Jonathan Hill）勋爵曾说："布鲁金斯学会是一个受人尊敬的智囊团，其历史悠久,在 20 世纪,帝国来了又去,世界秩序发生了变化,但布鲁金斯依旧扬帆前进,不仅评论事件,而且塑造事件。"①

美国宾夕法尼亚大学发布的《全球智库报告 2019》将布鲁金斯学会称为"2016~2018 年世界顶级智囊团",其在外交政策与国际事务领域排名第一,在国际发展政策领域、国际经济政策领域、社会政策领域、最佳管理类智库、最佳跨学科研究智库排名皆为第二,在教育政策领域、国内卫生事务领域、国防和国家安全领域排名皆为第三,在全球健康政策领域、全球透明度和善政领域排名皆为第四。在浙江大学信息资源分析与应用研究中心发布的《全球智库影响力评价报告 2019》中,布鲁金斯学会在全球综合类智库榜单、国家安全领域智库榜单、经济领域智库榜单、国际事务领域智库榜单、健康领域智库榜单、教育领域智库榜单、社会政策领域智库榜单、政府治理领域智库榜单中排名皆为第一。在《清华大学智库大数据报告(2018)》(GTTBI 2018)报告中,布鲁金斯学会的全球智库大数据指数(GTTBI)排名第六。从各大排行榜的排名中可见,布鲁金斯学会作为老牌智库,依旧实力雄厚,遥遥领先。

4.2 研究概况

4.2.1 研究领域

布鲁金斯学会研究领域广泛,内容涉及国际事务、经济发展、社会问题、教育等各个方面。研究地区覆盖亚太地区、欧洲、拉丁美洲与加勒比海、中东和北非、北美、俄罗斯和欧亚大陆、撒哈拉以南的非洲地区。现有五大研究计划(research programs)(表 4.1)、15 个研究中心(research centers)、3 个海外研究中心、43 个研究项目(research projects)。

---

① Brookings .What People Are Saying About Brookings. [2020-01-30]. https://www.brookings.edu/brookings-centenary/what-people-are-saying-about-brookings/.

表4.1 布鲁金斯学会研究计划一览表[1]

研究计划	研究中心	研究项目	专家人数
经济研究：分析美国和世界面临的经济问题，以期实现广泛的经济增长、强大的劳动力市场、健全的财政和货币政策以及经济机会和社会流动性的构想。该研究旨在加深对经济运作方式以及如何使经济运转更好的理解	1. 监管与市场中心 2. 儿童与家庭研究中心 3. 城市－布鲁金斯税收政策中心 4. 社会动态与政策研究中心 5. 哈钦斯财政与货币政策研究中心 6. 卫生政策中心	1. 人工智能和新兴技术倡议 2. 布鲁金斯经济活动论文集 3. 气候与能源经济学项目 4. 中产阶级倡议的未来 5. 退休保障项目 6. 汉密尔顿项目 7. 南加利福尼亚大学布鲁克斯舍弗卫生政策倡议	66人
政府研究：致力于分析政策问题、政治制度以及当代治理挑战，其目标是改善国家政府的绩效、引发问题讨论、为决策者提供专家分析和想法，以确保更好的机构治理	1. 布朗教育政策中心 2. 有效公共管理中心 3. 技术创新中心	1. 怀特（J. H. White）全球制造业倡议 2. 利用透明性减少腐败 3. 初级项目 4. 私营部门全球卫生研发项目 5. 金融与数字共融项目 6. 种族、繁荣与包容性倡议 7. 隐私辩论 8. 特朗普过渡	55人
外交政策：探讨大国与大国间迅速重组的地缘政治，为美国的战略、国际安全架构及主要盟友应如何适应不断变化的挑战和机遇提供具体的政策建议	1. 21世纪安全与情报中心 2. 东亚政策研究中心 3. 中东政策中心 4. 美国和欧洲中心 5. 约翰·桑顿中国中心 6. 布鲁金斯印度研究中心 7. 布鲁金斯多哈研究中心 8. 清华－布鲁金斯公共政策研究中心	1. 非洲安全倡议 2. 军备控制与不扩散倡议 3. 布鲁金斯学会－罗伯特·博世基金会跨大西洋倡议 4. 能源与气候跨行业倡议 5. 能源安全与气候倡议 6. 拉丁美洲倡议 7. 国际秩序与战略项目 8. 印度项目 9. 情报项目 10. 新地缘政治 11. 土耳其项目 12. 美国与伊斯兰世界的关系 13. 印度的性别事务秘书处 14. Sambandh：区域连通性计划	116人

[1] Brookings.Research Centers. Programs and Projects. [2020-01-30]. https://www.brookings.edu/programs/.

续表

研究计划	研究中心	研究项目	专家人数
全球经济与发展：旨在就如何改善全球经济合作、消除全球贫困和社会压力展开政策讨论。该计划以建立一个强大、可持续和平衡发展的繁荣世界为长期愿景，通过高质量的研究，提供新的政策解决方案	普及教育中心	1. 非洲增长倡议 2. 拉丁美洲经济和社会政策倡议 3. 发展援助与治理倡议 4. 数字经济与贸易项目 5. 地方领导关于可持续发展目标 6. 美国福祉计划 7. 技术－生产力－不平等关系	94人
城市政策：提供研究和解决方案，以帮助大都市领导人建立适合所有人的先进经济		1. 全球城市倡议 2. 大湖区经济倡议 3. 交通无障碍 4. 共同繁荣伙伴关系 5. 新基础设施合作伙伴 6. 21世纪城市治理项目 7. 新地方主义	53人

针对上述五大研究计划，布鲁金斯学会设有外交政策、经济研究、全球经济与发展、政府研究、城市政策5个部门。各部门由副主席分管，内部兼设财务、运营、开发等行政职务。5个部门分别成立项目领导委员会，其中外交政策领导委员会46人、经济研究委员会27人、全球经济与发展委员会11人、政府研究委员会30人、城市政策委员会48人。委员会定期召开会议，内容包括布鲁金斯学会专家就紧迫议题所作的简报和外部专家的评论。学会的项目成果在公开发表之前会反复地请内部人士、外部专家进行同行评审。

4.2.2 研究成果的传播与影响

布鲁金斯学会十分重视其研究成果的有效传播和应用，不仅有完备的运营机构，而且传播方式多元，受众范围广泛。

（1）人才影响力

布鲁金斯学会专家学者以顶尖人才或者有巨大潜力的人才为主，他们在各自的领域内有话语权,能够持续地得到媒体、学术界、国内外民众的关注。以政府研究部副主席达雷尔·韦斯特(Darrell M. West)为例,他是布朗大学政治学与公共政策学教授,曾获美国政治科学协会的唐·普莱斯最佳技术书籍奖、多丽丝·格拉伯最佳政治通信类书籍奖。2014年,他因撰写了"自1940年以来的75篇最具影响力的文章[①]之一"而受到《公共行政评论》的嘉奖。

独特的政治文化、开放的政治体制和全方位的独立性,使得"旋转门"机制成为美国智库的一大特色(王莉丽,2010)。智库是政策精英的重要生产地和政府甄选高级官员的人才库,也是上任政府中退出人才的栖息地(王佩亨和李国强,2014)。布鲁金斯学会很多成员在加入学会前就已经在政府部门拥有丰富的任职经历,也有一些成员依托学会转入政府部门任职或成为高级顾问。这种"旋转门"现象在一定程度上扩大了学会对政府决策的影响力,强化了学会项目成果对政府机构的输出功能(表4.2)。

表4.2　布鲁金斯学会领导团队政府任职经历一览表

姓名	现任职位	政府任职经历
约翰·卢瑟福·艾伦(John Rutherford Allen)	主席	美国海军陆战队四星上将,2011年任美国驻阿富汗部队最高指挥官,2012年任北约最高军事长官
泰德·盖尔(Ted Gayer)	执行副主席	美国财政部经济政策副部长(2007~2008年)
斯蒂芬妮·阿伦森(Stephanie Aaronson)	经济研究部副主席	美国联邦储备系统(简称美联储)研究与统计司助理主任(2014~2018年) 美联储宏观经济分析主任(2012~2014年) 财政部宏观经济政策副助理秘书长(2011~2012年)
詹妮弗·柏林(Jennifer Berlin)	战略与运营部副主席	曾担任国防部副部长办公室高级顾问,美国商务部公共事务代理总监,美国参议院外交关系委员会新闻秘书,美国参议员杰克·里德(Jack Reed)办公室的新闻副秘书

---

① 文章的题目是:E-Government and the Transformation of Service Delivery and Citizen Attitudes。

续表

姓名	现任职位	政府任职经历
艾米莉·霍恩（Emily Horne）	传媒部副主席	在国家安全委员会担任首席通讯顾问兼首席发言人；在美国国务院工作八年，负责奥巴马政府反"伊拉克和黎凡特伊斯兰国"（Islamic State of Iraq and the Levant, ISIL）工作的全球传播战略的设计和执行，并担任南亚和中亚事务的发言人
布鲁斯·琼斯（Bruce Jones）	外交政策部副主席	曾在联合国任职，并担任美国国务院和世界银行顾问
霍米·哈拉斯（Homi Kharas）	全球经济与发展部临时副主席	经济合作与发展组织发展援助委员会未来问题高级别小组成员 世界银行东亚及太平洋地区首席经济学家兼经济政策总监 24国集团成员资格审查小组成员
艾米·刘（Amy Liu）	城市政策部副主席	2013年担任美国商务部长的特别顾问；非营利组织Equal Measure的董事会成员

资料来源：Brookings. Brookings Leadership. [2020-01-30]. https://www.brookings.edu/about-us/brookings-leadership/.

（2）运营机构配置完善

拥有成熟的学术出版机构——布鲁金斯学会出版社。该出版社每年出版约40本新书。这些书皆为顶尖学者之作，每本书都经过专业的同行评审，以确保书籍的质量和布鲁金斯学会的声誉。出版社出版的《布鲁金斯经济活动论文集》《经济学人》《行为科学与政策》期刊，均在各自的领域内备受推崇，颇具影响力。

拥有专业的运营传播部门——传媒部（Communications），负责学会的项目推广、媒体宣传。当前领导该团队的副主席艾米莉·霍恩（Emily Horne），拥有丰富的媒体经验。她曾在美国国务院工作八年，负责奥巴马政府反"伊斯兰国"工作的全球传播战略的设计和执行，并担任南亚和中亚事务的发言人。随后，她在国家安全委员会（NSC）任职新闻助理秘书兼战略传播总监，是一系列复杂问题的首席通讯顾问和首席发言人。在加入布鲁金斯学会之前，她曾是 Twitter 的全球政策传播总监，在危机公关、战略沟通方面具有丰富的经验。在"2019年布鲁金斯学会财务报表"中，通讯部支出占到总支出的2%。

拥有完备的新闻发布机构——新闻发布室。布鲁金斯学会配有专业的新闻发布室，以便在第一时间把学会相关新闻发布出去。其下设电视、广播、博客工作室，方便对布鲁金斯学者进行现场直播或预先录制新闻采访。布鲁金斯学会电视广播工作室在"9·11"恐怖袭击发生前一周刚开始营业，第一次现场直播是在"9·11"下午与美国有线电视新闻网一起进行，他们第一时间向受惊的公众解释了这一恐怖事件。

（3）传播方式多元

布鲁金斯学会在成果宣传与推广上以传统纸媒传播为基础，依托内部出版社，通过出版书籍和期刊的方式将专业的知识和研究带给广大读者、研究人员、学生和决策者。同时，布鲁金斯学会还会在主流报刊中积极发表观点和研究成果，保持主流媒体的曝光率。以《华盛顿邮报》为例，2019年布鲁金斯学会在《华盛顿邮报》共发文573篇。

官方网站为主要载体。布鲁金斯学会官方网站设立于1995年，其后一直成为推广项目成果的门户。网站内容齐全，更新速度快，用户可以订阅感兴趣的内容，定期邮件推送。据布鲁金斯学会2019年报显示，相比于2018年，2019年的网站整体访问量增加3%，网站的主要阅读者是千禧一代，年龄在35岁以下，Brookings Brief 的新订阅者超过 60 000[①]。

讲座论坛为主要活动。布鲁金斯学会定期举办高端论坛，并邀请政府高级官员参加，就某些公共政策问题展开讨论，面对面地和决策者沟通；一些国家政要也会到学会进行演讲，传递一些重要信息，如奥巴马总统选择布鲁金斯学会作为宣布2009年12月创造就业和刺激经济增长的计划的场所；对于迅速发展的热点问题，布鲁金斯学会还会召开新闻发布会，提供事实陈述

---

① Brookings.2019 Annual Report. [2020-01-30]. https://www.brookings.edu/wp-content/uploads/2019/11/2019-annual-report.pdf.

和观点。

多种社交媒体并行。截至 2019 年 11 月 29 日，布鲁金斯学会 Facebook 粉丝数 41.2 万名，总赞数 407 081，总签到数 7777 次；Twitter 推文 91 338 篇，粉丝数 37.8 万名；YouTube 订阅者 9.15 万名、1359.4 万次观看；博客下载量超过 1000 万。在美国宾夕法尼亚大学发布的《全球智库报告 2019》中，布鲁金斯学会在"充分利用社交媒体和网络"智库中排名第四，在"充分利用媒体（纸质或电子）""充分利用互联网"智库中排名第六。

（4）受众广泛

面向全球。2006 年，布鲁金斯学会在中国北京开设第一家海外办事处，开始海外扩张。同年，成立了国际咨询委员会，旨在扩大布鲁金斯学会的全球视野，建立全球网络，在全世界范围内传播其研究成果。该委员会的 30 个成员分别来自 21 个国家，为布鲁金斯学会的学术研究带来了丰富多样的观点，有助于其国际影响力的进一步提升。

面向各层次读者。布鲁金斯学会成员积极与主流媒体互动、在高端论坛中发声，使得项目成果在精英阶层中产生深远影响力，间接影响公共政策决策；还有一些成员会定期到白宫、国会等政府机构做简报，有针对性地向政府决策者传播项目成果；同时，无论是学会还是成员，都积极利用互联网和社交媒体向普通大众输送观点和建议，在一般大众中建立了深厚的根基。

4.3　代表性成果

作为一个公共政策研究机构，布鲁金斯学会提出了很多高质量的、独立的、有建树性的研究和建议来帮助政府应对各种挑战。科学研究与时事热点、最新事件相结合是布鲁金斯学会项目研究的一大特点。第二次世界大战期间，布鲁金斯学会专家针对战争中的多项问题提出政策建议，包括战时价格控制、军事动员、德美两国人力需求等。布鲁金斯学会还陆续对越南经济、太空计划、印度经济危机、拉丁美洲经济一体化、恐怖主义等问题提出一系列政策建议。这里略述一二，标志性成果案例参见表 4.3。

表4.3　布鲁金斯学会标志性成果一览表

序号	年份	项目名称	成果
1	1921	最伟大的改革	IGR的建议使得《1921年预算和会计法》得以制定和通过,从而扩大了联邦预算程序中的执行权。沃伦·哈定(Warren Harding)总统称这是"自共和国成立以来最大的政府实践改革的开始"
2	1928	美洲印第安人状况调查	美国内政部长休伯特·沃克(Hubert Work)委托学会专家刘易斯·梅里亚姆(Lewis Meriam)对美国原住民的状况进行全面调查。成果报告对胡佛和罗斯福政府制定美国印第安事务政策产生了影响
3	1934	创业能力研究	布鲁金斯学会出版了4本关于20世纪30年代中期收入分配和经济进步的"能力研究"著作。这些研究集中于1920年的生产和消费能力、资本和市场投机以及与美国经济体系的有效运作有关的收入分配。在过去的十年中,能力研究是决策者了解美国经济的主要指南
4	1948	马歇尔计划中的关键角色	应参议院外交关系委员会主席亚瑟·范登堡(Arthur H. Vandenbeg)参议员的要求,布鲁金斯学会专家在"欧洲复苏计划"(后来称为"马歇尔计划")的制定中起着举足轻重的作用,为该计划的行政组织提供了宝贵的建议
5	1959	审视国债上限	布鲁金斯学会专家马歇尔·罗宾逊(Marshall Robinson)在《国家债务上限:财政政策试验》中指出,债务上限不仅失败,而且适得其反。这项研究在20世纪60年代的国会辩论中被引用,并在2013年再次被引用
6	1970	布鲁金斯经济活动论文集	布鲁金斯学会专家阿瑟·奥肯(Arthur Okun)和乔治·佩里(George L. Perry)开办《布鲁金斯经济活动论文集》第一版,该书至今仍是一本颇具影响力和备受推崇的经济学期刊
7	1975	阿瑟·奥肯发表《平等与效率:重大的抉择》	布鲁金斯学会出版了阿瑟·奥肯(Arthur Okun)的《平等与效率:重大的抉择》一书,探讨了社会减少不平等的愿望与损害经济效率的风险之间的"重大抉择"。该书还探讨了收入再分配如何影响经济增长的问题
8	1986	税收改革法案	在布鲁金斯学会经济研究部主任约瑟夫·佩奇曼(Joseph Pechman)带领下,亨利·亚伦(Henry Aaron)和哈维·加尔珀(Harvey Galper)对美国的税收改革进行了深入研究。研究成果为1986年通过的《税收改革法案》提供了重要信息。该法案后来对美国经济产生了深远影响

续表

序号	年份	项目名称	成果
9	2001	对"9·11"的想法做出回应	在"9·11"恐怖袭击之后,布鲁金斯学会专家提出了许多有关国土安全和情报行动的建议,包括"保护美国国土"。他们还向国会作证,并利用该机构的宣传能力向受惊的公众解释新的全球现实
10	2004	影响退休储蓄的立法	布鲁金斯学会学者威廉·盖尔(William Gale)、马克·艾维(Mark Iwry)和彼得·欧尔萨格(Peter Orszag)提出:要帮助美国人为退休储蓄,就需要对中低收入工人进行经济刺激,同时还需要采取新的公司法案,以使储蓄更加容易。这使他们成为美国三大被引用最多、最有影响力的经济学家
11	2011	确定总统任命	2010年,尤金·约瑟夫·迪翁(E. J. Dionne)和比尔·高尔斯(Bill Galston)顿召集了一个专家工作组,以解决总统任命程序破裂的问题。他们的努力和报告"半职政府无法执政"有助于参议院通过2011年《总统任命效率和精简法案》。该法案于2011年成为法律
12	2013	对可持续发展目标的投入	布鲁金斯学会专家为联合国下一代千年发展目标提供了建设性的意见,为改善世界人民生活的使命做出了贡献。专家霍米·哈拉斯(Homi Kharas)被任命为联合国2015年后发展议程高级知名人士小组的主要作者和执行秘书,其报告为全球发展工作的未来提供了路线图

资料来源:Brookings. A Century of Ideas. [2020-01-30]. https://www.brookings.edu/a-century-of-ideas/.

(1)协助制定马歇尔计划

1947年,美国国会开始制定由马歇尔提出的"欧洲援助计划"时,参议院外交关系委员会主席亚瑟·范登堡(Arthur H. Vandenberg)致信布鲁金斯学会寻求帮助。对此,布鲁金斯学会立即进行回应,指定利奥·帕斯沃尔斯基(Leo Pasvolsky)负责这项工作,并将其全体员工转移到这项调查中。1948年1月22日,不到四周的时间,布鲁金斯学会制订了一份长达20页的报告,包括"马歇尔计划"的结构、重点和操作程序等八项具体建议。范登堡称赞布鲁金斯学会的报告将成为"国会解决这一复杂而关键问题的'工作手册'"。

"马歇尔计划"的实施,成功挽救了濒于崩溃的西欧经济,在不到两年的时间内，欧洲的经济生产量比第二次世界大战前提高了25%。四年之内，欧洲的经济产量猛增了200%。布鲁金斯学会高级研究员保罗·莱特（Paul C. Light）对450位历史学家和政治科学家进行的一项调查显示，从第二次世界大战结束到21世纪初，"马歇尔计划"被评为美国联邦政府的最大成就①。

（2）推动美国税法改革

布鲁金斯学会经济研究部主任约瑟夫·佩奇曼（Joseph Pechman）在20世纪80年代初大力主张全面改革美国税法。他的研究促成了1986年的《税制改革法案》（*Tax Reform Act*），该法案对美国经济产生了深远的影响。布鲁金斯学会经济学家威廉·盖尔（William Gale）、马克·艾维（Mark Iwry）和彼得·欧尔萨格（Peter Orszag）提出的通过对中低收入工人提供经济激励，以帮助美国人为退休提前储蓄的方案，使他们成为美国被引用最多、影响力最大的三位经济学家。

（3）为太空计划提供建议

1960年12月，苏联发射人造卫星之后的第三年，距尤里·加加林和艾伦·谢泼德进入轨道飞行仅几个月之前，以唐纳德·迈克尔（Donald N. Michael）为首的布鲁金斯学会研究小组向美国宇航局远程研究委员会发送了一份报告，题为"和平空间活动对人类事务的影响的拟议研究"。

报告中提出了对通信系统、天气预报系统、航天工业和外交政策等一系列问题的关注。例如，关于"基于卫星的通信"，该报告指出："由于与卫星密切相关的高成本和火箭技术，政府的支持和控制是必要的。但是，由于美国的电信领域传统上一直是私有企业的领域，因此政府的作用尤为复杂。"

报告注意到科学家对太空活动的反应从"高兴"到"冷漠"再到"敌对"，认为"未来太空活动将部分取决于大学和其他机构的科学家的想法，需要多种方式的支持以鼓励有能力的人为太空工作做出贡献"。

这份长篇报告的倒数第二页内容是"发现外星生命的意义"。作者认为

---

① Brookings . Brookings's role in the Marshall Plan. [2020-01-30]. https://www.brookings.edu/blog/brookings-now/2016/08/24/brookings-role-marshall-plan/.

在未来二十年内不太可能发生和外星人"面对面"的情况，但仍期待"有可能通过太空活动发现月球，火星或金星上外星生命在某些时候留下的文物"。作者相信，最有可能通过无线电联系发现外星生命。报告建议继续开展研究以了解"人民及其领导人在面临戏剧性、陌生事件或社会压力时的行为"，从而确定如何与公众共享或隐瞒此类信息。

这是在美国的太空计划刚刚起步时，布鲁金斯学会专家为美国国家航空航天局准备的一份建议报告。随后，美国众议院科学、航天与技术委员会（第87届国会）以委员会印刷品的形式转载了该报告。今天，该报告因发现外星生命的几段内容而广为人知。

4.4 人力资源管理

4.4.1 组织机构

在管理机制上，布鲁金斯学会实行董事会领导下的主席负责制。董事会是学会的最高决策层，由杰出的企业高管、学者、前政府官员和社区领袖组成，任期四年，每年开会三次。董事会的职责是提供对机构业务和事务的治理建议，批准学术调查领域，维护机构工作的独立性。董事会现有成员85人，格伦·哈钦斯（Glenn Hutchins）和苏珊娜·诺拉·约翰逊（Suzanne Nora Johnson）担任联席主席。

领导团队12人，包括主席1名、副主席11名，共同负责学会的日常运营。现任主席约翰·卢瑟福·艾伦（John Rutherford Allen）曾是美国海军陆战队四星上将，2011年任美国驻阿富汗部队最高指挥官，2012年任北约最高军事长官。

领导团队下设五大行政管理部门和五大学术研究部门，分别由1名副主席负责。行政管理部门包括财务部、运营部、联络部、发展部和出版社；学术研究部门包括经济研究部、外交政策部、全球经济与发展部、政府研究部、城市政策部。

截至2019年7月1日，布鲁金斯学会华盛顿特区的员工总数为413人。其中，领导团队12人，研究员/高级研究员104人，研究助理75人，运营团队（包括管理、通信、开发、财务等）222 人。由此可以看出，布鲁金斯学会为 100 余名专家配备了将近 300 名行政辅助人员，研究工作和行政工作明确分离。除上述研究人员外，布鲁金斯学会还有 200 余名非驻会学者、访问学者分布在世界各地。

4.4.2　人员培训与交流

包容性和多样性对布鲁金斯学会的成功至关重要。现任总裁约翰·卢瑟福·艾伦认为：布鲁金斯学会不仅要努力打造顶尖的智库，还要努力为学者和员工建立一个具有包容性、多元化和前瞻性的社区。

布鲁金斯学会的企业文化是鼓励每位员工去研究社会和决策者面临的问题，对现实世界产生影响和作用。布鲁金斯学会为员工制定了职业发展计划，兼顾员工的协作性和个性，让每位员工都有机会与顶尖专家互动，参与布鲁金斯学会的各项活动，使其即使离开布鲁金斯学会，也能够在就业市场上具有高度竞争力（图 4.1）。在职业发展计划中，为增强员工交流合作，布鲁金斯学会组建了一些由员工主导的社交网络。

（1）布鲁金斯网络

布鲁金斯网络（Brookings Network）旨在通过职业发展、社区参与和社交活动，促进跨学科的合作与交流，从而为员工创建一个具有凝聚力的社区。自 2010 年成立以来，它已组织举办了 250 多场活动，共 1000 多名员工参加。这些活动包括由布鲁金斯学会的工作人员和学者领导的午餐会议、内部和外部网络活动以及志愿者郊游和服务计划等。布鲁金斯网络由该机构的志愿者指导委员会领导，并一直在寻找新的、令人振奋的想法来推进其使命。

（2）妇女影响力网络

妇女影响力网络（Women's Impact Network）成立于 2008 年，由来自布鲁金斯学会各个项目、办公室、各职业阶段的 200 多名成员组成，致力于提高布鲁金斯学会及周边社区的妇女地位。其核心使命是实现性别平等。

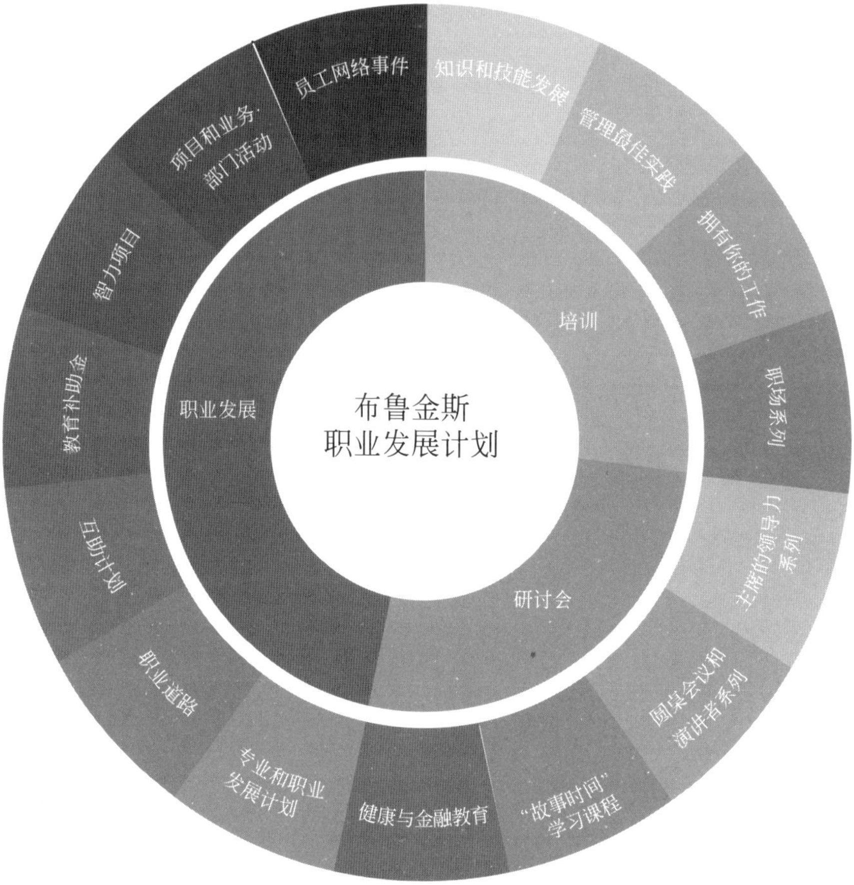

图4.1 布鲁金斯学会职业发展计划

Brookings. Professional Development [2020-01-30]. https://www.brookings.edu/professional-development/.

（3）数据网络

布鲁金斯数据网络（Data Network）是一个由研究人员、技术人员和传媒人员自愿组成的协会，旨在提高该机构的数据科学能力。数据网络每月组织关于数据工具和方法的小型午餐会议，为对数据科学感兴趣的员工提供合作机会，以确保研究人员能够获取到进行前沿定量研究所需的工具。

4.4.3 人员评价与激励

布鲁金斯学会不仅努力营造包容、多样、独立的研究氛围，而且配套设施齐全，如全方位服务的图书馆、员工自助餐厅、运动队等。其丰厚的福利待遇主要体现在以下几个方面。

医疗保障和健康计划。布鲁金斯学会提供优选医疗提供者组织（preferred provider organization，PPO）、健康维护组织（health maintenance organization，HMO）、消费者导向的健康计划（consumer-directed healthcare plan，CDHP）此类的医疗保险。此外，还有免费的流感预防诊所、打折的健身房会员资格、保密的员工援助计划。

休假和教育补贴。员工可享受年假 5 周、带薪假日 10 天、病假 15 天，以及带薪育儿假。在工作期间可以继续接受教育，每财政年度最高补助 3000 美元。

折扣计划。包括布鲁金斯学会出版物的折扣、电子产品购买折扣、AT＆T 移动折扣、微软家庭使用计划。此外，还有主题公园门票、表演、电影票等一系列优惠。

财务安全福利。提供团体人寿保险、意外死亡和受伤保险、短期和长期残疾保险以及可选的人寿福利，还有法律资源。

4.5　资金财务管理

4.5.1　资金来源

自成立以来，布鲁金斯学会一直依靠广泛的捐助来支撑其高质量的独立研究。这些个人、公司、基金会、政府和其他组织希望用赞助的方式，支持并分享布鲁金斯的项目成果，以改善世界各地人民的生活。

2019 年财务报表显示，截至 2019 年 6 月 30 日，布鲁金斯学会总资产为 5.29 亿美元（表 4.4），与 2005 年的 2.8 亿美元相比总资产增长了 88.93%（图 4.2）。

布鲁金斯学会的经费来源多元（表 4.5），其中捐赠占比达 81%，2018 年 7 月 1 日至 2019 年 6 月 30 日，捐助金额在 100 万美元以上的单位或个人有 14 家，25 万~100 万美元的有 50 家。最大赞助商分别是阿诺德风险投资有限公司、必和必拓基金会、威廉和弗洛拉·休利特基金会、哈钦斯家庭基金会、菲尔·奈特、卡塔尔国大使馆、大卫·鲁宾斯坦，赞助金额均超 200

万美元。

表4.4 布鲁金斯学会资产构成 （单位：10³美元）

资产	2019年	2018年
现金及现金等价物	33 355	29 587
应收账款净额	77 285	75 134
投资（捐赠）	377 235	372 666
投资（其他）	8 872	18 661
物业及设备净值	29 719	32 388
其他资产	2 608	3 074
总资产	529 074	531 510

资料来源：Brookings. 2019 Audited Financial Statements. [2020-01-30]. https://www.brookings.edu/wp-content/uploads/2019/11/2019-audited-financials.pdf.

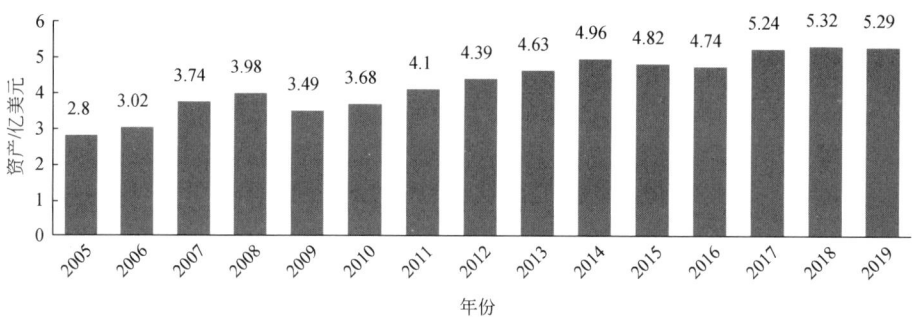

图4.2 2005～2019年布鲁金斯学会资产增长趋势

表4.5 布鲁金斯学会2018～2019年用于运转的收入 （单位：10³美元）

	不受捐赠者限制	有捐赠者限制	2019年	2018年
经营性投资收益	12 133	5 464	17 597	16 038
赠款和合同	1 955	48 521	50 476	38 388
贡献	5 066	22 888	27 954	27 009

续表

	不受捐赠者限制	有捐赠者限制	2019年	2018年
项目服务收入	470		470	555
布鲁金斯出版社	1 533		1 533	1 817
设施收入	2 359		2 359	2 351
租金收入，扣除费用	561		561	358
利息、股息和货币兑换收益	926	−95	831	264
其他收入	241		241	268
解除限制的净资产	69 912	−69 912		
总收入和支持	95 156	6 866	102 022	87 048

资料来源：Brookings. 2019 Audited Financial Statements. [2020-01-30]. https://www.brookings.edu/wp-content/uploads/2019/11/2019-audited-financials.pdf.

2019年，布鲁金斯学会用于运转的收入达1.02亿美元。筹资渠道的多元化充分保证了布鲁金斯学会的日常运营和研究。不受限制的资金是布鲁金斯学会取得成就的重要基础。这些灵活的资源使学会能够保持灵活的政策格局，使学者能够迅速应对变化和发展。

4.5.2 资金使用

布鲁金斯学会设有财务部，部门主任由副主席担任。每年发布财务报告，经费使用规范且透明公开。

根据美国的税收法，布鲁金斯学会为非营利的免税组织。布鲁金斯学会的资金主要用来支撑其科学研究，具体支出情况详见表4.6。图4.3引自布鲁金斯学会2019年年度报告，从中可看出，在经费支出中经济研究占比23%，外交政策研究占比22%，全球经济与发展研究占比16%，政府研究占比13%，城市政策研究占比12%。

表4.6 布鲁金斯学会2018~2019年费用支出报表　　（单位：万美元）

项目		2019年总计	2018年总计
项目服务	经济研究	16 141	15 547
	外交政策研究	15 331	15 942
	全球经济与发展研究	11 203	11 757
	政府研究	9 142	8 346
	机构举措	6 190	9 165
	城市政策	8 407	7 767
	布鲁金斯学会出版社	1 975	2 221
	传媒	1 216	1 886
	项目服务总额	69 605	72 631
支持服务	管理和一般事务开支	20 486	21 707
	筹款募捐	3 495	3 251
	总费用	93 586	97 589

资料来源：Brookings. 2019 Audited Financial Statements. [2020-01-30]. https://www.brookings.edu/wp-content/uploads/2019/11/2019-audited-financials.pdf.

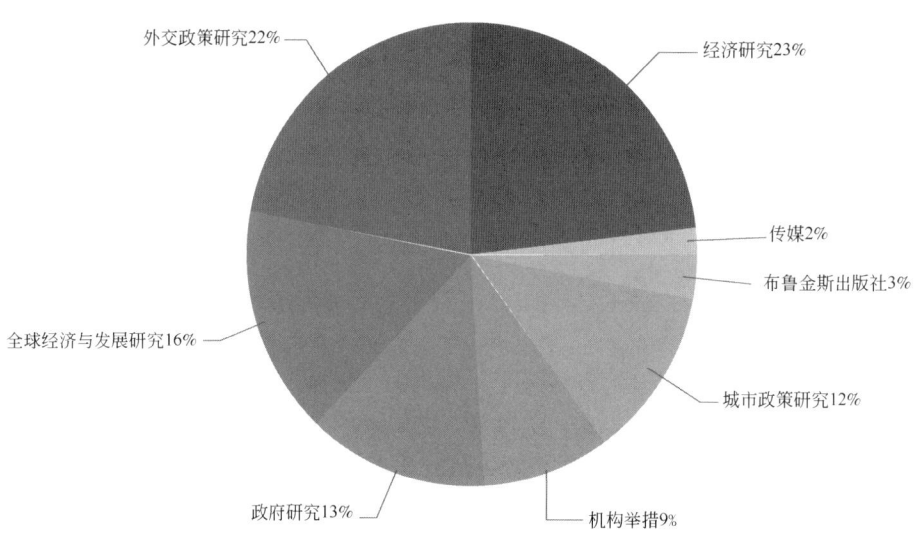

图4.3　布鲁金斯学会经费支出比例

Brookings. 2019 Annual Report. [2020-01-30]. https://www.brookings.edu/wp-content/uploads/2019/11/2019-annual-report.pdf.

4.6 小结

布鲁金斯学会是美国历史上最悠久、最著名的公共政策研究机构之一。它以高质量、独立性和影响力为核心价值观，致力于开展独立、深入、有建树性的研究，为解决地区、国家和全球层面的社会问题提供创新性、务实性建议。自成立以来，布鲁金斯学会通过将科学研究与时事热点、最新事件相结合，源源不断地为政府决策提供智力支持，以其雄厚的实力，常年位居各大智库榜单前列。布鲁金斯学会现有五大研究部门，研究领域广泛，机构设置完善，传播方式多元。

乔纳森·希尔（Jonathan Hill）曾说："100多年过去了，世界秩序早已发生多次变化，但布鲁金斯依旧扬帆前进，不仅评论事件，而且塑造事件"[1]。作为全球顶尖智库，布鲁金斯学会已经成为各国智库学习借鉴的标杆。探究布鲁金斯学会获得成功的缘由，对我国智库建设具有重要的借鉴意义。

1）高水平人才和高质量的研究成果是智库发展的根基。高质量包含三层含义——研究成果的权威性、实用性和时效性。权威性是指研究成果来源于顶尖学者的科学研究，有丰富的理论、数据和经验支撑，同时学会内部还有严格的质量管控和同行审议机制，以确保研究成果的质量；实用性是指布鲁金斯学会的报告不仅仅是纯理论性的学术研究成果，而且还能够提出建设性意见和实际解决方案，为政府提供切实有效的决策依据；时效性是指布鲁金斯学会的项目紧贴社会实际，紧跟时事热点，能够迅速应对复杂多变的社会问题。

学会囊括了众多有话语权、有影响力的顶尖人才，这包括驻会学者，也包括非驻会学者、访问学者，他们通过高质量的研究成果，发挥出智库建言献策的作用，树立起"顶尖智库"的品牌。这样的品牌效应，吸引了更多的个人、公司、基金会赞助，为进一步的科学研究提供了坚固的经费基础。这样，人才、研究成果、资金三者之间形成一个良性循环，带动着整个学会不断前进。

---

[1] Brookings. What People Are Saying About Brookings. [2020-01-30]. https://www.brookings.edu/brookings-centenary/what-people-are-saying-about-brookings/.

2）品牌和影响力是智库壮大的重要手段。影响力是智库赖以生存的基础。布鲁金斯学会注重与政界、商界、学术界、媒体广泛联络，积极打造官、商、学、研人员交流网络，通过旋转门、国会听证、研讨会、高端论坛、新闻采访等多种形式来传播研究成果和观点建议。

后真相时代，社交媒体的舆论传播正在强势逆袭主流媒体（王莉丽和刘子豪，2018）。对此，百年"老字号"的布鲁金斯学会并没有固守传统媒介，而是顺应信息时代的趋势和受众需求，以纸媒传播为基础、官方网站为载体、讲座论坛为主要活动、多种社交媒体并行，通过强大的运营团队、完善的配套设施、多元化的传播手段，多路径扩展受众群体，最终形成了一套全面有效的成果传播、转化、应用机制。

保持活跃度，将多元化的传播方式之间同样形成一个良性循环，是布鲁金斯学会壮大媒体影响力的秘诀之一。研究发现，发文频率与传播内容的转载量和影响力呈正相关（Stephen et al.，2017）。布鲁金斯学会的社交账号就极为活跃，以 Facebook 为例，2019 年 1 月 1 日至 12 月 31 日共发文 743 条，平均日发文 2 条，每日最低 1 条，最高时达 4 条。布鲁金斯学会的官方网站与 Facebook、Twitter、YouTube、博客等社交媒体互为关联，皆有专人精心维护，更新速度快，更新频繁，保持极高的活跃度和互动性，达到了互相引流、扩大受众的效果。

3）坚持既定的核心价值观和宗旨是智库长久发展的内在保证。100 多年来，学会始终坚持"高质量、独立性、影响力"的宗旨，一切活动紧紧围绕这一宗旨展开，极其重视研究成果的质量、极力保证学会立场的独立性，极尽各种方式传播影响力，最终发展成为享誉海内外的顶尖智库。"Quality""Independence""Impact"这三个词在布鲁金斯学会的建筑物上、年度报告上、社交媒体上随处可见，如同校训家规一般，成为布鲁金斯学会的内核，起到了凝聚和警示作用，也产生了品牌效应。在这一宗旨的基础上，布鲁金斯学会又发展出包容性和多样性文化以及全球化视野。

4）高效的行政机制和管理模式是智库迅速发展的保障。学会的人员设置分为政策研究和行政管理两大类，分别设有五大行政管理部门和五大学术研究部门。以华盛顿特区为例，布鲁金斯学会为100余名专家配备了将近300名行政辅助人员，研究工作和行政工作明确分离、各司其职，使得专家能够免去行政事务打扰，心无旁骛地从事研究工作。

智库是国家软实力的重要体现。越来越纷繁复杂的国际形势和国内问题，对智库的政策研究能力、聚集人才能力、创新发展能力、自身影响力都提出了更高的要求。如何打造一支高水平的公共政策研究和决策咨询队伍，充分发挥中国特色新型智库咨政建言、理论创新、舆论引导、社会服务、公共外交的功能，以科学咨询支撑科学决策，以科学决策引领科学发展，是当前智库建设需要思考的主要问题，也是学习借鉴布鲁金斯学会经验的落脚点。

第5章 世界经济论坛

5.1 智库概况

5.1.1 定位

世界经济论坛（World Economic Forum，WEF）创立于 1971 年，总部设在瑞士日内瓦，是一个致力于通过公私合作、研究和探讨世界经济领域存在的问题、促进国际经济合作与交流的非营利性基金会。论坛以"致力于改善世界状况"为使命，以"发挥公信力，成为塑造未来经济、社会与行业系统的全球平台"为愿景，推崇独立、公正、诚信的价值观，把道德和知识诚信作为一切工作的核心，彰显企业家精神，造福全球公众利益[①]。

WEF 深深扎根于公共和私营部门，汇集了全球著名的首席执行官、国家元首、部长和决策者、专家和学者、国际组织、青年、技术创新者，并在一个公正的空间中，积极推动世界变革，共同制定全球，区域和行业议程。

5.1.2 简要发展历程

WEF 前身是 1971 年由现任论坛主席、日内瓦大学教授克劳斯·施瓦布创建的"欧洲管理论坛"，该论坛以每年 1 月在达沃斯 - 克洛斯特斯举行的年度会议而闻名。多年以来，许多企业，政府和民间社会领导人进入阿尔卑斯山高地，为解决当今全球主要问题集思广益。该论坛吸引了全世界经验最丰富的专家学者，共同合作开展"达沃斯精神"。

---

① World Economic Forum. A Platform for Impact. [2020-03-05]. http://www3.weforum.org/docs/WEF_Institutional_Brochure_2019.pdf.

WEF 的创始人克劳斯·施瓦布（Klaus Schwab）出生于德国，是一位工程师、经济学家和教授。1970 年，施瓦布教授在《机械工程领域的现代企业管理》一书中提出"利益相关者"概念，指出企业经营不能只考虑股东利益，也需满足与企业发展利益攸关的各方（包括雇员、客户和社会）需求，管理者应作为利益相关者的受托人，为确保公司长期稳定的增长和繁荣行事。"利益相关者"理念成为了论坛的指导原则。以该书为契机，首届达沃斯会议 1971 年 1 月 24 日至 2 月 7 日在瑞士达沃斯召开。来自 31 个国家的 450 名欧洲顶尖公司的高级管理者以及 50 名专家学者，围绕"未来的挑战"和"公司战略及架构"话题，展开了为期 2 周的讨论。同年 2 月，一个非营利基金会"欧洲管理论坛"正式成立，即今天的世界经济论坛，并获得首笔捐赠 25 000 瑞士法郎[①]，作为瑞士联邦下辖库尔地区的一个基金会，其总部设立在格劳宾登州的首府库尔。

从创始以来，论坛历经多个发展阶段。最初，论坛的重心放在欧洲公司如何赶上美国的管理实践上。1973 年，布雷顿森林体系的固定汇率机制崩溃和阿拉伯-以色列战争，使年会的重点从管理扩展到经济和社会问题。1974 年，国家领导人第一次被邀请到达沃斯。1987 年，"欧洲管理论坛"正式更名为"世界经济论坛"。1988 年，希腊与土耳其签署《达沃斯宣言》。2015 年，论坛与瑞士政府签订《东道国协议》，正式成为"推动公私合作的国际组织"，并成为深受信赖的全球平台[②]。2019 年，WEF 与联合国签署战略伙伴框架协议，进一步增强了 WEF 的地位与作用。自成立以来，WEF 不仅成为吸引全球公众的公开平台，也努力推动闭门对话与和解。

5.1.3　声誉及智库排行

在宾夕法尼亚大学发布的《全球智库报告 2019》中，WEF（瑞士）在全球顶尖智库综合榜排名第 81，西欧顶尖智库排名第 51，国际经济政策领域排

---

① World Economic Forum. History. [2020-03-05]. https://www.weforum.org/about/history.
② World Economic Forum. A Platform for Impact. [2020-03-05]. http://www3.weforum.org/docs/WEF_Institutional_Brochure_2019.pdf.

名第 72，食品安全领域排名第 132，最佳智库会议排名第 38。

在《清华大学智库大数据报告（2018）》（GTTBI 2018）中，WEF（瑞士）进入"全球智库 Twitter/Facebook 引用影响力评级和全球智库 Twitter/Facebook 账户影响力评级（前 10 名）"，评级：A++；进入"全球智库大数据指数评级（前 10 名）"，评级：A++。

在浙江大学信息资源分析与应用研究中心发布的《全球智库影响力评价报告 2019》中，WEF（瑞士）在全球智库榜单中排名第 7，经济领域智库榜单排名第 7，国际事务领域智库榜单排名第 6。

从各大榜单综合评价可以看出，在社会舆论力量兴起和各国决策体系不断完善的背景下，WEF 迅速发展，利用新媒体，如 Twitter、Facebook 等，并结合平台传播属性，极大地扩展了智库影响受众和影响效力，故其在《清华智库大数据报告（2018）》和《全球智库影响力评价报告 2019》基于客观数据的全球智库评价中，排名靠前。而在宾夕法尼亚大学发布的《全球智库报告 2019》基于自主申报及专家打分的评价榜单中，排名居中。WEF 是联合多方力量，利用新媒体广泛传播智库成果的典型案例。

5.2 研究概况

5.2.1 研究战略和领域

在当今多学科且瞬息万变的世界中，没有一个利益相关者可以独自应对技术、环境和社会的各种挑战。WEF 作为一个国际公私合作组织，给迫切需要的企业、政府、国际提供一个专业的平台网络，全面整合分散世界中的各种建设和协作力量，促进和推动全球合作。当今，世界经济论坛主要关注三个关键的战略挑战。

1）应对第四次工业革命：在未来十年中，工业革命将以前所未有的速度、规模和力量席卷全球经济，并带来变革，相关研究将涉及我们生活的方式，对子孙后代的影响以及这些变化如何重塑经济、社会、生态和文化背景。

2）解决全球共识的问题：当今世界，得到全球共识变得越来越困难。

WEF社区希望通过公私合作的新模式以及突破性的科学技术解决方案来解决全球共识问题。

3）解决全球安全问题：第二次世界大战以来，难民危机、极端主义、不断加剧的地缘战略竞争、区域主义和新型暴力恐怖行为正在侵蚀全球的团结。该论坛致力于为领导者应对瞬息万变的安全形势，提供战略交流平台。

WEF主要通过召集各界领导人形成共同目标和适宜的行动纲领来应对变革带来的挑战。围绕三大挑战，筹备相关活动，WEF成立了以专业知识、见解和活动来塑造行业、区域或技术的未来的专业平台。目前，WEF含有19个跨行业及专业相依的平台，各个平台自主开设研究领域，共计168项，平台的相关研究将塑造以下行业的未来，详见表5.1。

表5.1 WEF研究平台及研究项目一览表

序号	专业平台	平台简介
1	塑造交通运输的未来	平台目前包括10个研究项目，召集全球主要交通运输企业以及不同部门的关键利益相关方，打造满足21世纪需求的交通运输系统和指导方针
2	塑造健康与医疗的未来	平台召集多方生物医学及药学等健康领域的利益相关机构，共同应对行业主要挑战，包括精准医疗创新、全球健康与医疗保障、非传染性疾病、精神健康、加强初级医疗以及普及医疗服务，共同制定全球医疗议程。目前在研9个研究项目
3	塑造先进制造业与生产的未来	平台作为一个多元化社区，汇聚了来自22个行业部门、政界、学术机构等130多个组织，旨在加速包容性技术发展，同时推动创新、可持续发展与就业，目前有8个在研项目
4	塑造城市、基础设施与城市服务的未来	该平台侧重于基于最佳实践做法，重新思考并调整政策及流程。针对基础设施融资与城市服务运营，创建全新的模式，吸引公民和最终用户参与。该平台包括7个研究项目，可在协助各企业解决关键城市问题的同时，确保其积极履行社会责任
5	塑造媒体、娱乐与文化未来	平台包括6个研究项目，针对内容与传播确定新型商业模式，应对重大的行业颠覆形势，加强社会凝聚力，助力企业承担责任，增进全球公共利益

续表

序号	专业平台	平台简介
6	塑造技术治理的未来：人工智能与机器学习	该平台包括5个研究项目，汇聚了公共与私营部门的主要利益相关者，共同制定并测试政策框架，以加速实现人工智能与机器学习的效益，并降低其风险。项目领域包括制定保护儿童的标准、创建适应21世纪的监管机构，以及应对面部识别技术带来的特殊挑战
7	塑造技术治理的未来：区块链与分布式账本技术	平台包括3个研究项目，通过与合作伙伴及会员合作，该平台正积极推动采取系统性、包容性的分布式账本技术治理方法，以确保每个人都能从这项强大的技术中获益
8	塑造技术治理的未来：数据政策	该平台包括3个研究项目，专注于实现数据利用的最大化，以便在造福社会的同时，保护用户免受与数据经济相关的风险
9	塑造技术治理的未来：物联网、机器人与智慧城市	平台包括3个研究项目，与公私部门关键行动者方合作，加快实现物联网技术的积极影响，培养公众对消费物联网的信任，发挥物联网数据的共同价值，以包容性方法推广5G和下一代互联网及智慧城市技术
10	塑造投资的未来	平台包括4个研究项目，召集100多家合作伙伴，重点关注长期投资，包括资产可持续管理、基础设施融资、养老金改革和企业领导力，以应对全球挑战
11	塑造数字经济与新型价值创造的未来	平台包括11个研究项目，与1000多位企业高管、专家学者、政策制定者等合作，制定新框架来改革传统的商业、投资与创新模式，创造可持续价值，建立包容性经济
12	塑造新经济与社会的未来	该平台支持领导者合作制定新愿景，包括18个研究项目，涵盖三个互相关联的领域：增长与竞争力；教育、技能与工作；平等与包容。目前，全球150多家领先企业、100多家国际组织、学术机构等通过平台开展工作
13	塑造消费的未来	平台包括7个研究项目，为新型消费者关系模式提供支持的同时，也努力解决大数据领域出现的信任度与透明度问题，应对随之而来的各项社会挑战，其中包括城乡差距、过度消费导致的环境退化，以及为减轻不平等现象所开展的员工再培训等
14	塑造环境与自然资源安全的未来	该平台包括18个研究项目，通过汇集重要专家和从业者，提供系统领导力并建立平台，进行多层次合作与重点干预，旨在实现三个主要目标：①提高国际社会应对环境挑战的效率；②支持公私合作，改善海洋健康，消除供应链中的森林滥伐行为；③探索如何驾驭第四次工业革命创新，处理环境所带来的各种挑战

续表

序号	专业平台	平台简介
15	塑造网络安全与数字化信任的未来	论坛包括11个研究项目，其形成的公私合作网络汇集了商界、政界和学术界的多位资深领袖与顶级专家，努力塑造一个安全、繁荣的数字化未来
16	塑造能源与物资的未来	平台包括10个研究项目，通过建立高级别、多方利益相关者构成的特别工作组，拓展未来能源边界。召集相关产业的领袖，制定政策与监管建议，创新投资模式，促进基础设施与行业创新
17	塑造贸易和全球经济相互依存的未来	平台包括8个研究项目，目前专注于数字贸易，投资和贸易便利化以及全球税收和竞争合作。同时，为解决相关贸易和投资问题提供信息，推动其增长与发展
18	塑造金融与货币体系的未来	平台包括13个研究项目，为利益相关者提供可信赖的中立空间，帮助他们相互联系并确定共同需求，共同应对金融服务业面临的挑战
19	COVID-19 行动平台	COVID-19的传播要求政府、国际组织和企业界之间进行全球合作。论坛作为世界卫生组织的合作伙伴，针对COVID-19，成立行动平台，该平台包括6个研究项目，侧重于三个优先事项：①激发全球商界采取集体行动；②保护民生并促进业务连续性；③调动多方合作以应对COVID-19

5.2.2 管理规范

当今，WEF雇员共有600余人，来自98个国家和地区。不同背景的民族，多元文化的交融，使论坛成为各种文化的混合体。因此，为了保持统一，论坛制定了一套行为准则，旨在塑造一种能兼顾个人与整体，内部与外界的论坛精神，用于指导会员的所有行为。

WEF坚持独立、公正、道德正直和知识正直的核心原则，包含三个方面：①廉正，一切论坛行为需不负会员的信任，并对此提供法律保障；②透明度，所有个人行为需对论坛会员及同事保持忠诚；③问责制，个人需对自己的行为和疏忽负责，并勇于承担后果。这些原则对于维护论坛的使命、声誉和地位至关重要。为此，WEF 出台了行为准则细则"Code of Conduct"①，内容涉及员工行为准则、利益冲突原则、资产和资源利用原则、知识产权、涉密信息、个人数据管理与利用、论坛利益申明、公平竞争、经济制裁以及行政相关的招待、娱乐、捐赠、慈善等条例。

5.2.3 研究成果的传播与影响

2009～2019 年，WEF 在国际组织间建立了庞大的公众参与的传播网络，其互联网的影响力也持续增长，在 2018 年，超过 10 亿分钟的论坛相关内容在网站和社交媒体上传播，比 2017 年同比增长 79%。这一成果在 2018 年欧洲卓越奖评选中获得通讯年度最佳奖。在此成功的基础上，公众参与宣传的策略包括两个要素：第一，继续通过新的创新模式、数字渠道与媒体深入合作，以增大受众面；第二，通过更具针对性的战略沟通，WEF 过渡到以平台为依托进行宣传。在实际操作中，意味着大量媒体将介入论坛工作，围绕主要会议和报告运作，以及最大限度地提高跨社交媒体渠道的受众份额。

在数字媒体中，视频仍然是吸引注意力的主要手段。WEF 现已成为 Facebook 上一个主流的引领品牌，同时，其观众在 LinkedIn 和 Instagram 上大幅增长，不到 2 年时间，总数接近 200 万。在此期间，视频被观看了超过 15 亿次，论坛在所有社交平台的追随者超过 1800 万。这种在线宣传效果可以转化为现实世界的影响效力。

WEF 善于利用伙伴关系进行宣传，与国际媒体合作，以及与数十家公司签订了出版协议，研究成果使用多种语言（英语、西班牙语、中文、日语和法语）进行发布。在出版发行方面，《时代》杂志制作了年会专刊，传播论坛成果与使命。

WEF 也善于借助国际办事处的力量，如通过在中国寻求新的合作伙伴关系，获得观众与中国的流媒体服务爱奇艺的合作，仅在 2019 年年会上，创造了 2600 万次成功观看的增量。通过与 WhatsApp 和 Apple News 等媒体合作，

---

① World Economic Forum. Code of Conduct. [2020-03-05]. https://www.weforum.org/about/code-of-conduct.

将论坛成果等数字内容与大众分享。

WEF 讨论也是其中一种宣传方式，可以让更多的观众参加世界经济论坛的活动。自 2003 年以来，开放论坛每年 1 月在达沃斯举行年度会议，吸引各界领导人，促进思想领袖之间就当前政治结构和地缘政治等问题进行讨论。论坛借助在达沃斯举行年会的机会，围绕改善世界状况的有争议的问题，为公众与学者，商业领袖和决策者提供辩论、互动及宣传的平台。

5.2.4 研究基础设施或条件

5.2.4.1 WEF 社区

为了更好地支持决策者平衡各方力量，进行沟通与对话，WEF 创造了顶级研究条件，并为世界普遍关注问题提供尖端数据，其中包括竞争力、性别平等及全球信息技术等。同时，WEF 通过建立社区，推动交流、互动与相关研究，目前 WEF 创建了以下社区。

1）全球地缘战略合作平台：随着世界走向多极秩序，迫切需要领导人和专家跨区域合作，该社区为促进合作提供了空间。

2）图书俱乐部：WEF 于 2018 年 4 月在 Facebook 上开设了官方读书俱乐部，每月推出一本书，作者会直接参与，使全球读者与会员有机会直接与世界上一些最有影响力的思想家和专家建立联系。

3）文明社会社区：来自各个领域的民间社会参与者与政府和商业领袖合作，共同寻找并倡导应对全球挑战的解决方案。

4）文化变革的平台：此社区旨在为各种各样的艺术家和文化领袖创造机会来增加论坛的召集力，曝光度和资源。

5）专家网络：聚集了近 5500 名来自学术界、企业、政府、国际组织、民间社会、艺术和媒体的领先专家，围绕关键洞察领域开展数字协作，解决涵盖经济、行业和全球的问题。

6）研究院社区：WEF 邀请了合作伙伴公司、关联组织、政府和国际组织的领先人才，通过借调方式服务于社区，研究员带来了丰富而多样的经验和观点,以加快平台建设和项目进展。

7)全球未来理事会:该网络召集了来自学术界、政府、企业和民间社会的 700 多位知识渊博的思想领袖,分组成立主题委员会。这是一个邀请制社区,其成员的提名期限为一年。

8)全球领导研究员计划:旨在培养具有远见卓识,能了解和驾驭复杂动态系统的领导者。

9)全球塑造者社区:该论坛是一个由 30 岁以下的年轻人组成的网络,共同应对本地、区域和全球的挑战。社区拥有 7000 多个成员,遍布 171 个国家(地区)的 369 个城市中心。

10)全球大学领导人论坛社区:由全球 29 所顶尖大学的校长组成,主要担任 2 个角色:负责处理教育和科学研究议程,以及为论坛提供知识管理的咨询机构。

11)反腐败合作论坛:该论坛已成为反腐败和提倡透明公开的领先企业代表。正在与商业领袖、国际组织和政府合作,建立一个高度可见的议程设置平台。

12)施瓦布社会企业家基金会:1998 年创立,作为世界经济论坛的姊妹基金会,现已拥有由 350 多家领先的社会创新者组成的全球网络。创立了"水晶奖",以表彰来自世界各地的杰出艺术家。服务于各类组织的咨询委员会,包括国际司法桥梁、诺伊维尔沙特尔博物馆等。

13)塑造技术治理的未来:该论坛与公共和私营部门的主要参与者合作,以加速物联网技术,建立消费者对物联网的信任,释放物联网数据的共享价值,实现 5G 全面部署,并促进智慧城市技术发展。

14)战略情报联合策展人社区:该社区由来自学术界、智库和国际组织的主要专家共同策划,是一个动态的情报系统。

15)技术先锋:技术先锋社区成立于 2000 年,由来自世界各地的早期及成长期公司组成,帮助确定关键问题的全球议程。

16)全球青年领导者论坛:拥有 1300 多名成员和校友,团结 100 多个民族的全球青年领袖,共同解决当今跨部门、跨代、跨边界的紧迫问题。

17）青年科学家论坛：成立于 2009 年，旨在让后起之秀的研究人员参与世界经济论坛的工作。

5.2.4.2　定制平台

（1）公共网站

WEF 制作了公共网站，如 www.weforum.org；globalshapers.org，可提供对论坛活动、倡议、项目和路线图的见解。公共网站还提供其他服务，如博客、实时流媒体服务，以及登录 TopLink 的链接。

公共网站使用第三方 Cookie 分析软件（Google Analytics、Chartbeat、Parse.ly 和 Mixpanel）跟踪常见指标，如平台参与度、并发用户、最大用户数、在页面上花费的时间等。此类分析可帮助论坛更好地为我们的合作伙伴、成员、选民和参与者量身定制所需服务。

（2）人员和事件注册和管理系统

ESMS（www.weforumit.org）是人员和事件的注册和管理系统。论坛使用此平台注册论坛活动人员的基本信息，如姓名、地址、电子邮件、护照复印件、出生日期等，以及完成相关活动注册，如酒店预订、航班预订和场地使用权等。

（3）虚拟互动平台

WEF 通过会议和项目汇聚了来自世界各地的高层领导人，并创造了面向全球领导者的情报协作平台 TopLink 及应用程序（https://toplink.weforum.org/）。该情报协作平台建立在论坛的社区、事件、研究和项目的基础上，并通过"转型图"将社区的集体智慧转化为动态的、情境化的知识，并提供了来自世界一流专家见解的途径。此外，"转型地图"还可促进全球领先的专家，技术人员和商业领袖之间的一对一在线讨论。

5.2.4.3　合作平台

（1）资源空间

资源空间（resource.weforum.org）是在线绘制论坛活动（仅限成员）

图像（照片和文档）的存储库。资源空间提供高质量的照片，以绘制论坛活动的叙述图表用于宣传、共享和记录论坛活动。

（2）电子商务

B-Com 是一个基于 Web 的数字平台，由第三方提供商 Psideo 管理，用户通过该平台提供每次活动的注册信息，包括姓名、地址、电子邮件、护照副本、出生日期、婚姻状况等。

5.2.4.4 网络安全中心

数字连接在推动全球创新和繁荣方面发挥着至关重要的作用，但是越来越多的网络威胁成为社会不断前进的主要障碍。《世界经济论坛：2019 年全球风险报告》将网络攻击列为全球五大风险之一，并同时成立了网络安全中心，以塑造网络安全和数字信任度为己任，通过包括企业、政府、学术领袖和顶尖网络专家在内的整个网络持续合作行动，将来自世界各地最高层的决策者和运营领导者聚集在一起，促进全球协作，保护机构、企业和个人的信息安全。

5.3 代表性成果

5.3.1 达沃斯宣言

1973 年，WEF 创始人克劳斯·施瓦布提出了第一套道德准则《达沃斯宣言》，指出企业应该为整个社会服务，而不仅是为股东服务，这是 1973 年《达沃斯宣言》所倡导的"利益相关者"概念，并在其中描述了公司对其利益相关者的主要责任。从此，明确了论坛的工作方向。在论坛成立 50 周年之际，新发布的《达沃斯宣言》规定，公司应缴纳合理的税款，对腐败表现零容忍态度，在全球供应链中维护人权，并倡导提高竞争水平及环境。

5.3.2 WEF 年会

WEF 本着达沃斯精神，促进思想领袖之间就当前全球关注和改善世界状况的热点问题进行对话，并为此提供了辩论和互动的平台。论坛每年发起四次年度会议是该论坛的一大亮点，具体如下。

1）每年年初，在瑞士达沃斯 - 克洛斯特举行的年会确定了全球、区域和行业议程。

2）科学和技术年度会议"新领军者年会"在中国举行。

3）阿拉伯联合酋长国举行的"全球未来理事会"年度会议汇聚了世界领先的知识社区，就当今世界面临的主要挑战互换意见。

4）行业战略会议召集了行业战略官员来制定行业议程，并探讨行业如何从管理变革转向先锋变革。

此外，区域会议和国家战略日将重点讨论主导区域和地方议程的相关问题。论坛也配套推出了讲习班、研讨会和会议计划，为进一步推动目标和行动提供了机会。

5.3.3 第四次工业革命中心

第四次工业革命[①]是由科技进步推动的快速、同步和系统性转型，正在重塑各行各业，模糊地理边界，挑战现有监管框架，甚至重新定义人类的意义。

WEF 注重以高效、合乎道德的方式创新成果，造福全球社会。鉴于此，论坛成立了第四次工业革命中心，该中心位于美国圣弗朗西斯科（旧金山），毗邻全球顶尖技术公司、初创企业、投资者、风投公司和一流学术机构。中心旨在建立全球规范、原则、框架和伙伴关系，推动创新成果在经济、社会和政治领域的应用。目前囊括的重点领域有：无人驾驶汽车、区块链（分布式账本技术）、民用无人机、数字化交易、工业物联网安全、面向未来生产的工业政策、改善海洋状况、精准医疗、项目制劳动共享和循环经济、信任

---

① World Economic Forum. Fourth Inductrial Revolution. [2020-03-05]. https://cn.weforum.org/focus/fourth-industrial-revolution.

与赋权、大数据、物联网和人工智能。

5.4 人力资源管理

5.4.1 管理架构

WEF 由创始人兼执行主席克劳斯·施瓦布教授主持，其工作在基金董事会的指导下开展，现有董事会成员 29 人。均由来自商界、政界、学界与公民社会的领袖等杰出人物担任，来自中国的阿里巴巴创始人马云（Jack Ma）也是其中之一。董事会成员数量在商界、国际组织中均等分配，以确保董事会涵盖多方利益相关者。作为基金董事会成员，他们不代表任何个人或行业利益。他们是论坛的使命和价值观的守护者，在论坛推广全球公民责任活动的过程中提供指导①。

5.4.2 机构设置

WEF 管理委员会是世界经济论坛的执行机构，它对外能够代表论坛发声，并确保论坛的所有活动均符合论坛的使命。管理委员会现有成员 13 人，对论坛承担执行职责，并向基金董事会汇报工作，现由挪威前外交部长博尔格·布伦德（Børge Brende）担任总裁①。论坛所有的活动都由执行委员会负责，目前执行委员会共有 35 人。具体工作由行政部门负责，其成员由全球超过 60 个国家的各行各业的 800 名优秀人才组成。这种全球化的深度和体验使论坛有能力充分支持全体会员参与全球各项事务。

WEF 是一个在"多方利益相关者"理念指导下，由来自商界、政界、学术界、媒体、艺术界、科技界、非政府组织等多个机构组成的大社区。在全球共设有 6 个办事处②，分别为瑞士日内瓦、美国纽约、美国旧金山、中国北京、日本东京、印度孟买。六大中心基本情况详见表 5.2。

---

① World Economic Forum. Leadership and Governance. [2020-03-05]. https://www.weforum.org/about/leadership-and-governance.
② World Economic Forum. Office Location. [2020-03-05]. https://www.weforum.org/forum-careers/office-locations.

表5.2 WEF六大办事处基本情况

办事处名称	基本情况及重点工作
瑞士日内瓦	此为论坛总部,约有600名员工在此办公。日内瓦是包括联合国欧洲总部在内的200多个国际组织的所在地,地理位置优越,便于国际机构密切合作
美国纽约	纽约办事处地处纽约市中心,其业务主要覆盖北美和拉丁美洲的区域,全年举办各种论坛会议,包括可持续发展影响峰会和合作伙伴咨询的小组会议
美国旧金山	旧金山的办公室成立于2017年,拥有80名全职员工和借调人员,是论坛第四次工业革命中心的总部,主要从事区块链、分布式管理技术、精密医学、城市智慧交通等项目
中国北京	该办事处成立于2006年,致力于将来自政府、企业和学术界的中国领导人纳入论坛。目前,办公室由30多名全职员工、数名实习生和顾问组成
日本东京	日本办事处成立于2009年,地处东京,该团队致力于通过社区发展、关系管理、知识网络、区域商业理事会活动和特殊项目来加快论坛在日本的影响
印度孟买	印度第四次工业革命中心于2018年10月成立,与政府、商业、学术界、初创企业和国际组织的领导人共同设计新兴技术的新政策框架和协议

WEF在全球各地开展的活动旨在为社区成员及相关方提供交流与合作的平台。参会嘉宾均为受邀制,不设临时报名、会议赞助、现场注册等形式。

5.4.3 人才结构

WEF是一支由800余名员工组成的团队,遍布全球6个工作地点,力求打造高度活跃、多元化和公正的员工队伍,吸引了来自80多个国家商业、咨询、非政府组织、国际机构、学术界、研究机构、公共行政和外交领域的行业专家,共同塑造世界的未来[1]。论坛为全球1000家领先公司提供了梦想平台。作为论坛的会员组织可参与线上和线下的项目,以解决行业、区域和系统性问题,

---

[1] World Economic Forum. Forum of Careers. [2020-03-05]. https://www.weforum.org/forum-careers.

也可量身定制问题解决方案。论坛的合作伙伴类型及职责详见表 5.3。

表5.3 WEF合作伙伴及其职责

合作伙伴名称	职责
战略合作伙伴	战略合作伙伴社区由 100 家全球领先的企业组成，它们与 WEF 密切合作，以协助制定行业、地区和全球议程，是论坛背后的主要推动力
准战略合作伙伴	准战略合作伙伴是 WEF 精心挑选的会员企业，它们积极参与论坛的活动，积极引导变革，共同塑造行业、地区和全球议程，最终促进全球公民权的实现
行业合作伙伴	行业合作伙伴是 WEF 精心挑选的会员企业，它们从行业层面积极参与推动论坛的使命，为解决行业以及跨行业重大问题的有关战略决策提供洞察力
地区合作伙伴	区域合作伙伴是 WEF 精心挑选的会员企业，享有论坛多元利益相关者网络和专家的特别权限，地区合作伙伴的参与将为论坛在重大地区事件的战略决策中带来预见度和洞见
机构会员	WEF 的 1000 家机构会员是论坛所有活动的核心力量，它们的支持对于探寻可持续性全球解决方案，改善世界状况发挥着至关重要的作用
论坛会员	WEF 会员包括全球顶尖创新者、市场塑造者、变革者、地区领导者等领军型企业，具有卓越影响力并持续帮助新兴经济体发展，是论坛在全球商业和解决紧急问题行动中的关键支柱之一
技术先锋	技术先锋通常是那些处在创业阶段的企业，需要展现出具有远见卓识的领导力和长期发挥市场领导者作用的潜力。WEF 每年都会对数百家创新企业进行审核，并从中选出大约 30 家企业担任技术先锋

5.4.4 人员培训与交流

WEF 鼓励员工进修学习，定期选派研究人员到国内外的其他智库进行交流，拓展研究视野；在职期间，提供学术培训，以及个人发展和辅导相结合的多学期课程。同时，发挥论坛效力（详见 5.2.4 节），聚集人才，推出了一系列培训计划，发展人才梯队。

（1）全球领导者奖学金计划[①]

WEF的全球领导者奖学金计划（The Global Leadership Fellows Programme，GLFP）致力于培养能够理解和驾驭复杂动态系统，平衡短期和长期目标的领导者，以应对未来众多挑战。这是一个将密集的在职经验、创新的学习课程、个性化的辅导以及广泛的校友网络相结合的多年培训计划。

在该计划期间，参与人员可以充分发挥自身优势，从同事协作、项目研发甚至游戏中学习，并有机会在全球社会的各个领域（包括企业、政府和学术界）工作，全面提高自身领导力。

（2）实习生计划

WEF认为，实习生[②]是使命驱动和多元化的人才社区不可或缺的组成部分。为此，论坛设立了"实习计划"，在日内瓦、纽约、旧金山、北京、东京或孟买的任何一个办事处接待具有不同背景、观点、技能和经验的实习生。一般实习期为3～6个月，每年2个梯队，从2月和6月开始，实习期间可获得与员工相同的薪资待遇及所有福利，如带薪休假。此外，实习生可以在研究中汲取灵感，并在项目管理、事件设计和执行、数据分析、影响评估和战略沟通等领域获得宝贵经验。

5.4.5 人员奖励与福祉

WEF致力于为所有员工创造一个安全、包容和高效的工作环境，推崇绿色、健康的工作理念，全球所有办事处均为无烟场所，并鼓励骑自行车、步行或乘坐公共交通工具去上班。论坛提供有竞争力的分级薪金计划，包括健康保险和退休金在内的全面福利，并可为特定需求的个人提供适当的住宿。

除现场健身活动（如瑜伽课）外，WEF还给员工提供参加团队运动的机会，包括足球、篮球、沙滩排球和垒球。WEF可以在所有办事处享受五周的

---

① World Economic Forum. Global Leadership Fellows. [2020-03-05].https://www.weforum.org/communities/global-leadership-fellows.
② World Economic Forum. About Our Internships. [2020-03-05]. https://www.weforum.org/forum-careers.

带薪假期。

5.5 资金财务管理

WEF 财务和运营团队是负责财务、财政控制、采购，服务与款待，并提供具有成本效益的以客户为中心的基础架构，确保以严格的实践和纪律规范财务管理。目前由论坛常务董事朱利安·加托尼担任首席财务官。

5.5.1 资金来源

施瓦布社会企业家基金会、全球青年领导者论坛、全球塑造者社区被视为关联方，并签署协议，财务赤字风险由世界经济论坛承担。从论坛 2019 年财务报表可以看出（表5.4），WEF 主要收入来源于成员会费、参加活动缴费、合作企业及其他等。

表5.4 WEF2019年收入详细名目

收入详细名目	金额 /10^3 瑞士法郎	占总收入比例 /%
成员会费	27 294	7.918
参加活动缴费	42 336	12.282
合作企业	240 687	69.824
其他	34 390	9.976
总计	344 707	100.000

5.5.2 资金管理和使用

2019 年财务报表显示（表5.5），WEF 主要支出为员工费用，包括薪金、社会保险福利及其他差旅等，另外一部分开销包括办事处运行及举办活动等费用。

表5.5　WEF2019年支出详细名目

支出详细名目	金额 /10^3 瑞士法郎	占总支出比例 /%
员工费用，包括薪金、社会保险福利及其他差旅等	144 337	41.996 5
办事处运行及举办活动等费用	199 351	58.003 5
总计	343 688	100.000 0

同时，WEF 运营中的外汇风险（论坛收入多为瑞士法郎和美元，少数是欧元，汇率折算风险），流动资金风险（合作机构违约或者融资带来的风险），市场风险（主要考虑达沃斯年会带来的负面影响连带风险）等将计入利润，并出具损失声明。

5.6　小结

WEF 是一个致力于通过公私合作，研究和探讨世界经济领域存在的问题，促进国际经济合作与交流的非营利性基金会。在当今全球社交媒体迅速发展，社会舆论力量兴起和各国决策体系不断完善的背景下，论坛擅长利用新媒体，如 Twitter、Facebook 等，并结合平台传播属性，极大地扩展了智库影响受众和效力，在基于社交媒体和客观数据的智库评价研究报告中名列前茅，是利用新媒体广泛传播智库成果的典型案例。这是一个使命驱动、充满激情、务实高效，又具有企业家精神的智库。WEF 的管理与建设对我国的启示主要有以下几点。

（1）塑造独特的精神内核，打造分布式利益相关者平台

WEF 的活动是建立在基于利益相关者理论的独特机构文化的基础上，该文化认为组织需要对社会的各个方面负责。世界经济论坛创始人兼执行主席克劳斯·施瓦布教授寄语："从 1971 年创立开始，WEF 就注重培育全球公民精神。为了实现改善世界状况的使命，WEF 制定了大量行动倡议，涉及公共和私人领域的多方利益相关者。"WEF 融合平衡了各种组织的优点，包括公共和私营部门，国际组织和学术机构。WEF 认为：只有将有动力和影响力

进行积极变革的各行各业的人们召集在一起,才能取得进步。

WEF 作为一种新型的国际组织,即顶级的多学科、多利益相关者组织,它满足了国际需求,搭建了一个融合多利益相关者的平台,使得行业、技术、区域、人员和学科相互交融。同时,全力打造平台网络,借助数字、事件、通信工具,使得社区成员更容易创建国际组织的公私合作。

多年来,WEF 特别关注全球议程上的重要问题,随着全世界人民继续感受到全球经济危机的影响,论坛深入参与"全球报告倡议组织"(GRI),旨在确定世界应如何重组国际体系以更好地应对全球化的多重挑战。由此可见,WEF 以创新的方式体现了全球公众对企业家精神的承诺。

(2)聚焦前沿热点,积极响应多概念世界

自 1971 年以来,WEF 持续关注全球议程上最重要的问题,组织千余场会议,召集成千上万的工作组。在过去的几年里,WEF 进一步加剧了区域工作的支持力度,增强了未来面向地缘政治和经济的对话,这是在回应持续加深的全球层面的不确定性,积极应对国际上譬如技术、政府治理、天气变化、贸易以及各种安全与人道主义挑战。

与此同时,WEF 帮助国家和区域在新战略中保持弹性和敏捷性。2018 年 9 月,世界经济论坛会议在越南河内举行,重点关注搭建区域创新网络以支持青年创业。2019 年世界经济论坛年会促进了一系列对话,审查了全球治理架构,通过加强合作,探索使众多公民享有更大主权的方式。同时,WEF 加深全球各大区域重点问题的研究,与非洲、亚太地区、欧洲、印度和南亚、拉丁美洲、中东和北非、北美的地区高层领导人合作,共同深化世界挑战性课题。

(3)搭建硬核基础设施平台,提供全方位后勤保障

WEF 配套进行了一系列硬件设施建设:搭建公共网站,用以交流论坛活动、倡议、项目及行动路线图;搭建人员和事件的注册管理系统 ESMS,用来完成活动注册和相关活动预定;面向全球领导者,创建了虚拟的情报协作互动平台 TopLink;建立了在线绘制论坛活动图像和存储图像的资源空间以及自动执行所有论坛活动的外部资源的电子商务 B-Corn 数字平台;此外,由

于 WEF 诸多活动依赖于网络，特建立了全球网络安全中心，用以促进全球协作的同时，保护机构、企业和个人的信息安全。

（4）建立高水平会议与协作社区网络，促进国际对话与交流

在这个复杂且瞬息万变的世界中，太多的复杂性无法依靠单一集团力量解决。几十年来，WEF 本着达沃斯精神，促进思想领袖间就当前全球关注和改善世界状况的热点问题进行对话，WEF 例行的年度会议为各个领域重要领导人以及 WEF 各大研究领域主要利益相关者提供了交流的场所。通过收集高层意见，用于指导未来的工作。

同时，随着 WEF 不断鼓励企业与利益相关者团体加强合作，其开放式合作能力不断加深，论坛的技术能力，对多种系统实现积极变革以及其在区域和全球范围内的发展不断增强。当今，WEF 已经逐步发展成为一个平台网络，汇集了利益相关者，以其专业知识、见解和活动，塑造行业、区域或技术的未来。平台之间的无摩擦协作使利益相关者有能力参与全球、区域和行业问题，并成倍地扩大其影响。

（5）建设人才梯度平台，打造体系化人才供应链

人是世界经济论坛的最大的资产，吸引、参与和培育全球最优秀的人才是实现的基础。WEF 是一支由 800 余名员工组成的团队，遍布日内瓦、纽约、北京、旧金山、东京和孟买 6 个全球工作地点，致力于改善世界的使命。人与文化的战略重点包括以下几个方面。

1）领导力发展和学习机会。通过建立全球领导研究院计划，培养具有远见和价值观，理解和驾驭复杂的动态系统的领导者。

2）人才发展计划。建立健全的人才发展计划，通过绩效和潜力评估进行全面的人才审查，为每位员工提供发展机会。

3）人员培训与提升。WEF 鼓励员工进修学习，定期选派研究人员到国内外的其他智库进行交流，拓展研究视野；在职期间，提供学术培训、个人发展和辅导相结合的多学期课程。通过对人员进行数字化创新和解决方案制定，以改善员工队伍规划和决策。

4）通过战略计划吸引人才。成立于 2000 年的"技术先锋社区"由来

自世界各地的早期至成长期公司组成,共同确定关键问题的全球议程;拥有1300多名成员和校友的"全球青年领导者论坛",团结100多个民族的全球青年领袖,共同解决当今跨部门、跨代、跨边界的紧迫问题;成立于2009年的"青年科学家论坛",旨在让后起之秀的研究人员参与WEF的工作。参与人员可以在研究中汲取灵感,并在项目管理、事件设计和执行、数据分析、影响评估和战略沟通等领域获得宝贵经验。

5)广泛招募社区合作伙伴。WEF为全球1000家领先公司提供了梦想平台,使企业参与在线和离线的项目,以解决行业、区域和系统性问题。同时,WEF以合作伙伴的方式招募战略合作伙伴、准战略合作伙伴、行业合作伙伴、地区合作伙伴、机构会员、论坛会员和技术先锋。

第6章　美国兰德公司

6.1　智库概况

美国兰德公司（RAND Corporation）成立于1948年，是世界上享有盛名和影响力的综合性智库之一。70多年来，兰德公司在国际关系、军事战略、科技装备、社会治理等领域取得了一系列高水平的研究成果，对第二次世界大战后美国国际政治和军事政策产生了重大影响。

6.1.1　定位

兰德公司是一家非营利性机构，其使命是"通过研究和分析改善政策和决策"。质量和客观性是其核心价值观。成为世界上最值得信赖的政策理念和研究分析的来源是其愿景。兰德公司希望通过研究继续应对世界上最紧迫的挑战，以达成让世界上的个人、家庭、社区更安全、更健康、更繁荣的目标。

作为无党派组织，兰德公司致力于冷静、客观的研究，不受商业、党派和意识形态偏见的影响，在严谨的研究基础上找到解决问题的方法，帮助决策者做出基于最佳信息的决策。研究由兰德公司内外的专家进行同行评审，这种严格的审查使兰德公司成为可靠的专业知识和分析的来源。

6.1.2　简要发展历程

第二次世界大战期间，美国一批科学家和工程师参加军事研究工作，颇有成效并且受到政府的重视。1944年11月，当时美国陆军航空队司令亨利·阿诺德（Henry Arnold）上将提出《战后和下次大战时美国研究与发展计划》的备忘录，希望留下这批科学精英在和平时期继续为政府服务，为空军提供战略、战术及装备研究。1945年底，美国陆军航空队与加利福尼亚州圣莫尼卡的道格拉斯飞行器公司（Douglas Aircraft Company）达成一致，计划建立一个从事远程导弹技术研发的新型机构，从而将军事计划与研发决策联系起来。随后不久，双方签订了一项1000万美元的"研究与发展"计划的合同，这就是"兰德计划"（Project RAND）。"兰德"（RAND）的名称是英文"研究与发展"（research and development）两词的缩写。

1948年5月14日，在福特基金会100万美元的赞助下，"兰德计划"脱离道格拉斯飞行器公司，成为一个独立的非营利组织，兰德公司正式成立[①]。1952年，兰德公司再次获得福特基金会贷款，促使其从军事领域向多元化研究的转变；1960年，兰德公司已经拥有了500名全日制的研究人员，以及300名兼职顾问，研究课题非常广泛；1970年，兰德公司下属的帕迪兰德研究生院成立；1973年，兰德公司设立兰德基金，用于资助新兴领域以及创新性研究；20世纪80年代，兰德公司欧洲分部（RAND Europe）成立，开始涉足工业界和企业部门项目；20世纪末，兰德公司相继成立了匹兹堡分部以及兰德海湾各州政策研究所等机构。

兰德公司成立初期主要为美国空军服务，研究武器的改进和战略管理问题。经过多年的发展，服务对象逐渐扩大到联邦各级政府、国际机构和工商界等部门，其研究范围已经扩展到军事、政治、经济和社会各个领域，致力于提升和促进科学、教育和慈善事业，以维护美国的公共福利和安全。

6.1.3　声誉及智库排行

《泰晤士报》这样评价兰德公司：半个世纪以来，它一直是全球十大超级智库之一。它以权威的问题分析与卓越的决策咨询，影响和左右着美国的政治、经济、军事、外交等一系列重大事务决策，是美国现代智慧的"大脑集中营""思想库"。诺贝尔经济学奖获得者托马斯·谢林在其《冲突的策略》一书的前言中这样说道："作为一个集体，兰德是最出色的……但兰德不仅是人员的集合，它也是一个以有才智、有想象力和敢于想入非非为特征的社

[①] RAND Corporation. A Brief History of RAND. [2020-2-20]. https://www.rand.org/about/history/a-brief-history-of-rand.html.

会组织"（庞德斯通，2015）。

根据宾夕法尼亚大学发布的《全球智库报告 2019》，兰德公司在全球顶尖智库综合榜排名第 12，美国顶尖智库排名第 9。在按照研究领域划分的多项排名中，兰德公司都位列前茅。其中，国防和国家安全领域排名第 2，国内经济政策领域排名第 15，教育政策领域排名第 4，能源与资源政策领域排名第 10，环境政策领域排名第 30，外交政策与国际事务领域排名第 9，国内卫生事务领域排名第 5，全球健康政策领域排名第 7，国际发展政策领域排名第 25，国际经济政策领域排名第 8，科学技术政策领域排名第 5，社会政策领域排名第 7，最佳管理类智库排名第 12，最佳跨学科研究智库排名第 1，最佳互联网使用排名第 53，最佳媒体使用（印刷或电子）智库排名第 16，对公共政策影响最大的智库排名第 15，最佳独立智库排名第 18。同时获评 2016~2018 年度"最佳政策导向型项目研究机构"和"最佳质量保证、诚信政策与程序研究机构"。兰德公司入选 2019 年度最佳人工智能（AI）智库排行榜，其研究成果入选年度最佳智库政策研究报告排行榜。

在基于社交媒体分析的《清华大学智库大数据报告 2018》（GTTBI 2018）中，兰德公司进入"全球智库 Twitter 引用影响力评级（前 50 名）"，评级：A；进入"全球智库 Twitter 账户影响力评级（前 50 名）"，评级：A-；进入"全球智库 Facebook 引用影响力评级（前 50 名）"，评级：A-；进入"全球智库 Facebook 账户影响力评级（前 50 名）"，评级：A-；进入"全球智库大数据指数评级（前 50 名）"，评级：A。

在浙江大学信息资源分析与应用研究中心发布的《全球智库影响力评价报告 2019》中，兰德公司在全球智库榜单排名第 14，全球综合类智库榜单排名第 8，国家安全领域智库榜单排名第 8，经济领域智库榜单排名第 11，国际事务领域智库榜单排名第 11，健康领域智库榜单排名第 7，教育领域智库榜单排名第 7，科技与工程领域智库榜单排名第 5，社会政策领域智库榜单排名第 9。

从以上三大榜单的排名情况可以看出，兰德公司具有进行跨领域研究的强大实力，在全球智库中拥有很高的地位和影响力。

6.2 研究概况

6.2.1 研究领域

兰德公司的服务类型包括政策研究和分析、战略和运营咨询、政策实施三类，涵盖儿童、家庭和社区，网络与数据科学，教育与文化，能源与环境，健康、卫生保健和老龄化，国土安全与公共安全，基建与交通运输，国际事务，法律与商业，国家安全与恐怖主义，科学技术，工人与工作场所12个领域。

6.2.2 项目来源

兰德公司的项目来源十分广泛，为包括政府机构、国际组织、基金会、专业协会、大学和私营部门等在内的全球客户提供研究服务。其中政府部门是其研究项目的主要来源，包括美国联邦政府、美国各州和地方政府、国外的政府机构和部门。

6.2.3 项目管理

兰德公司与包括美国政府在内的各类客户建立合同关系，接受项目委托，每年可同时研究数百个项目，所签合同可以每年更新或者数年更新一次。双方通过见面会谈或邮件互通等形式进行讨论交流，最后形成"项目说明书"文件，对项目的时间表、问题、方法、预算、进度和数据等进行详细规范。兰德公司会严格按照时间表规定的时间向客户报告研究成果一直到完成项目。

除根据合同和预算安排的项目外，兰德公司还会设立许多自主选题的项目，研究具有重大意义与社会影响的问题。对这些项目，兰德公司会向外进行推销，动员潜在客户购买研究成果，同时提供科学、客观、全面的信息咨询建议和决策选择，并对每一种选择做出详细的解释分析和利弊说明（乐烁，2013）。

6.2.4 项目质量管理

在70多年的发展中，兰德公司一直秉持对研究的高质量和客观性的承诺，每个（篇）报告、文章、数据库和讲稿在公开发布之前均经过仔细的同行评审。为了保证研究报告结果全面、有创新性和具备使用价值，兰德公司制定了"高质量研究分析标准"，既作为研究人员的工作指导守则，也是研究队伍、管理人员和同行评议者的重要工具。该研究分析标准1997年首次发布，根据研究人员、客户、捐助者的反馈，目前已修订和更新到第4个版本，具体标准如下：①系统地阐述研究问题，明确研究目的；②根据研究问题精心设计研究方法并执行；③研究要建立在对相关领域成果及进展预先了解的基础之上；④使用可获得的最佳数据和信息；⑤对问题进行明确和合理的假设；⑥研究结论要对决策制定有影响力；⑦所给出建议需有逻辑性，基于调查结果，解析透彻，有适当的告诫；⑧研究报告应表达准确、易于理解、结构清楚、用词温和；⑨研究结果要令人信服，对客户和决策者具备使用价值；⑩要求研究保持客观、独立、均衡的特质①。

基于这10条标准，兰德公司还进一步提出了杰出研究工作的3条标准：综合性、创新性、持久性。综合性要求充分发挥兰德公司多学科的研究风格，从多角度开展研究并将多种观点进行整合；创新性要求研究结果对所研究领域有更多的理解和认识，或者在设计、方法和观点上有所创新；持久性要求围绕研究问题开展具有持续性价值的研究，并通过系统性记录、构建全面记录文档来坚持研究。

这些标准规范明确了兰德公司关于高质量研究的理念，建立起相应的工作程序和严格的评价制度，将研究产品的质量管理贯穿于各个环节，从而确保了信息来源的可靠性、时效性和处理过程的科学性，最终达到对研究质量的控制，使研究人员能够为决策者提供具有影响力及现实意义的决策支持服务。同时，对外公布课题质量标准，也进一步增强了客户对兰德公司的信任感和认同感。

6.2.5　项目成果的传播与影响

智库研究活动的首要目的在于影响公众舆论和公共政策，向政策的制定

---

① RAND Corporation. Standards for High-Quality Research and Analysis. [2020-2-20]. https://www.rand.org/pubs/corporate_pubs/CP413-2015-05.html.

者、决策者、资助者、媒体、精英阶层和社会公众宣传自己的观点、政策主张和制度设计等，是智库各种行为过程的最终指向。

兰德公司通过多种渠道积极发布和传播其成果，对外公布了大量的文献资料，包括杂志、专题著作、简报和研究报告等。自 1946 年以来发布的 20 000 多个非密级报告都可以在兰德公司网站上进行搜索，还可以按照作者、文件系列、研究主题等分类进行浏览，其中大部分都可以免费下载，2018 年网络资源下载量为 540 万次。公开发布的报告为公众提供了解复杂议题的机会，同时受到公众和专家的审查，有助于确保兰德公司产品的质量。

兰德公司经常邀请媒体、学者、政府官员等参加论坛或者学术会议，兰德公司的专家学者也经常进行公开的演讲和报告，参加政府的听证会，宣传其政策主张。兰德公司还利用报纸、杂志等传统媒体和社交网络等新型媒体宣传智库的研究成果，其出版的《兰德评论》拥有 2.5 万名订阅用户，官方 Twitter 有 19 万名粉丝关注。

6.2.6　研究基础设施或条件

6.2.6.1　数据库或数据途径

兰德公司建立有完善的信息保障体系，能够通过多种渠道获得准确、全面的资源和数据，对研究进行支撑和服务，保障智库研究成果的科学性和有效性。

（1）获取公开资源

美国完备与开放的数据共享政策，使其成为全世界的数据和信息中心。兰德公司充分整合美国政府等权威机构发布的官方数据、统计年鉴、政策报告等公开信息，获取了大量国家数字资源。此外，兰德公司还聘请数百名专家担任特约顾问和研究员，在欧洲和澳大利亚等地设立研究中心和办事机构，组建了强大的信息网络。

（2）兰德图书馆

位于圣莫尼卡的兰德公司总部三层研究大楼的整个底层都是图书馆。图书馆藏书过百万册，还有各种报告 30 万份，期刊约 3000 种，以及大量缩微胶片和各种比例尺的地图等。兰德公司的藏书联合借阅系统汇集了190多家图书馆的资源，可联网获得加利福尼亚大学洛杉矶分校的资源目录。图书馆中还收藏不少科技报告、会议记录、内部刊物和国防外交等国家机密文件，保密区占50%（黄晓斌和罗海媛，2019）。

（3）数据库体系

兰德公司建设有覆盖领域广泛的数据库体系，以支撑各类研究。除可开放获取的商业数据库资源外，根据项目需求将信息资源有序分类组织，自建专题数据库和特色案例库，如公共健康备用数据库、反恐怖主义数据库等。同时还和专业调查机构、学术研究机构等共建数据库资源，如联合美国国家自然科学基金会共同开发RaDiUS数据库。在项目开展过程中，调研、实验所产生的各类数据集和主题数据库也是智库数据体系的重要来源之一，如专门面向加利福尼亚州贫困家庭临时援助研究项目建立CalWORKs数据集。

兰德公司部分自建数据库见表6.1。

表6.1 兰德公司部分自建数据库

数据库名称	调查学科	数据库描述
RAND State Statistics	经济、人口、教育、卫生、能源等	集成国家、州、地方各领域的综合型数据库，覆盖美国50个州的200多个数据库，150多个数据集
RAND Health Care	医药、健康、护理、心理	整理美国卫生政策、老龄化与健康、精神健康、护理质量等方面的调查数据
Los Angeles Family and Neighborhood Survey	社会、行为	围绕洛杉矶社区成人及青少年健康、发展和幸福的调查数据
Asset and Health Dynamics Among the Oldest Old	社会、健康	美国国家老龄化研究中心（NIA）和社会保障管理局（SSA）支持，纵向调查美国退休老人健康情况
RAND Database of Worldwide Terrorism Incidents	社会、治安、反恐	集成从1968年至今的4万个恐怖主义事件编码和详细信息的可搜索、可交互数据库
RAND Family Life Surveys	社会、经济、健康	集成家庭经济发展和健康等状况数据，包括马来西亚、印度尼西亚生活调查，危地马拉农村儿童疾病调查和孟加拉国老龄化与社会福利调查

除数据库外，兰德公司的研究分析工具还包括分析模型、计算器、计算机代码、GIS 映射工具、从业人员指南、Web 应用程序和各种工具包。所有的研究工具都经过严格的同行审查，以确保数据的高标准和方法的合理性[①]。

兰德公司部分研究工具见表 6.2。

表6.2　兰德公司部分研究工具

方法与工具名称	适用问题
ExpertLens：专家在线启发方法	用于美国、加拿大和欧洲众多项目，适用于征求不同领域专家对问题的意见
生物质排放模型的不确定性计算	用于探讨生物质排放模型中的不确定度计算
犯罪成本与警察价值计算器	用于计算犯罪类型、犯罪量、犯罪成本等，探究如何投资警察以提升社会回报
预防流感：改善公共卫生的预防工具包	用于各地方卫生部门将质量提升（quality improvement，QI）方法纳入流感应急准备活动中
建筑用水效率分析模型	用于评估节水投资的潜在价值，帮助业主做出最优节水决策
随机数与正态偏差	在计算机领域具有开创性的成果，随机数表已成为工程和计量经济学教科书中的标准参考，广泛用于采用蒙特卡洛试验的博弈和模拟中

6.2.6.2　分析方法

兰德公司将研究方法的创新和应用作为一项重要研究内容，在帕迪兰德研究生院设有分析方法中心，下设 6 个分中心，利用 1000 多名世界一流的研究人员、教职员工和学生的专业知识，围绕一系列相互关联且领先的分析领域，组织兰德公司的各种资源，以创建下一代研究方法和工具[②]。

应用网络分析和系统科学中心：将网络研究方法应用于政策分析中，为研究影响自然、人类、组织系统的结构、背景和社会因素提供帮助。主要方法工具包括可视化、网络指标与描述性统计、网络统计模型。

[①] RAND Corporation. Tools. [2020-2-20]. https://www.rand.org/pubs/tools.html#research-tools.
[②] RAND Corporation. The Methods Centers at RAND.[2020-2-20].https://www.prgs.edu/research/methods-centers.html.

因果推理中心：致力于对因果推理方法的使用进行改进，该方法几乎在健康、劳工、教育、环境研究、公共安全和国家安全等各个政策领域都有应用。主要方法和工具包括双差法、工具变量、偏好计分、随机研究、回归不连续性。

不确定性决策中心：评估政策领域和研究途径中的不确定性和风险杠杆的深度和广度。主要方法和工具包括预测、决策支持、心理模型、行为试验。

博弈论研究中心：研究博弈论的使用，以改善包括城市规划、气候变化、毒品政策、灾难响应、核扩散和军事行动在内的广泛政策领域的决策。主要方法和工具包括博弈、仿真和建模。

定性和混合方法中心：用于在涉及新环境和外国文化背景的情况下，开展探索性的数据收集和分析。主要方法和工具为半结构化访谈与聚焦、文化域分析、基于术语的主题方法、语料库。

可扩展计算和分析中心：通过建立有关使用大规模数据的最佳实践的专业知识社区，参与并支持帕迪兰德研究生院和整个兰德公司内部的数据科学转型。主要方法和工具包括大数据技术、算法构建和应用设计。

分析方法中心取得了如下成果：通过指导、培训和专业培养，提高了研究人员、教职员工和学生的分析专业知识；通过传播当前最先进的方法和工具，提高了研究的质量和严谨性；在整个政策研究领域加速分析方法和工具的开发和应用；提高了兰德公司在科学界、决策者、慈善家、客户和其他利益相关者中的分析能力。

兰德公司创立了预测和决策分析的一系列方法和模型，包括预测类方法、数据收集与质量控制类方法、风险型问题决策类方法和深度不确定型问题决策方法（张志强和苏娜，2017）。研究方法的创新为其开展客观、准确的高质量研究发挥了重要作用（表6.3）。

除了在研究方法的创新上进行投入，兰德公司也很重视在决策过程和分析方法中应用新技术。帕迪兰德研究生院设有技术和叙事实验室（Pardee RAND's Tech and Narrative Lab），政策分析师可以应用新兴技术来研究政策问题并提出新颖的政策解决方案，同时了解新兴技术的政策影响。该实验室目前专注于四类技术：人工智能（AI）和机器学习（ML），虚拟、增强和混合现实（VAMR），物联网（IoT）以及数字博弈（Digital Gaming）①。

表6.3　兰德公司创立的研究方法

方法类别	方法名称
预测类方法	德尔菲法（Delphi）
	模拟和预测（Modeling and Forecasting）
	路线图（Road Mapping）
数据收集与质量控制类方法	连续质量改进方法（Continuous Quality Improvement）
	多方式调查能力系统（Multimode Interviewing Capacity）
	半结构化数据调查与焦点小组方法（Semi-structured Interviews and Focus Group）
风险型问题决策类方法	系统分析法（System Analysis Method）
	组合分析工具（Portfolio Analysis Tool）
	专家棱镜系统（Expert Lens）
	离散选择模型（Discrete Choice Modeling）
	可执行热点法（Actionable Hot Spot）
	博弈论（Gaming）
深度不确定型问题决策方法	长期政策分析（Long-term Policy Analysis）
	健全性决策（Robust Decision-making）
	探索性建模（Exploratory Modeling）
	基于假设的规划方法（Assumption-based Planning）

---

① RAND Corporation. Technology and Narrative Lab.[2020-2-20].https://www.prgs.edu/research/tech-and-narrative-lab.html.

6.3 代表性成果

自 1948 年成立以来,兰德公司逐渐发展成为一个研究政治、军事、经济、科技和社会的综合性研究智库,也是当今最负盛名的决策咨询机构之一。在 70 多年的历史中,兰德公司发行了 23 000 多份公共研究报告和出版物,以下是一些有代表性的研究。

(1)1946 年——首次卫星设计

兰德计划的第一份报告《实验性绕地空间飞行器的初步设计》是当时针对卫星空间飞行器的具体实施进行的最全面的工程研究。报告建议制造人造地球卫星,但这一研究成果当时被认为完全脱离现实。1957 年苏联发射了人类历史上第一颗人造卫星,实际发射时间与兰德公司研究报告中预测的苏联发射第一颗人造卫星的具体时间相差不到两周。兰德公司的远见卓识与精准的预测能力得到认可。

(2)1962 年——互联网的种子

兰德公司开发了一种能够抵御核攻击的通信网络,这种分布式通信和分组交换概念最终成为互联网的基础。

(3)1998 年——北约扩张

兰德公司的欧洲和苏联问题专家建议扩大北约版图,吸纳波兰、捷克、斯洛伐克和匈牙利为北约成员国。兰德公司的建议和分析为美国国务院继续进行北约扩张提供了重要参考。

(4)2008 年——战争的无形创伤

兰德公司对在伊拉克和阿富汗服役的军人的心理和认知需求进行了第一次大规模的非政府评估。

(5)2014 年——中国医药卫生体制改革

兰德公司对中国医药卫生服务体制进行了研究,发布了《医药卫生体制改革对于中国梦的意义:推动经济增长促进和谐社会》这一研究报告,报告认为相比于仿效西方国家带有明显局限性的模式,中国应当另辟一种创新和可持续发展的模式,基于全民健康管理原则和先进的卫生信息技术设计实施一套医药卫生体制。

（6）2017年——英国脱欧的影响

兰德公司研究了英国脱欧后涉及英国、欧盟和美国的8种不同贸易情景带来的经济影响，并利用博弈论的见解来强调可能影响英国脱欧谈判结果的各种因素。

（7）2018年——复兴丝绸之路对世界贸易的影响

兰德公司研究了中国提出的"一带一路"倡议，该倡议致力于共同打造贸易路线，促进亚洲、欧洲和非洲之间的政策协调、基础设施连通、投资与贸易合作、金融一体化、文化交流和区域合作。

（8）2019年——跨越数字鸿沟

兰德公司对技术在日益严重的难民危机中发挥的作用进行研究，难民和救助组织已将技术视为重要资源，在《跨越数字鸿沟：将技术应用于全球难民危机》（*Crossing the Digital Divide: Applying Technology to the Global Refugee Crisis*）报告中，兰德公司分析了技术的使用、需求和差距，如何更好地利用技术来帮助流离失所者，以及改善救助机构的运作方式。

6.4 人力资源管理

（1）管理架构

兰德公司采用矩阵式管理结构。首先在管理层设置上，兰德公司像一般企业一样设置有分管财务、主营业务、外部关系、人力资源、教育培训等事务的副总裁；同时又按照业务线设置了分管各个研究领域、研究项目或研究中心的副总裁或主管。

在具体研究业务的组织上，需要围绕众多研究项目配置人员、资金和资源，充分发挥研究人员的价值，兰德公司的矩阵式管理结构发挥了巨大作用。研究和分析工作是兰德公司的主要业务，由一名高级副总裁负责，在其下主要按两个维度进行划分。首先，兰德公司的所有研究人员在行政上属于"全球研究人才库"（Global Research Talent），按照学科和专业划分为四大学部（Research Department），由专职的副总裁管理。矩阵的另一个维度是按照研究项目或应用领域分为不同的研究单元，每一个研究单元可能来自不同的资助者，并有对应的研究内容，其下可能会再细分为不同的研究中心、研究部门或子项目。

在矩阵式管理架构中，兰德的研究人员一方面在学部框架下接受行政管理和支持，另一方面根据不同研究项目的需要，灵活流动和组配，将学科知识与研究课题相结合，建立多元化的团队，让不同的观点交融，实现跨领域、跨学科的研究特色。这种矩阵模式将行政事务和研究工作有效区分，将人力资源、财务管理和项目管理有效协调，将基础研究和应用研究有效互补（王铮，2016）。

（2）机构设置

兰德公司是非营利性机构，实行理事会领导下的总裁负责制。理事会是该公司的最高决策机构，负责审核经费预算、课题立项、成果审查等工作。理事会主席及成员定期更换，目前理事会共由25人组成，包括美国政府和军队前高官、工商界人士、记者等。现任主席凯伦·艾略特·霍斯（Karen Elliott House）是《华尔街日报》前发行人、道琼斯公司高级副总裁。公司的日常运作由总裁兼首席执行官负责且长期任职，现任总裁迈克尔·里奇（Miachael D. Rich）于1993年开始担任执行副总裁，2011年担任总裁，是太空武器和导弹防御体系专家。

兰德公司行政部门包括总裁办公室、财务办公室、法务办公室、人力资源办公室、对外事务办公室、研究服务和运营办公室、职员发展办公室，一般由主管副总裁兼任部门主任，负责日常管理。

兰德公司的研究单位包括3个负责社会和经济政策问题的研究部门：教育与劳动部、健康事业部、社会和经济福利部；4个受联邦政府资助重点研究美国国家安全的研发中心：兰德陆军研究部（兰德阿罗约中心）、兰德国防研究部、兰德空军项目以及国土安全运行分析中心；2家独立注册的子公司——兰德公司欧洲分部和兰德公司澳大利亚分部。此外，兰德公司还设有国际项目部和兰德湾区各州政策研究所。在人才培养方面，兰德公司设有帕迪兰德研究生院，可授予公共政策分析学博士学位，目前约有100名学生在读。

兰德公司总部和帕迪兰德研究生院位于加利福尼亚州圣莫尼卡，另外在弗吉尼亚州阿灵顿、宾夕法尼亚州匹兹堡、马萨诸塞州波士顿以及加利福尼亚州旧金山均设有办事处。兰德公司海湾各州政策研究所（RAND Gulf States Policy Institute）位于路易斯安那州的新奥尔良。兰德公司欧洲分部（RAND Europe）则位于英国剑桥和比利时首都布鲁塞尔，兰德公司澳大利亚分部（RAND Australia）位于堪培拉。

（3）人才结构

1）人才引进。兰德公司构建了一套完善的人才引进机制，吸纳全球的优秀人才投身于政策研究和分析工作。一般通过公开招聘知名的专家学者、卸任的政府官员、社会各界精英、名校毕业的研究生、博士生以及其他智库人才的方式进行。

首先，通过实习生制度，选拔高校优秀毕业生。兰德公司设立了专门管理部门从事实习生招募、培养和管理工作，每年都会选择一些优秀的博士到该公司实习，实习表现优异的人将成为兰德公司未来的研究人员。

其次，通过"旋转门"机制，吸纳从政府离职的专家及有经验的官员进入智库工作，具有丰富的政治阅历、了解政治现实的政府官员成为智库学者，既有助于产生有实际价值的研究成果，又能够提升智库在政策领域的公信度（王辉和彭倩，2018）。

另外，兰德公司还在著名大学、研究机构当中聘请各方面的专家、学者作为兰德公司的高级顾问。包括科学家约翰·纳什（John Nash）、经济学家西蒙（Herbert A. Simon）等在内的32名诺贝尔奖得主都曾在兰德公司进行研究。每个研究部门均有其咨询委员会，人数从十几人到数十人不等。它们的任务是参与公司的管理，对重大课题进行研究分析和成果论证等。美国前国务卿基辛格博士在进入尼克松政府之前也曾是兰德公司的顾问。

2）人才配置。兰德公司现有来自于50个国家的1950名员工，他们的工作经验、学术背景、意识形态、种族、性别和年龄多种多样。研究人员由各个学科的高学历人才组成，其中硕士占36%，博士占54%，拥有行为科学，商科和法律，计算机科学，经济学，工程学，国际关系，生命科学，物理学，政策分析学，政治学，社会科学，艺术和文学，数学、运筹学和统计学等各学科背景（图6.1），很多研究人员获得了多个学位[①]。这些员工讲75种不同的语言，许多员工都会多种语言，除英语外，常用语言还包括阿拉伯语、汉语、波斯语、法语、德语、日语、韩语、俄语和西班牙语。

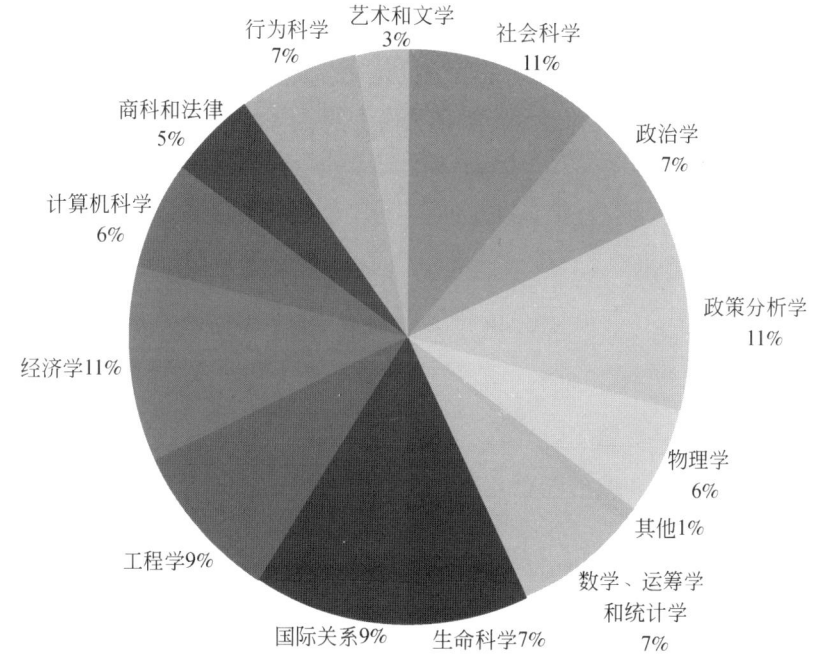

图6.1 博士学历研究人员学科背景分布图

当研究人员进入兰德公司后，他们会加入四个不同的按照学科划分的研究学部，分别是：①行为与政策科学部，包括心理学、医学、公共卫生、人类学、犯罪学、教育政策、法律、社会学和卫生政策等学科。研究方向涉及军事人力资源、卫生、教育、司法体系、基础设施建设和环境问题。②国防与政治

---

① RAND Corporation. Overview of RAND Staff.[2020-2-20]. https://www.rand.org/about/staff.html.

科学部，包括政治学、国际关系、公共政策、安全研究、历史和法律等学科。该部门的许多研究人员还具有区域和语言专业知识，主要解决与国防和情报战略规划以及民事、司法等有关的政策问题。③经济、社会与统计学部，包括经济学、社会学、统计学和成本分析等学科。研究主题涵盖健康、教育、国家安全、劳动和人口研究。④工程与应用科学部，包括应用数学、物理学、信息科学、运筹学、管理科学以及工程学科。研究方向主要为国家安全和社会政策领域中的问题[1]。

学部主要有以下几项职能：①负责对研究者的行政管理，保证研究者的质量，如进行人员的招聘、考核、提拔等。②参与对研究项目的审查和质量控制，如审查课题安排、研究进度和经费开支等。③负责本领域内的学科建设和人才培养。④在学部架构下设置跨学部的研究方法中心，促进跨学科的创新方法共享和应用。

拥有不同学科背景的研究人员在工作中依照所擅长的专业领域被归类到不同的学科部门，并根据课题立项的需要抽调到不同的研究小组，组建跨学科的研究团队。多学科团队是兰德公司研究的一个标志，通过创建多元化、包容性的工作环境，创建多样化的团队，激发研究团队创造力，加深对政策制定的理解力，以及确保观点的多角度和全面性，从而强化兰德公司注重质量和客观性的核心价值观。

（4）人员培训与交流

兰德公司鼓励员工进修学习，定期选派研究人员到国内外的其他智库进行交流，拓展研究视野，如兰德公司和伦敦国际战略研究所定期互派访问学者。此外，兰德公司还提供学费补助计划，如果所修读的课程是为了获得兰德公司感兴趣的领域的学位，或与兰德公司的职务工作直接相关，那么研究人员在顺利完成该课程后，可获得已修课程的补助，每一财政年度的最高报销额度是 4000 美元。

---

[1] RAND Corporation. Research Departments. [2020-2-20].https://www.rand.org/jobs/research-departments.html.

兰德公司每年投入和维护多个人才交流项目，召开学术研讨会等，为研究人员和学院的学生提供与资助者、政策决策者、专家和业界人士进行交流、探讨、辩论的机会，同时宣传研究成果和政策理论，更广泛地获取捐赠资助。

1970年成立的帕迪兰德研究生院是兰德公司培养政策分析人才的重要基地，是全美最大的公共政策分析博士学位授予点，也是唯一由独立的公共政策研究机构提供的博士生计划[①]。学院的宗旨是"培养公共政策领域未来领导者"。兰德公司的研究人员可以在研究生院开设课程，进行学术研究，实现教学相长；博士生也能够根据自己的研究方向，和不同领域的分析专家一起交流探讨，参与兰德公司的研究项目，提升专业研究和实践能力。帕迪兰德研究生院已经为美国的各级政府、智库界、大型公司等部门输送了数百名优秀政策研究和决策咨询人才。

（5）人员评价与激励

兰德公司建立了一套科学的人才评价机制。在考核方式上，新入职人员实行半年考核制，一年评价两次。资深研究人员实行两年考核制，考核重点为研究报告的数量和质量，考核主要参考"兰德高质量研究标准"或"兰德优秀研究标准"，以此作为确定薪酬水平和职务晋升与否的依据。此外，兰德公司还实行部门审核制，每隔4～5年，由公司内部人员和外聘专家组成审查小组对某一研究部门进行综合审查，重点考核部门研究成果的价值和效益，考核结果作为衡量部门工作成效、评价研究人员绩效的重要依据。每位研究人员都有机会多次参与项目审查工作，以提高综合业务素质（朱红和荣冬梅，2017）。

兰德公司采取多种激励方式来激发研究人员的积极性和创新性。一是物质激励，为研究人员提供极具竞争力的薪酬及福利假期、健康保险、退休基金等优厚待遇。二是环境激励，为研究人员提供24小时开放的现代化办公室，配备研究助理，提供强大的数据库和计算机支持系统，还在办公大楼内提供

---

① RAND Corporation. About the Pardee RAND Graduate School.[2020-2-20]. http://www.prgs.edu/about.html.

包括餐饮、售货、住宿在内的便捷生活服务。三是晋升激励，根据考核结果，会对优秀的工作人员给予职务上的晋升。四是荣誉激励，兰德公司通过为研究人员提供著作出版、出席国会听证会等机会，帮助研究人员传播研究成果，提升知名度（王辉和彭倩，2018）。

对于有杰出贡献的人员，兰德公司设立各种奖项进行表彰。设立"年度总裁奖"（President's Awards），表彰本年度做出突出贡献者，奖项明确要求获奖者要在体现"优质、客观"的核心价值方面起到榜样作用。"聚光灯奖"（Spotlight Awards）表彰特殊的、支持兰德公司项目和运营的贡献（韩佳燕等，2019）。在卫生保健研究部门前任高管伦纳德·舍弗的 300 万美元捐助的支持下，兰德公司还设立了"舍弗奖章"（Leonard Schaeffer Medal），旨在表彰机构中为兰德公司的使命和优先事项做出杰出贡献的个人或团体。

6.5 资金财务管理

（1）资金来源

兰德公司是一个非营利、无党派的组织，与包括美国政府在内的众多客户之间仅保持合同关系。兰德公司成立初期，98%的经费都来自美国空军，随着研究领域的拓展，兰德公司研究资金来源渠道逐渐拓宽。目前，对其研究进行资助的机构主要是美国联邦政府部门和军方，约占 80%。其他对其资助的部门包括美国各州和地方政府，外国的政府、机构和部门，基金会和慈善机构等。这种多元化的经费渠道使其不用为经费来源而依赖于某一委托部门，有力地保证了其研究的独立性和研究结果的客观性。2018 财年数据显示，兰德公司承担研究项目的收入为 3.45 亿美元。

此外，兰德探索事业部（RAND Ventures）依靠慈善捐助来支持员工独立开展那些缺少特定资助却又影响长远的复杂问题，这部分课题的选题灵活度更高，涉及大众关心的各领域热点问题。

（2）资金管理

美国政府规定智库"不允许以商业营利为目的，必须服务于公共利益"。根据美国税法规定，兰德公司作为"非营利""非个人""公共支持类"组织，可享有收入免税、吸纳慈善捐款、发行免税债券等财政优惠政策。作为非营利性机构，兰德公司财务必须基本达到收支持平，不能有明显的利润。

作为"公共支持类"组织，兰德公司必须每年如实公开收入和支出状况，接受社会监督。每个财年均需编制财务预算，公布收入状况。财年结束时，编制财务状况表、资产平衡表、收入报表、资产变动表，上报由第三方审计机构出具的财务审计报告，提交兰德公司理事会，并向社会公布，接受监督。兰德公司资产属于社会共有，任何出资者，包括美国政府、空军等，无论其出资额多高，都不对兰德公司具有所有权或支配权，也不能从资产经营中获得收益。

（3）资金使用

兰德公司的大部分经费支出都用于研究分析，根据2018年度财务报告显示，年度支出经费约3.8亿美元，其中76%的经费用于研究分析工作，15%用于员工发展、信息技术和其他的行政工作，8%用于设施设备，1%用于筹措资金。

6.6 小结

兰德公司是美国重要的以军事为主的综合性战略研究机构，在国际上久负盛名，是美国高端智库的典型代表。成立之初以研究军事尖端科学技术和重大军事战略为主，逐渐发展成为研究政治、军事、经济、健康、科技、社会等多领域的综合性思想库，在各个领域都表现不俗。兰德公司以通过研究和分析改善政策和决策为使命，非常重视研究的质量和客观性，专门制定"高质量研究分析标准"对研究人员进行指导和约束。智库吸纳全球各领域的精英人才，提供优厚的待遇和舒适的工作环境。凭借创新性的研究方法、完善的数据支撑体系和研究热点问题的战略眼光，其研究成果无论在美国还是国际上都产生过重大影响，每年获得美国政府的大量资助和支持。

据《全球智库报告2019》统计，中国共有507家智库，仅次于美国的1871家和印度的509家，但是进入全球排行榜的智库仅有9家，排名最高的智库是中国现代国际关系研究院，位列第18名。面对错综复杂的国际局势和国内社会经济发展转型升级的大环境，我国迫切需要高水平的智库作为支撑，增进国际学术交流，提升科学决策水平。在我们建设具有较大影响力和国际知名度的高端智库的过程中，兰德公司的成功经验值得思考和借鉴。

（1）建设人才队伍，科学选人用人

兰德公司的人才选拔注重多样性，同时重视研究人员的管理和培养。建立了多渠道且灵活的人才选用机制，科学的人才使用评价机制，健全的人才创新活力激励机制以及完善的人才发展机制。具有不同专业背景的高水平研究人员是其研究成果具有价值的保证。

兰德公司的高层次人才队伍建设值得我们参考，在选拔人才时，不仅要对学历有要求，还要注重多样性，打破学科专业、教育经历与文化背景的界限，吸纳自然科学、人文社科、工程电子、医药卫生等多领域人才。同时拓宽渠道，吸收高校的优秀毕业生、知名学者、企业精英、海外专家等进入智库工作，打造跨学科、高精尖的多元化项目团队。可以借鉴美国的"旋转门"体系，开好中国特色新型智库的"旋转门"，诚邀一批退休官员加入智库建设，有利于调动社会资源，开拓关系网络。

另外还要加强人才培养力度。可以鼓励智库人才到高校、科研院所、其他智库进行访问学习，选派智库人才到政府部门挂职锻炼或到国内外考察和调研。同时紧跟理论和实践前沿，加强内部专项培训，使智库科研人员掌握前瞻性知识，更好地满足政府、社会等对智库产品的需求（王辉和彭倩，2018）。还应重视人员的流动性，根据研究课题的内容，合理调整人员结构，以便于拓宽思路，产生新观点；设定合理的人员考核评价机制，激发研究人员的学术活力。

（2）扩大选题范围，关注热点问题

兰德公司一直密切关注国际政治军事格局的变化，以及美国国内政治、经济和社会领域的变革。其研究选题大都是对美国政府和军方具有重大现实意义的实际问题，决策支持效果十分明显。选题主要具有以下特点：一是特别强调国际化问题、长远问题的战略研究。兰德公司每年形成课题研究计划时，首先由研究机构负责人与政府官员充分讨论，然后由专门的高级顾问委员会审议方能确定。二是十分重视围绕战略对手进行研究。兰德公司特别强调关注对抗性军事问题，成立之初，就针对美苏对抗开展了大规模战略性研究工作。三是突出强调对前沿科技发展及其应用的研究。兰德公司吸纳了许多自然科学和工程技术领域的专家，这使得其战略问题的研究始终建立在对科技发展趋势进行深入分析的基础上，能够有效指导军事科技和武器装备发展的研究（闫俊和郭正玉，2017）。

我国智库在研究范围和选题内容上也应该提高到战略高度。首先应扩大关注和研究的范围，不能只是关注我国自身的发展问题，局限于国内相关政策研究，要有全球研究视野，扩展研究领域，加强对国际事务的关注，提升研究的国际影响力。其次智库研究要从服务决策的角度去选题，避免研究选题的局限性。中国智库不仅要研究现实问题，还要研究长远问题，要密切关注国家发展中可能面临的各种风险和挑战，从政治、经济、文化、社会发展等多个领域考虑选题，开展预测性研究和分析。

国内很多智库与决策部门存在一定的附属关系，在研究选题方面制约较多，缺乏自主性。可以考虑成立专项基金，鼓励一批关注国内外重要和热点问题的研究人员根据自己的兴趣特长开展研究，提出创新性思想和观点。还可以通过与相关高校、科研院所开展合作，扩大业务范围，提升横向课题比例，在互惠共赢的基础上实现科学、可持续的发展。

（3）创新研究方法，应用最新技术

兰德公司从创立之初就具有方法创新的基因，是智库重视研究方法创新的典范。在研究过程中，兰德公司非常注重而且善于应用各种先进的定量分析工具；同时面向问题，集成多学科方法与工具，并针对特定研究进行修正，创立和拓展应用了诸如德尔菲法、博弈论、系统分析法等著名研究方法。兰德公司对博弈论极为重视，聘请被誉为"博弈论之父"的冯·诺依曼作为顾问并投入极大资源，不但研究博弈论的军事应用，还对博弈论本身进行基础性的研究（庞德斯通，2015）。而博弈论领域的另一位重要人物约翰·纳什也曾作为顾问加入兰德公司，大批专家的加盟极大地推动了博弈论的应用和发展。这些工具和方法不仅为兰德公司针对性、高效率解决所研究的问题提供有效支持,还因其实用性而广为传播。

兰德公司高度重视研究方法创新的价值观及其在方法创新方面所作的贡献值得我们学习。我国的传统智库大多是社会科学领域的,其研究方法长期都是定性研究占主导地位,主要依靠文献综述、个人经验、专家智慧开展研究工作。而在当前数据驱动的外部环境下,必须改变传统的研究模式,要充分利用长期积累的优质数据资源及适合的分析方法,基于事实、数据、案例、模型等进行严格的计算与分析,得出有理有据的政策规划、政策建议(张志强和苏娜,2017)。加强面向未来的方法研究与创新,充分利用最新的科学技术手段,如大数据与数据挖掘方法的创新及应用。要加强针对特定政策问题的新研究方法的发展、积累和改进,在实践过程中不断挖掘具有创新意义的研究手法,融入并不断完善现有的研究知识理论体系,为打造客观科学的研究产品提供翔实的理论依据。

(4)制定研究标准,提升成果质量

智库作为提供"智慧服务"的研究机构,其研究产品是一切影响力的基础。兰德公司的一个核心的特点就是对研究产品的严格把关,通过构建客观明确的研究评价标准体系以及严格的内部评审流程,对研究项目的全过程和研究产品的质量进行审查,保证了研究成果的质量和客观性。

当前,中国智库研究成果评价标准单一,以用户的反应和满意度作为准绳,评价标准主观性较强,缺乏可衡量的统一性、系统性标准(汤珊红等,2014)。各家智库应在目前质量管理工作的基础上,结合自身特点,制定衡量研究报告内容质量的标准,以此加强对研究人员的指导。还要构建从研究选题、研究方法、理论支撑、数据与信息选取、研究假设到研究结论和启示与建议的科学完整的研究流程,在科学化的体系下保证研究人员智慧的迸发(宣景昭和谢泽润,2018)。同时,完善评价体系,形成同行评价、过程评价、用户评价、实践检验等相结合的科学评价体系。通过不断提高研究成果的质量,提升智库的整体研究水平,扩大智库的影响力,打造高端智库的形象。

兰德公司的成功经验启示我们，在建设中国特色新型智库的发展之路上，应充分重视智库人才队伍的建设，通过研究选题的完善，研究方法的创新，研究标准的提升，保证研究成果质量，以科学、完善的制度保证和流程管理推动智库产品水平的提高，提升研究影响力，发展出一批世界一流高端智库，为我国实现"两个一百年"的奋斗目标提供强有力的智力支持。

第7章　卡内基国际和平基金会

7.1　智库概况

卡内基国际和平基金会（The Carnegie Endowment for International Peace，CEIP）创立于1910年，总部设在华盛顿，是美国历史最为悠久的国际事务智库，也是世界上第一所进行和平问题研究与推广的政策研究所。该智库主要研究国际事务和美国外交政策，以"促进国家间合作以及美国的国际交往"为宗旨，兼容并蓄，其立场偏向国际主义和多边主义，并重视研究的"实际结果"，为典型的中间派。

CEIP成立至今，它的使命一直是分析和谋划新政策以及直接参与政府、商业和社会决策，并与决策者合作，推动和平事业发展（栾瑞英，2016）。当前国际形势瞬息万变，灾难性威胁与难以预测的机遇并存，大国竞争和新技术革命颠覆着我们的生活、工作，从西到东的军事重心，开放与堡垒式社会和民族主义紧张局势加剧。基金会制定了其新的行动策略，该策略主要集中在以下三方面：①专注新兴秩序（主要方向为无序化、技术、地缘经济学、政府治理）的重要驱动力塑造；②建立敏捷且集成的运作模式（主要方向为资源分配模型、组织设计、项目规划、人才管理、金融和信息技术平台，以及全球设施）；③鼓励拥有现代通信技术的企业参与到基金会的决策事务中。基金会为决策者提供了促进国际和平的全球性独立和战略眼光以及创新思想[1]。

---

[1] Carnegie Endowment for International Peace. 2018 Annual Report. Philanthropy for Peace. [2020-02-03]. https://carnegieendowment.org/about/annualreport/2018/.

7.1.1 简要发展历程

CEIP 的发展历史[①]可以分为以下几个阶段。

第一阶段，1910 年安德鲁·卡内基（Andrew Carneqie）为国际和平投资 1000 万美元，基金会成立。同年 12 月 14 日，卡内基邀请政界和商界领袖组成理事会。卡内基推举长期顾问伊莱休·鲁特（Elihu Root）为基金会第一任总裁，基金会董事成员包括当时的哈佛大学校长、慈善家、前美国驻英国大使、前国务卿等数人。

第二阶段，1910～1960 年。这一时期国际局势包含了第一次世界大战、第二次世界大战、"冷战"前期。在是否卷入第一次世界大战关键问题上，包括基金会秘书在内的基金会几名人员曾参与了 1919 巴黎和谈。在第二次世界大战期间，基金会大力发展图书馆特别藏书计划"国际心灵壁龛"（the International Mind Alcove），第二次世界大战结束之后，基金会又参与起草《联合国宪章》。在 1947 年，基金会总部搬迁至靠近联合国总部的纽约市，华盛顿办公室成为基金会一个分支，1949 年华盛顿分部关闭。

第三阶段，1960～1990 年。1963 年，为了应对当时新出现的几个国际问题：① 国际组织的重要性日益凸显；② 新技术促成了新军事武器的产生；③ 新出现的跨国公司和政府新经济活动，卡内基基金会重组了"国际法计划"。1978 年基金会获得《外交政策》杂志的全部所有权，改季刊为半月刊，出版长达 30 年，于 2008 年出售给《华盛顿邮报》。1989 年，卡内基的两位前合伙人巴里·布莱希曼（Barry Blechman）和迈克尔·克雷庞（Michael Krepon）创立了亨利·史密森中心（Henry L. Stimson Center）。

第四阶段，1990～2000 年。1991 年，莫尔顿·阿布拉莫维茨（Morton Abramowitz）任基金会第七任总裁。阿布拉莫维茨曾是苏联官员。1994 年，基金会设立了卡内基莫斯科中心。

第五阶段，2000 年至今。在第八任总裁杰西卡·马修斯（Jessa T. Mathe

---

① Carnegie Endowment for International Peace. [2020-02-03]. http://www.carnegieendowment.org/about.

WS）的带领下，CEIP发展成为全球性的智库。2005年CEIP在北京的清华大学建立了清华-卡内基全球政策中心；2006年CEIP在贝鲁特建立了卡内基中东中心；2007年CEIP在布鲁塞尔建立了欧洲中心；2015年，美国前副国务卿威廉·伯恩斯（William J. Burns）出任CEIP第九任总裁；2016年CEIP在印度新德里设立第六家国际中心。

7.1.2 声誉及智库排行

在宾夕法尼亚大学发布的《全球智库报告2019》中，CEIP（美国总部）在全球顶尖智库综合榜排名第1，美国顶尖智库排名第2，国防和国家安全领域排名第7，外交政策与国际事务领域排行第2，国际发展政策领域排行第16，全球透明度和善政领域排名第6，涉及两个或多个智库的最佳合作机构排名第7，最佳管理类智库排名第13，最佳新想法或范例智库排名第14，最佳智库会议排名第14，最佳智库网络排名第2，最佳跨学科研究智库排名第13，社交媒体和网络的最佳使用排名第9，最佳媒体使用（印刷或电子）智库排名第7，最具创新政策思想/建议的智库排名第5，对公共政策影响最大的智库排名第4，最具杰出的面向政策研究计划的智库排名第6，最佳独立智库排名第1，最佳质量保障及诚信政策程序智库排名第12。同时，CEIP入选年度最佳人工智能（AI）智库排行榜，其产出入选年度最佳智库政策研究报告排行榜。CEIP各分中心也在各分项排名中榜上有名，具体参见表7.1。

表7.1　CEIP各分中心榜单排名

分项	华盛顿总部	北京中心	莫斯科中心	中东中心	欧洲中心	新德里中心
全球顶尖智库综合榜	1	57	26	21		
全球顶尖智库综合榜（不含美国）			19	13	112	
中国、日本、印度、韩国顶尖智库		19				42
中欧和东欧顶尖智库			3		28	

续表

分项	华盛顿总部	北京中心	莫斯科中心	中东中心	欧洲中心	新德里中心
国防和国家安全领域	7				53	
涉及两个或多个智库的最佳合作机构	7		35	23		
最佳新想法或范例智库	14			23	30	
社交媒体和网络的最佳使用	9		22	27		
最具杰出的面向政策研究计划的智库	6		36			

在《清华大学智库大数据报告（2018）》（GTTBI 2018）中，CEIP进入"全球智库 Twitter/Facebook 引用影响力评级（前 50 名）"，评级：A-；进入"全球智库大数据指数评级（前 50 名）"，评级：A。

在浙江大学信息资源分析与应用研究中心发布的《全球智库影响力评价报告 2019》中，CEIP 在全球智库榜单排名第 6，全球综合类智库榜单排名第 5，国家安全领域智库榜单排名第 3，经济领域智库榜单排名第 6，国际事务领域智库榜单排名第 5，政治治理领域智库榜单排名第 2。

在以上三个榜单中，CEIP 成绩斐然，足以可见这家著名的老牌智库，无论是基于客观数据还是主观评价，甚至是基于社交媒体的大数据分析，均有不俗的成绩，在国际智库中拥有很高的声誉，在全球范围具有举足轻重的地位。

7.2 研究概况

在全球化发展模式的驱动下，CEIP 六大研究中心（华盛顿总部、北京中心、莫斯科中心、中东中心、欧洲中心、新德里中心）研究项目各有侧重，每个中心有来自本地的专家，以本国语言进行写作，同时可与其他分中心专家紧密合作，以深入理解影响全球政策选择的环境以及为解决政策性问题提供新方法。CEIP 通过各种措施保障全球各地的专家开展独立性与开创性研究。CEIP 美国华盛顿总部创立了十大研究计划，内容涉及气候与能源、民主与治理、防御与安全、经济、政治改革、外交政策、社会与文化等，详见表 7.2①。

表7.2 CEIP研究计划概览

计划名称	概述
亚洲	华盛顿和北京的卡内基亚洲计划主要研究威胁亚太地区和平发展的破坏性安全、治理和技术风险等议题
网络政策倡议	该计划通过与政府和行业中的关键决策者进行接触,在关键领域制定战略和政策来促进国际合作和规范,以实现网络空间的稳定性和文明性
民主、冲突与治理	该计划分析了民主、冲突与治理的全球状况,相互关系以及加强民主与治理,减少暴力冲突的国际努力
欧洲	该计划提供了欧洲内部政治和安全发展、跨大西洋关系以及欧洲在全球角色中的见识和分析
地缘经济与战略	该计划旨在促进国家安全战略、外交政策和国际经济政策方面的专家之间的合作与辩论,以维护经济秩序,促进国家经济利益和全球经济稳定
中东	通过详细的国家研究和关键跨领域主题的探索,研究阿拉伯世界的经济、社会政治和战略利益,该计划在埃及、北非、以色列、巴勒斯坦、海湾和伊朗的政治、经济和地缘政治变革方面有独到见解
核政策	该计划致力于通过诊断严重的核风险以及邀请国际行为体促成变革来加强国际安全,其工作涉及威慑、裁军、防扩散、核安全和核能
俄罗斯和欧亚大陆	自"冷战"结束以来,该计划在欧亚安全领域居于前列,包括战略核武器、防扩散、发展、经济和社会问题、治理以及法治
南亚	该计划涉及地区安全,经济和政治发展政策。该计划中著名专家团队利用接触本土社会的机会深入分析相关问题进而提出应对南亚挑战的策略
技术与国际事务	该计划通过卡内基的全球中心和在硅谷的办事处,与全球的技术专家、企业领导人、政府官员和学者合作,以了解并为网络空间、生物技术和人工智能的发展研究提供政策支持

在这十大研究框架下,CEIP根据国际形势变化,又创建了19个研究方向,详见表7.3②。CEIP协同机构多,研究人员分布领域广,其研究项目产生的

---

① Carnegie Endowment for International Peace. Programs. [2020-02-03].https://carnegieendowment.org/programs.
② Carnegie Endowment for International Peace. Research Projects. [2020-02-03]. https://carnegieendowment.org/projects.

150 | 全球著名智库研究 2020

一系列成果展现形式包括简讯、专论、工作论文、书籍等，评估多由其核心团队及来自各个中心的独立专家筹划，并协同范围更广的各个领域专家及官员，共同商讨获取。数据获取形式多样，官网没有详述，仅公布了其历年财务数据、官员及员工数据、承包商和付费准备数据，可通过购买的方式获得。

表7.3 CEIP研究项目概览

项目	内容
阿拉伯视野	当前中东目前冲突加剧、难民增多、经济停滞等挑战。该项目主要关注五大领域：政治经济、教育、治理、难民和冲突调解
欧洲安全	该计划由俄罗斯全球中心施行，研究俄罗斯和西方国家日趋紧密和激烈的关系，为缓解紧张局势、防止冲突和处理当前争端提供切实可行方案
欧洲大陆地缘政治的变化	评估东欧、南高加索、中亚国家的发展轨迹，研究这些国家的外交政策、不断变化的地缘政治环境以及对美国利益的影响
管理美俄僵局	在当前美俄关系持续恶化的影响下，研究可能出现的风险，找到阻止关系下滑的方法
中东宗派主义的根源	该项目研究动荡地区宗教内部冲突，不仅关注教义和神学上的差异，也研究地缘政治、政治经济学、治理结构、媒体、非国家行为等
公民研究网络	该项目是由公民行为主义的领先专家组成的研究网络。致力于研究本国公民行为主义的变化方式
核电厂出口行为准则	该准则是一项行业行为准则，一项为期三年的倡议，该倡议旨在制订核电厂出口企业自我管理规范
俄罗斯在全球的回归计划	克里姆林宫积极的外交政策正在扩大俄罗斯的全球影响力，而此时美国和其他西方国家正日益分裂或被国内问题所消耗。该计划验证克里姆林宫参与并影响世界的雄心，以及验证挑战自由国际秩序所依赖的工具
阿拉伯国家军民关系计划	该计划是一项倡议，旨在开发政策工具，在国防事务中建立民政和军事专门知识，加强对阿拉伯国家国防部门的平民监督，并支持阿拉伯武装部队的现代化和专业化
改革乌克兰	该项目由 CEIP 研究员和驻乌克兰当地专家团队，通过定期出版刊物，举行研讨会和活动的形式，为乌克兰的改革工作提供客观、严谨评价
突尼斯跟踪调查计划	该项目提供了来自突尼斯贡献者和 CEIP 专家网络的原始分析和政策建议，以向突尼斯、欧洲和美国的决策者提供政策支持

续表

项目	内容
网络安全与金融体系	为了保护金融系统免受网络威胁，该项目为政府和行业及其他利益相关者提供了创新的研究、可行的政策建议及关键发展的定期更新
欧洲民主计划	该项目旨在通过一系列定期出版物和活动来分析、辩论和帮助改善欧洲民主状况
美国和日本在亚洲	该倡议通过广泛审视日本、美日同盟的安全、经济和政治发展，以及同盟在充满活力的亚洲中的作用，为当前的政策辩论提供信息
聚焦韩国	该计划对朝鲜半岛及其周边地区的国内、安全、外交政策、经济问题和发展进行了批判性分析
构建民主国家网络计划	该计划是由民主与外交政策方面的领先专家组成的研究网络，致力于研究非西方民主国家在国际民主支持和冲突问题中日益重要的作用
美国中产阶级的外交政策	该项目是一项为期多年的研究工作，致力于探索如何改变美国的外交政策，以更好地促进美国中产阶级的经济福祉
聚焦俄罗斯	CEIP莫斯科中心和华盛顿中心关于俄罗斯国内政治、社会趋势和经济的分析
印度选举2019	该项目提供了印度全国大选及其对印度经济、国内政策和外交关系的影响的专家分析。它汇集了基金会在华盛顿、新德里和世界各地的专家的见解

7.3 代表性成果

诞生于1970年的《外交政策》杂志被公认为世界上最有影响力的国际时事刊物之一，该杂志鼓励所有人对美国外交政策上面临的至关重要的问题进行争论，被美国政治学会评为"国际关系领域的知名刊物"，以英语、土耳其语、意大利语、西班牙语在128个国家和地区内发行，已经成为一个云集深度讨论的论坛和新主张、新观念的信息来源。此外，CEIP出版和发行超过400本书籍①，不定期出版了《政策简报》（*Policy Brief*）、《问题简报》

---

① Carnegie Endowment for International Peace. Publication. [2020-02-03].https://carnegieendowment.org/publications/search-results?maxrow=18&tabName=books&channel=book&qry=&fltr=%7C.

（Issue Bdef）、《工作报告》等。

CEIP 网站重点推出了 Sada 和"中国之窗"（Window to China）两本在线期刊，"战略欧洲"（Strategic Europe）和"中国金融市场"（China Financial Markets）两大博客。Sada①是一本基于"卡内基中东计划"的在线期刊，旨在促进和丰富有关阿拉伯世界主要政治、经济和社会问题的辩论，并为新的和成熟的思想提供发声场所及反思性分析；"中国之窗"②是清华 - 卡内基全球政策中心的出版物系列，集清华大学学者及中国著名专家的贡献为一体，重点介绍中国对全球事务的看法；朱迪·登普西（Judy Dempsey）主编的"战略欧洲"③博客提供了欧洲国际事务观察家们有见地的分析、鲜活的评论和具体的政策建议。"中国金融市场"④由卡内基资深研究员迈克尔·佩蒂斯（Michael Pettis）编辑，内容涉及银行业务、信贷扩张、全球交易、市场结构及其他影响中国和全球经济的问题。

7.4 人力资源管理

7.4.1 管理架构

CEIP 管理是典型的矩阵式组织结构，总部设在美国华盛顿，核心领导是由 33 人组成的董事会，成员包括前政府官员、公司银行经理董事和研究院负责人等。现任董事会主席为潘妮·普里茨克（Penny Pritzker），CEIP 的执行机构实行总裁责任制，总裁领导基金会管理团队开展工作，目前基金会的总裁为威廉·伯恩斯（William J. Burns）。CEIP 在总裁责任制的管理下，设置了研究部、交流和战略部等项目分组，同时，又叠加有职能式的部门，如财务、人力、后勤等行政部门，这样既能有效加强研究部门之间的横向联系，又能

---

① Carnegie Endowment for International Peace. Sada. [2020-02-03]. https://carnegieendowment.org/sada/.
② Carnegie Endowment for International Peace. Window to China. [2020-02-03]. https://carnegietsinghua.org/specialprojects/WindowInto China/?lang=en.
③ Carnegie Endowment for International Peace. Strategic Europe. [2020-02-03]. https://carnegieeurope.eu/strategiceurope.
④ Carnegie Endowment for International Peace. China Financial Markets. [2020-02-03].https://carnegieendowment.org/chinafinancial-markets/about/.

实现领导者对组织的直线管理。

7.4.2 机构设置

在CEIP成立初期，共设立三个部门，其目标分别为：研究战争的起因和后果，促进国际间相互理解与合作，协助制定国际法和解决国际争端（萧良，2015），这与其致力于"国际事务领域"研究目标高度统一。随着国际形势变化，世界涌现出亟待解决的新问题和新挑战，基金会调整机构布局，逐渐形成应对全球挑战的世界智库。目前在全球设立六大研究中心（表7.4），分别为：华盛顿总部（美国）、北京中心（中国）、莫斯科中心（俄罗斯）、中东中心（黎巴嫩）、欧洲中心（比利时）、新德里中心（印度），此独特的全球网络由基金会国际理事会监管，其研究活动则受基金会全球管理组监督。这些中心之间没有从属关系，独立运行又相互合作，每个中心实行总裁负责制，都有自己关注的主题和出版物，就研究项目而言，可独辟领域，又可参与总部的合作项目。共计120位来自世界20多个国家和地区的思想家和实干家，在这六个全球中心展开工作，共同致力于世界和平事业[1]。

表7.4　CEIP六大中心基本情况

研究中心名称	成立时间及地点	重点研究领域及覆盖区域
华盛顿总部[1]	1910年成立，位于美国华盛顿	旨在促进和平事业，并利用位于北京、贝鲁特、布鲁塞尔、莫斯科、新德里和华盛顿研究中心的学者和实践者的集体资源为世界和平贡献政策智慧
北京中心[2]	2005年成立，位于中国北京	该中心是卡内基完善亚洲计划的一部分，向决策者提供有关亚太地区经济、安全和政治发展的清晰准确的分析。来自中国政府、企业和学术界的杰出领导人组成的顾问委员会，针对能源与气候变化，核扩散和军备控制，以及朝鲜、伊朗、南亚和中东的安全威胁等国际经济贸易领域最紧迫的全球性问题，提供及时而敏锐的分析报告

[1] Carnegie Endowment for International Peace. Washington Official Websites. [2020-02-03]. http://carnegieendowment.org/.

续表

研究中心名称	成立时间及地点	重点研究领域及覆盖区域
莫斯科中心③	1994年成立，位于俄罗斯莫斯科	该中心一直是对俄罗斯和周边国家进行分析的主要来源。以俄语和英语出版作品，工作涉及领域包括国内政治、社会趋势、经济学、外交政策和核不扩散。该中心的学者来自各种学科和背景，致力于对广泛的区域和全球挑战进行深入的、循证的、无党派的研究
中东中心④	2006年成立，位于黎巴嫩贝鲁特	该中心对中东和北非面临的政治、社会经济和安全问题进行了深入分析。由中东国家政策、商业、专家和民间社会部门领域的杰出国家和国际领导人组成的咨询委员会为该中心提供了建议和支持
欧洲中心⑤	2007年成立，位于比利时布鲁塞尔	该中心已成为基金会欧洲外交政策分析的首选资源，其针对欧盟及其成员国面临的战略问题提供政策建议。该中心研究覆盖的国家和地区包括美国、亚洲、欧洲、中东和北非
新德里中心⑥	2016年成立，位于印度新德里	该中心主要研究印度的改革、政治经济、外交和安全政策，以及创新和技术在印度内部转型和国际关系中的作用

① Carnegie Endowment for International Peace. Official Websites. [2020-02-03]. https://carnegieendowment.org/.

② Carnegie Endowment for International Peace. Carnegie-Tsinghua Official Websites. [2020-02-03]. https://carnegietsinghua.org/about/.

③ Carnegie Endowment for International Peace. Carnegie Moscow Center Official Websites. [2020-02-03]. https://carnegie.ru/?lang=en.

④ Carnegie Endowment for International Peace. Carnegie Middle East Center Official Websites. [2020-02-03]. https://carnegie-mec.org/?lang=en.

⑤ Carnegie Endowment for International Peace. Carnegie Eupore Official Websites. [2020-02-03]. https://carnegieeurope.eu/about/.

⑥ Carnegie Endowment for International Peace. Carnegie India Official Websites. [2020-02-03]. https://carnegieindia.org/.

截至2009年12月，CEIP拥有董事会成员33名，包括美国两大政党的领导人和政府、商业、学术以及新闻界中有影响的人士。CEIP共有行政人员230名，核心研究人员400左右，主要来自政府部门、学术界、新闻界、法律界和公共事务等领域，拥有不同学科的深厚资历。目前，CEIP的主要研究人员专业水准高，同时具有在政府内实际工作的经验，其中不少人被政府任命为重要外事官员或政策顾问，或应邀参加政府举办的各种会议，出席国会听证会，因此与政府、国会、国务院的关系密切，其活动也受政府和国会人士的重视与支持。除以上途径，研究院还通过出版、参与电视媒体、举办记者招待会和其他各种会议，对政府制订对外政策和国会辩论施加广泛影响。

研究院也把"培养军备控制、地区安全、国际法等国际事务研究与活动的人才"作为其重要宗旨之一，为此，CEIP 开展了一系列人才培养计划，如"初级研究员计划"①每年为上一学年毕业的优秀应届毕业生和个人提供 11～13 项为期一年的奖学金，具体工作是为中心学者提供研究支持，并有进行书籍研究、合著期刊文章及政策文件、参加高级官员会议、国会听证的机会；"清华-卡内基青年大使计划"②、"斯坦顿核安全研究员计划"③允许年轻学者在核安全领域的七个领先机构之一中从事为期 12 个月与政策相关的研究。"EL Erian 奖学金"是卡内基中东中心设立的专门用于奖励访问学者研究。CEIP 也提供就业机会，以满足社会广大研究人员的工作需求。

7.5　资金财务管理

CEIP 除本身的资金外，还接受外界提供的资金，主要来源是东部财团控制的洛克菲勒基金会和福特基金会。此外还有美国政府（如国务院人口、难民及移民局）、公司、外国政府（如加拿大政府）、美洲开发银行、世界银行及慈善机构、大学、研究所等提供的资金。我们根据基金会 2019 年 10 月

---

① Carnegie Endowment for International Peace. Junior Fellows. [2020-02-03]. https://carnegieendowment.org/about/jr-fellows.
② Carnegie Endowment for International Peace. The Carnegie–Tsinghua Young Ambassadors Program. [2020-02-03]. https://carnegietsinghua.org/about/youngambassadors.
③ Carnegie Endowment for International Peace. Stanton Nuclear Security Fellows. [2020-02-03]. http://thestantonfoundation.org/security.

发布的2019年审计财务报表①，可以分析和总结最近一年来基金会的财务收入和支出，客观反映了其运行状态。CEIP2019年的收入来源如表7.5所示。

表7.5 CEIP财政收入和占比（2018年6月30日~2019年6月30日）

收入详细名目	金额/美元	占总收入比例/%
捐款	23 667 072	57.46
财经运营的投资收入	14 802 655	35.94
租金收入	1 753 090	4.26
美国政府收入	546 628	1.33
会议中心租赁收入	202 723	0.49
出版物收入	14 672	0.03
其他收入	201 905	0.49

CEIP2019年收入4亿美元左右，呈现多来源的特点。捐款收入占比57.46%，财政运营的投资收入占比35.94%，另外，租金收入、美国政府收入、会议中心租赁收入、出版物收入和其他收入共占6.60%。由此可见基金会的收入来源以他人或团体捐款和基金会投资项目的回报为主，收入来源种类多元化和主要来源突出的特点使其发展呈现稳中有进、细水长流态势，也成为CEIP长期发展的动力源之一。

CEIP2019年的财政支出呈现多用途的特点。工资支出占比44.11%，薪资税和员工福利的支出占比14.10%，专业咨询费用占比12.44%，另外，其他费用、差旅费、利息支出、财产管理、贬值和分期偿还、会议和研讨会、实际房地产税、租金与出版费用共占总支出的29%~30%。由此可见基金会的财政支出主要用在员工工资和福利、专业咨询等条目上，与收入来源不同的

---

① Carnegie Endowment for International Peace，Consolidated Financial Statements，For the Years Ended June 30, 2019 and 2018. [2020-02-03]. https://ceipfiles.s3.amazonaws.com/pdf/FY+19+Audited+Financial+Statements.pdf.

是，支出中另外的几项呈现非主要却是重要的支出项的特点。说明其注重员工福利待遇，基金会的发展日趋多领域、多用途，为 CEIP 在未来世界国与国之间出现新变化新发展而及时调整策略和研究方向提供了可能。

7.6 小结

  CEIP 是美国历史最为悠久的国际事务智库，也是世界上第一所进行和平问题研究与推广的政策研究所。在其发展的百余年间，发生了世界性的战争、美苏"冷战"长达 50 年之久、"后冷战时代"的多极化国际关系取代美苏独霸，基金会顺应历史大潮，为这百年风云变幻的国际局势深入研究，不断提供卓越政策建议及参考。作为老牌历史悠久的智库，无论是基于客观数据还是主观评价，甚至是基于社交媒体的大数据分析的国内外排行榜上，基金会及其分中心均有不俗的成绩。21 世纪来临之后，CEIP 准确把握国际大局，率先发展成为国际性、多元化、不同地域的现代国际智库，其智库管理与建设启示如下。

  （1）全球化的视野与关怀，是 CEIP 享有国际声誉前提

  具有全球化的视野与关怀是 CEIP 百年来一直在国际上享有盛誉的重要前提，主要体现在研究领域的设定与研究机构的全球分布两个层面。早在 1910 年，基金会成立的目的是"加速消灭国际战争这一我们文明最大的污点"，第一次世界大战的爆发使许多国际主义者的信仰土崩瓦解，但基金会继续坚持促成国际和解，并在战后资助欧洲重建工作。此外，CEIP 还出版了 22 卷的《国际法》和 150 卷的《世界大战经济和社会史》。当时其与教育部门的交流十分活跃，投入大量资源"直接面对公众"，并"试图弄清和影响公众的意见"，使 CEIP 成为美国颇受尊重的重要政策研究机构。在漫长的岁月中，基金会在不断研究新形势中提出新的工作重点。

  （2）与时俱进的研究领域定位，保证 CEIP 国际引领地位

  纵观 CEIP 发展史，其研究发展始终紧扣时代脉搏。在 20 世纪 60 年代之前，贯穿始终的是教育，60～80 年代倾向于平等和改良。80 年代以后的几大目标是：避免核战争，改善美苏关系；教育全体美国人，特别是青年，

以适应一个以科技为基础的社会；防治各种对儿童和青少年的伤害，包括吸毒、酗酒和少女怀孕等社会问题；在第三世界培训和开发人力资源。

21 世纪以来，新国际形势正在形成，世界政治向多极化发展，和平交流合作成为各个国家的主流愿望，然而，冲突仍不断加剧，新的国际形势也面临着新的挑战。经济一体化给全球金融带来了蓬勃发展，不同经济体之间的贸易摩擦却也时有发生，发达国家和发展中国家之间的经贸鸿沟正在加深，全球金融市场比历史任何时候都需要互联互通。不仅如此，我们还面临着传统安全威胁和复杂地缘政治所带来的不确定影响。在 2019 年年报中，CEIP 列举了当前研究优先关注的四大方向。

1）紊乱：CEIP 利用其地区优势及扎实的专业知识，对可能加剧竞争和冲突的社会、经济、安全和政治力量进行分析，并整合全球网络，为缓解与解决区域乃至全球冲突铺平道路。

2）治理：主要致力于更新和加强国家与社会之间的契约和国际参与战略，提供优化的治理思想与方法。

3）地域经济学和战略：在当前不平等加剧、竞争日益激烈的世界中，一味地追求经济效益势必对国内政治以及贸易、金融市场、监管机构和当今世界其他要素的稳定性产生巨大影响，CEIP 中世界一流的经济学家和战略家组成的专家团队正在帮助高管站在经济与国家安全的关键交汇点上进行导航。

4）技术与国际事务：CEIP 利用其跨学科专业知识，发展国际规范的成熟经验以及技术创新前沿地域优势，弥合四个关键领域（核、网络、人工智能和生物技术）的创新与政策之间的鸿沟。正是基金会的领导机构在世界每一次浪潮来临之前精确制定和修改基金会发展蓝图，让今天的 CEIP 在世界智库中具有引领性的地位。

（3）高水平的研究团队，是 CEIP 智库产出的人才保障

人才是智库的核心竞争力，CEIP 的研究人员来源广泛，既有在政府担任要职的官员或政策顾问，又有来自学术界、新闻界、法律界和公共事务等领域，专业水准高，具有实际工作经验的学者。研究团队素质全面、结构合理、管

理方式多元化，特别是其人才流动的"旋转门"机制为基金会发展增添了活力。同时，CEIP更注重新生研究队伍的培养，开展了一系列人才培养计划，如"初级研究员计划""清华-卡内基青年大使计划""斯坦顿核安全研究员计划""EL Erian奖学金"等，从政策、理念、思想、知识、技能全方位培训后续储备人才。

（4）独立研究及与政府良好沟通，是CEIP直接影响精英决策的重要手段

CEIP的持久不衰与其一直恪守中立、包容并蓄分不开，其中立的态度吸引了不同政党、不同信仰的人才，也使基金会的研究成果更加客观和公正，这对于建立良好的信誉至关重要。

得益于"旋转门"机制，CEIP对历届政府都有着重要的影响力，同时，这个与政府一直保持密切联系的传统老牌智库从来不缺少在历届政府中担任要职的学者，这对于基金会立足现实议题，依据理论基础，发掘政策缺陷，提出切实可行的解决方案，进而直接影响精英决策或者社会舆论至关重要。

（5）学术成果高效与全方位的传播，助力CEIP影响力的多维度提升

CEIP很重视对自身研究成果的推广利用，不仅通过自身主页设立专门板块进行研究成果的报道和揭示，而且将各种类型的智库成果，通过出版书籍、报告，在媒体上发表见解、文章，解读国内、国际问题和公共政策，举行各种公开的会议，甚至就某一论题开辟专栏和博客，传播新思想，倡导新理论。不仅有利培养公众的政治参与热情，加深对公共政策的了解，也有利于促进政策教育化和政治社会化。

（6）多元化筹资渠道，保障CEIP资金来源

CEIP2019年审计财务报表显示，其资金主要来源于捐赠、财政运营的投资收入和租金收入。2019年的收入中，捐款项高达57.46%，财政运营的投资收入占比35.94%，另外，租金收入、美国政府收入、会议中心租赁收入、出版物收入和其他收入共占6.60%。资金来源的多元化保证基金会不会在资金上依附于或受制于某个政府部门、某个政党或者某个财团等，在一定程度上保证了基金会的独立性，同时，多渠道筹集资金，在维持自身生存与发展的同时，可凭借资金开展高质量的研究工作，服务社会、回报社会。

第8章　亚洲发展银行研究所

8.1　智库概况

亚洲发展银行研究所（Asian Development Bank Institute，ADBI），是亚洲发展银行（Asian Development Bank）（简称亚行）的附属机构，于1997年在东京成立，旨在为亚洲及太平洋地区提供有效的发展战略，提高亚行发展中成员国各机构和组织的健康发展能力，促进区域内经济体的长期发展。

ADBI将纯粹的应用研究与能力建设和培训无缝衔接，通过高质量的知识产品和服务来提高其知名度和影响力，为进一步促进亚洲乃至世界的繁荣、包容、弹性和可持续发展做出贡献。具体职能包括：①面向从事发展工作的公共、私营和其他实体的中高级决策者和政府官员，组织和举办有关发展政策和管理方面的培训会、研讨会和讲座；②研究对发展思维和政策制定具有战略意义的相关问题，确定和提炼最佳做法，并制订成学习材料；③通过各种媒体和出版物传播这些研究、培训和会议的成果；④就发展政策、管理、能力建设和善政等事项为亚行提供咨询服务。

ADBI由日本政府进行初期和后续的融资。1996年5月，在亚行第20届年会上，日本政府提议成立亚洲发展银行研究所，并支付其成立和运营的费用，以满足发展中成员国在增强公共事业和其他发展能力方面的需求。该提议于1996年9月24日获得批准。1997年12月10日，亚洲发展银行研究所在东京正式成立。首任所长是菲律宾著名经济学家Jesus Estanislao。

美国宾夕法尼亚大学发布的《全球智库报告2019》将ADBI评为全球最佳"政府附属智囊团"，其在全球顶尖智库综合榜排名第24，国际发展政策领域排名第6，国际经济政策领域排名第14，政府附属智库领域排名第1。此前ADBI连续五年（2014~2018年）被该报告评为全球第二大政府附属智囊团，综合排名第25。在浙江大学信息资源分析与应用研究中心发布的《全球智库影响力评价报告 2019》中，ADBI 在全球智库榜单排名第 12，科技与工程领域智库榜单排名第 5，国际事务领域智库榜单排名第 9，经济领域智库榜单排名第 12。ADBI 在《清华大学智库大数据报告（2018）》（GTTBI 2018）公布的全球大数据指数评级前 50 名中未见排名，一方面是因为以 Facebook、Twitter 作为指标的评价结果对亚洲智库不利（排名中只有第 50 名是亚洲国家），另一方面也说明 ADBI 在社交媒体影响力上还有很大的提升空间。

8.2 研究概况

8.2.1 研究战略

作为亚行的附属智囊团，ADBI 强调以需求为导向的政策研究和活动，优先满足亚洲及太平洋地区不断发展的知识需求。同时，ADBI 还会考虑研究主题的地区覆盖面，确保最大限度地发挥作用。

参照亚行的《2030 战略》，ADBI 制订了 2020～2022 三年滚动工作计划。为促进亚太地区的政策创新和提高亚太地区的健康发展能力，ADBI 与亚行、项目合作伙伴、区域内的政府与企业进行磋商，选择了 6 个研究主题 15 个研究项目（表 8.1）。

表 8.1　ADBI 研究主题和研究项目一览表

序号	研究主题	研究项目
1	解决剩余贫困和减少不平等现象	亚洲劳动力收入份额的驱动因素
2		金融科技和金融普惠
3		促进包容性增长和共同繁荣的人力资本开发
4		亚洲的金融与创新
5		数字创新如何增加亚太地区的小企业获得融资的机会
6	应对气候变化，建立气候和灾难抗灾力并增强环境可持续性	全球化、环境与气候变化
7		亚洲的水不安全和卫生问题
8		气候变化

续表

序号	研究主题	研究项目
9	使城市更宜居	测量亚洲基础设施发展的时空溢出效应
10		土地管理与可持续发展目标
11		中亚区域经济合作组织（CAREC）国家的基础设施发展和金融
12	促进农村发展与粮食安全	以服务为主导的发展
13		通过内陆中亚区域经济合作国家的全球价值链（GVC）利用中小企业融资
14	加强治理和机构能力	金融科技与金融稳定
15	促进区域合作与一体化	全球化与经济稳定

资料来源：Asian Development Bank Institute .Year in Review 2018. [2020-3-19]. https://www.adb.org/adbi/year-in-review.

8.2.2　项目管理

ADBI 非常重视项目质量和业绩管理，2011 年 8 月 4 日与加拿大咨询管理公司 GossGilroyInc（GGI）签订合同，双方共同制订了一个成果框架。这一成果框架通过一套可衡量的指标体系，对 ADBI 研究活动和运营情况进行全方位细致评估，促使研究人员对 ADBI 的战略方向、现状、优势、劣势有更清晰的认识，达到提升研究水平、增强绩效的效果。成果框架从影响、成果、产出、合作关系四个方面展开，共设置了 15 个指标（表 8.2）。

表8.2　成果框架指标体系

指标	收集方法及数据来源	负责人	频次	实施说明
影响：成员国决策者和高级官员增加了对 ADBI 知识产品的应用和使用				
1. 目标受众使用 ADBI 知识产品的比例和使用类型	在线调查	ADBI	每两年一次	外部签约公司每两年提交一份调查报告
成果：1. 通过向成员国决策者和高级官员提供有价值的信息和知识，提高 ADBI 的知名度				
2. 目标受众对 ADBI 知识产品满意或高度满意的比例	在线调查	ADBI	每两年一次	参见影响指标说明

续表

指标	收集方法及数据来源	负责人	频次	实施说明
3. ADBI 工作人员在外部活动上的演讲次数,包括： 1）学术活动； 2）政策简报； 3）讲座	自行申报	所有人员	持续进行中	所有人将活动中的讲话细节发送给部门指定人员。由专人进行汇总
4. 订阅者和关注者数量	统计电子通知和电子新闻订阅者、Facebook、博客和 Twitter 的关注人数	ADBI 网站技术人员	每月一次	
5. 浏览量	统计页面浏览量	ADBI 网站技术人员	每月一次	
6. 媒体引用数／专栏文章数	基于数字和纸质出版物，搜索和分析引用 ADBI 成果的数量	ADBI 图书馆员	每周收集和评级，每月整理	收集范围覆盖等级：正面／中性／负面、出处
7. 其他引用次数——公开证词、官员发言等	ADBI 工作人员将记录对 ADBI 的任何提及（或知识的使用）：地点、日期、发表声明的人、发表过的声明	所有员工记录，ADBI 图书馆员负责维护清单	持续进行、年度整理	所有人员均会完成公开的表格，并将其发送给图书馆员

成果：2. 作为一家值得信赖的机构，ADBI 在亚太地区以及全球范围内的决策者之间开展合作，知名度得到了提高

指标	收集方法及数据来源	负责人	频次	实施说明
8. 目标受众成员同意或强烈同意 ADBI 是有关发展问题的极好的知识来源的比例	在线调查	ADBI	每两年一次	参见影响指标说明

产出：1. 增加高质量的知识产出

续表

指标	收集方法及数据来源	负责人	频次	实施说明
9. 统计知识产出的数量，按类型分为： 1）工作文件； 2）书籍； 3）书籍重点； 4）研究政策简介； 5）亚洲之路； 6）有关翻译作品； 7）期刊文章； 8）其他（博客帖子、评论等）	类型1）~4）已发布在网站上； 类型5）见亚洲之路； 类型6）将由法律顾问记录； 类型7）和8）由研究人员将详细信息提供给每个部门的指定人员	研究人员	持续进行	
10. 知识产品的质量，包括： 1）下载次数； 2）引用率； 3）被引用知识产品的百分比； 4）国际认可的出版商出版的书籍数量； 5）用户对调查质量的评价； 6）近三年的工作论文转换为书籍章节/期刊文章的比例	1）网站统计； 2）和3）Google Scholar 分析； 4）发布数据； 5）见指标1； 6）跟进研究，以确定是否已经转换为书籍或期刊文章	1）网络技术专家； 2）和3）图书馆员； 4）研究； 5）见指标1； 6）研究人员	1）持续进行； 2）和3）每年12月； 4）年度； 5）见指标1； 6）年度	

产出：2. 提高主要目标受众在政策（知识、网络等）方面的能力

指标	收集方法及数据来源	负责人	频次	实施说明
11. 强烈同意或同意获得新知识和技能的参与者比例	活动结束时向参与者分发评估表/调查表	CBT 员工	随时收集，年度整理	每次活动后评估表都将包含此问题。通过合作伙伴活动，CBT 将要求合作伙伴在其表格中包括此问题并共享数据
12. 1）能力建设活动的次数；2）参加人数；3）所有人培训的总次数（按国家，资历分类）	1）记录活动数； 2）参加人数（男/女）； 3）活动的总天数乘以总参与者	CBT 员工	每年检查和整理	资历是指被 ADBI 邀请的参与者

产出：3. 向主要目标受众更多、更有效地分享知识产品

续表

指标	收集方法及数据来源	负责人	频次	实施说明
发布监测 13. 网站相关文章的下载数量	从 ADBI 网站统计数据和第三方来源记录下来，如视频观看次数、Scribd、RePEc 和 SSRN 下载的阅读次数	ADBI 网站技术人员	每月一次	
研究活动监测 14. 1) 研究活动的数量； 2) 参加人数/参加者类型（例如地点、组织类型等）	记录研究事件的数量统计参加人数（男/女）	研究人员	在每个活动中收集。每年整理一次	参与者的职位、组织等数据仅适用于亚行受邀参与者
合作关系指标				
15. 1) 与合作伙伴实施的研究计划的比例； 2) 从外部合作伙伴筹集的财政资源总额	在研究成果或 CBT 的文件中跟踪数据（包括合作伙伴所在的国家/地区）	研究人员/CBT 人员	持续收集，每年整理一次	仅包括财务资源，不包括实物

注：CBT 即能力建设和培训（capacity building and training）。

资料来源：Asian Development Bank Institute. ADBI Results Framework. [2020-3-19]. https://www.adb.org/documents/adbi-results-framework.

ADBI 成果框架是一个复杂且耗时的自我检查过程。用严格的过程控制来确保高质量的产出，及时发现不足，这很大程度上体现了 ADBI 认识到确保生产数量和质量以及扩大影响力的重要性。为了确保始终如一的高质量和有影响力的知识产品，ADBI 还采取了严格公正的同行评审过程和反馈机制。这有助于 ADBI 实现其成为亚洲及太平洋地区最受尊重的智囊团之一的目标。

8.2.3　项目成果的传播与影响

ADBI 拥有广泛的传播渠道和丰富的传播手段，极尽所能地向目标群体传达其知识产品。主要表现在以下几个方面。

（1）优化运营团队，重视内容质量

ADBI 雇用了社交媒体和数字内容顾问以及出版和品牌顾问。构建了一个稳定、高生产力的内部团队，集中力量、节约人力，最大限度地提高其沟通和外展业务的效率。

ADBI 传播团队与研究部门和 CBT 部门紧密合作，第一时间产生有影响力的报告、出版物等。同时积极探索开发新型出版物，如为成员国政策制定者和其他目标受众量身定制的案例研究。

在完善新闻和信息流方面，ADBI 非常重视内容的输出，及时更新和维护外部网站，进一步开发有针对性的社交媒体输出，整合基于视频的消息传递，创建更多样化的播客；同时，ADBI 还会对传播渠道进行跟踪和影响分析，根据反馈及时调整，以确保制作内容能够有效推动 ADBI 的战略沟通和推广目标。

（2）丰富传播渠道，重视品牌推广

ADBI 努力提高媒体参与度，经常与亚洲和太平洋以及全球的媒体进行接触，以扩大现有公共活动的知名度和影响力。以 2019 年 1~9 月为例，ADBI 的专家们共进行了 150 次媒体采访。在日本 2019 年担任二十国集团（G20）轮值主席国期间，ADBI 所长仅在 G20 大阪峰会期间就接受了 39 次媒体采访，其中包括 8 次全球直播电视采访，平均每家电视台的观众达到 3.75 亿户，这些采访还被 20 多家顶级纸媒报道。

ADBI 门户网站 adbi.org 是 ADBI 知识产品的重要传播工具，也是 ADBI 传播战略的基础。所有 ADBI 的知识产品（包括出版社同意公开的书籍）在发布时都会上传到网站上。ADBI 重视门户网站的设计、内容管理、覆盖面、受众参与度和互动性。此外，ADBI 还推出电子学习门户网站 elearning-adbi.org 和由 ADBI 牵头的亚洲智库经济知识产品资料库 think-asia.org。2019 年 1 月至 9 月 30 日，Think-Asia.org 的月平均下载量为 34 467 次，页面浏览量为 17 490 次[①]。

---

① Asian Development Bank Institute . ADBI Three-Year Rolling Work Program，2020–2022 and Budget for 2020. [2020-3-19]. https://www.adb.org/documents/adbi-three-year-rolling-work-program-2020-2022-and-budget-2020.

ADBI 的社交媒体账户覆盖全面，但相比于欧美智库来说，其粉丝量和阅读量还有一定的差距。截至 2019 年 9 月 30 日，ADBI 在 Twitter 上有 10 854 名粉丝，在 Facebook 上有 17 034 名粉丝，在 LinkedIn 上有 7072 名粉丝，在 YouTube 上有 65 329 次浏览。2019 年 1 月至 9 月 30 日，"亚洲之路"博客共更新有 20 个，观看次数超过 60 000 次；"亚洲未来的发展"博客共播出 42 集，收听次数 19 606 次。

ADBI 积极探索改善向区域和全球读者分发其书籍和报告的途径。以 ADBI 网站为传播途径之一，读者可从网站上下载电子版书籍、政策简报、手册等。2019 年 1 月至 9 月 30 日，下载次数最多的书籍分别是《亚洲中小型企业金融科技》（2160 次下载）、《基础设施原则：案例研究和最佳实践》（2123 次）和《揭开亚洲不平等的神秘面纱》（1960 次）。ADBI 还与布鲁金斯出版社等出版机构合作，积极参加知名书展。

（3）建立多边合作关系，重视关键群体影响力

ADBI 正在建立整个地区的伙伴关系，通过互补性和战略性沟通及外联措施，提高研究质量，促进发展知识的创造和传播，树立顶尖智囊团形象。2019 年 ADBI 的合作伙伴包括国际组织（12 个）、区域组织（6 个）、国家政府机构（23 个）、智囊团、大学和其他知识机构（79 个）。

ADBI 在传播方式上，采取"引进来"和"走出去"两种形式。ADBI 的演讲嘉宾研讨会系列，就是将知名人士带到 ADBI，鼓励决策者和专家之间就亚太地区主要的经济发展和挑战进行辩论。截至 2019 年 9 月 15 日，ADBI 共举办了 9 次由国际知名演讲人主讲的关于各种政策和发展问题的研讨会。同时，ADBI 积极开展 CBT 培训活动和讲座，截至 2019 年 9 月 30 日，已举行了 31 项重大活动。这些合作也对目标群体的政策产生了重大影响，如指导柬埔寨建立存款保险体系、印度 IT 基础设施增长以及孟加拉国土地信托发展。

8.3 代表性成果

8.3.1 ADBI能力建设和培训

ADBI能力建设和培训（capacity building and training，CBT），主要面向亚行成员国尤其是发展中国家的中高级官员，其目标是：①增强政府官员对发展政策问题以及成员国面临的挑战的认识和理解；②提供政策意见；③分享有效做法和国家经验；④提供对话和信息共享的论坛；⑤就优先事项达成共识；⑥建立强大的专业ADBI校友网络。

CBT通过政策对话、基于课程的培训、日本大学的研究生课程、电子学习、出版物五种行之有效的方式来开展活动。注重参与者、活动举办地、活动主题的区域均衡性。在主题设置上，CBT会与亚行、成员国政府、公司等合作伙伴进行磋商，根据需求来选择合适的主题。目前，CBT的活动包括31个基于课程的培训计划，25个政策对话，与日本大学共同管理的2个研究生水平课程等。2019年1月~8月31日，CBT共举办了40场活动，约有1616人参加，其中政府官员990人，占比61%。

8.3.2 在二十国集团智库峰会中发挥重要作用

二十国集团智库峰会（Think20，简称T20）是G20重要的外围会议之一，是全球智库代表为G20贡献智慧与思想的重要平台。2019年在G20大阪峰会期间，ADBI所长吉野直行担任T20日本轮值主席，召开高级政策专家会议，制订针对G20成员国的政策建议，讨论发行T20公报。峰会结束时，吉野直行所长向日本外务大臣河野太郎和日本首相安倍晋三提交了T20峰会关键政策建议，供20国集团领导人审议。ADBI的专家也积极加入T20讨论，内容涉及基础设施融资、数字时代的工作、教育的未来以及人口老龄化和移民等多项议题。

峰会期间，吉野直行接受了39次媒体采访，其中包括8次全球直播电视采访，平均每家电视台的观众达到3.75亿户。ADBI在T20中发挥的领导作用，大大有助于建立其作为领先的区域和全球智囊团的形象。

8.4 人力资源管理

ADBI 设有咨询委员会,每年举行两次会议,对 ADBI 的战略方向提供咨询建议。该委员会由亚行行长任命七名或七名以上成员组成,其中一名成员应从亚行高级职员中选出,其余成员从成员国中选出杰出的从业者或发展、管理领域的学者。委员会成员任期为两年,任期结束时可连任。ADBI2018~2020年咨询委员会名单如表 8.3 所示。

表8.3 ADBI咨询委员会名单(2018~2020年)

姓名	职务
费尔曼·阿德里亚诺(Fermin D. Adriano)	世界银行棉兰老岛计划高级顾问
白崇恩(Chong-En Bai)	清华大学经济管理学院院长
藤田雅久(Masahisa Fujita)	京都大学经济研究所特聘教授
穆罕默德·伊赫萨(Mohamad Ikhsan)	印度尼西亚共和国副总统特别顾问
罗伯特·奥尔(Robert M. Orr)	佛罗里达博卡拉顿佛罗里达大西洋大学教授
泽田靖之(Yasuyuki Sawada)	亚洲发展银行经济研究与区域合作部首席经济学家兼总干事
拉吉夫·高巴(Rajiv Gauba)	印度政府内阁秘书
乌尔里赫·沃尔兹(Ulrich Volz)	伦敦大学经济系主任
拉哈马特·比维·宾蒂·尤索夫(Rahamat Bivi binti Yusoff)	马来西亚核电公司董事会

资料来源:Asian Development Bank Institute .Past Advisory Council. [2020-3-19].https:// www. adb.org/adbi/about/advisory-council-past.

作为亚行的隶属单位,ADBI 的组织结构简单,管理层设有所长一名、副所长一名。所长在亚行行长的领导下负责研究所的管理工作,职责包括:制定战略和工作计划,编订上一年度年度报告,与年度预算一起提交亚行行长和董事会审查;指导研究所的工作人员;协调研究所与亚行的工作以及其他工作。2020 年 4 月 1 日,园部哲史(Tetsushi Sonobe)新任所长,任期三年。作为亚行的附属机构,ADBI 工作人员经亚行行长批准后,由所长任命,并在执行职务时对所长负责。根据亚行董事会规定的原则,亚行行长负责确定 ADBI 工作人员的组成和级别。如有需要，ADBI 可以借调亚行的工作人员，借调人员被视为受雇于 ADBI，同时在亚行享有休假身份，在研究所的服务年限视为在亚行的服务年限。这种借调是单向的，研究所的工作人员无权调动到亚行。

截至 2019 年 8 月，ADBI 共有 61 名人员——包括所长在内的 13 名专业工作人员，2 名访问学者，3 名支持人员，6 名顾问，4 名项目顾问，17 名临时人员，13 名研究人员，2 名信息技术人员，以及来自日本水务部门的 1 名志愿人员。此外，ADBI 还有 4 名实习生。ADBI 尽可能广泛地从亚行成员国征聘，表 8.4 详细列出了 ADBI 专业人员队伍的地域多样性。

表8.4 ADBI专业人员的地域多样性 （单位：人）

国家	2018 年底	2019 年 8 月
澳大利亚	1	1
加拿大		1
中国	1	1
印度	1	
印度尼西亚	1	1
爱尔兰		1
日本	3	3
哈萨克斯坦		1
韩国	2	2
泰国	1	1
美国	2	1
员工总数	12	13
总共包括女性员工	3	5

资料来源：ADBI Three-Year Rolling Work Program, 2020–2022 and Budget for 2020. [2020-3-19]. https://www.adb.org/documents/adbi-three-year-rolling-work-program-2020-2022-and-budget-2020.

ADBI 与亚行总部的专家学者合作，将其设定为非常驻研究员，进行专业研究。同时，ADBI 实行访问研究员计划，邀请来自成员国的智库和高校的优秀学者、博士来参加 ADBI 的研究活动。此外，ADBI 还有实习生计划，每年为成员国的研究生提供若干实习机会，由专业工作人员对实习生提供指导，旨在培养区域未来的领导人才。

8.5 资金财务管理

ADBI 的资金来源于亚行成员国政府组织、非政府组织、基金会的自愿捐赠，经亚行董事会批准，记入"亚洲开发银行研究所特别基金"（简称特别基金）。特别基金由亚行持有，在支付之前，亚行可进行投资和再投资，并可将此类投资、再投资的收入保留在自己的账户中，以支付亚行在履行特别基金管理人职能时产生的直接或间接费用。同时，如果捐赠目的与 ADBI 或亚行的宗旨、政策不一致，亚行也可拒绝此类捐赠。ADBI 的账目由亚行外部审计师进行年度审计，但是亚行不对 ADBI 的债务承担责任（除非经董事会批准，亚行可另行同意）。

ADBI 2020 年的总收入目标为 15 567 000 美元。其收入来源既包括来自各国政府的资助，如表 8.5 所列的日本、韩国、中国、澳大利亚等国的历年资助金额；也有来自项目合作伙伴的资助。例如，美国比尔及梅琳达·盖茨基金会 2017~2019 年共捐助 544 347 美元，2020 年开始双方合作伙伴关系再延长 3~5 年，将继续提供财务支持。

表8.5 各国政府历年资助金额

捐赠者	2012年	2013年	2014年	2015年	2016年	2017年	2018年	2019年	2020年
日本 /10^6 日元	1344	1344	1344	1344	1344	1344	1344	1463	1344
韩国 / 万美元	150			70	70	100	175	214.2	195.7
中国 / 万美元						50	50	50	50

续表

捐赠者	2012年	2013年	2014年	2015年	2016年	2017年	2018年	2019年	2020年
印度尼西亚/万美元				50				60	
澳大利亚/万澳元	58								

资料来源：Asian Development Bank Institute .Three-Year Rolling Work Program，2020–2022 and Budget for 2020. [2020-3-19]. https://www.adb.org/documents/adbi-three-year-rolling-work-program-2020-2022-and-budget-2020.

ADBI 提出三年滚动工作计划，包括近三年（2020～2022年）的活动计划以及 2020 年的预算细节。2020 年 ADBI 总预算为 1760.7 万美元，比 2019 年减少 1%。其中，项目费用预算为 591.9 万美元，包括研究部门 306.1 万美元和 CBT 部门 285.8 万美元；内部管理费用为 1168.8 万美元。各部分预算占比如图 8.1 所示，人事支出占比最大，其次为日常行政开支。

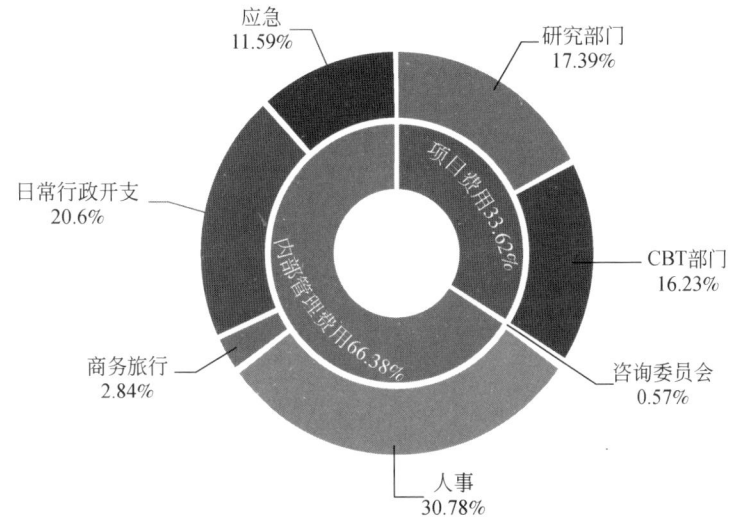

图8.1 2020年ADBI各部分预算占比

8.6 小结

ADBI 是亚洲发展银行的附属智囊团，旨在为亚洲及太平洋地区提供有效的发展战略，提高亚行发展中成员国各机构和组织的健康发展能力，促进区域内经济体的长期稳定发展。ADBI 的受众主要面向亚行成员国尤其是发展中国家的中高级官员，通过高质量的研究成果和一系列的能力建设与培训活动，推动决策者之间的政策对话，为亚行及其成员国提供政策支持和能力指导。

ADBI 成立时间虽短，但已经位列顶尖政府附属智库之一，其自身发展的特色，对我国形成定位明晰、特色鲜明、规模适度、布局合理的中国特色新型智库体系，建成一批具有较大影响力和国际知名度的高端智库具有一定的借鉴意义。

（1）定位清晰，受众明确

ADBI 的所有活动重点都围绕目标群体展开（图 8.2）。ADBI 的核心目标受众是亚行成员国政府组织、非政府组织、经济体中的中高层决策者。除了制定政策的政府官员，包括以政策为导向的学者、政府顾问、智囊团以及各种意见领袖，如媒体人士也是 ADBI 的重点关注人群。一方面，ADBI 通过研究和 CBT 活动，直接与目标群体互动；另一方面，ADBI 通过与大范围的目标群体、媒体/出版物来广泛传播知识，间接扩大对目标群体的影响。

（2）治理完善，监管有力

ADBI 聘请加拿大咨询管理公司 GGI 共同制订的成果框架建立了一套完整的评价指标体系，开展定期调查和事后追踪，对 ADBI 研究活动和运营情况进行全方位细致分析。从 15 个评价指标中可以看出，ADBI 极其重视提供的知识产品和服务是否高质量，是否向关键目标群体提供了有价值的信息和知识，是否对关键群体产生了积极影响。成果框架不仅是一套检视 ADBI 研究成果的反馈机制，而且是一套人员考评机制，促使人力资源效用得到最大的发挥，提高研究成果和 CBT 活动的质量和协调性，从而实现为亚洲及太平洋地区提供有效发展战略、成为顶尖智囊团的目标。

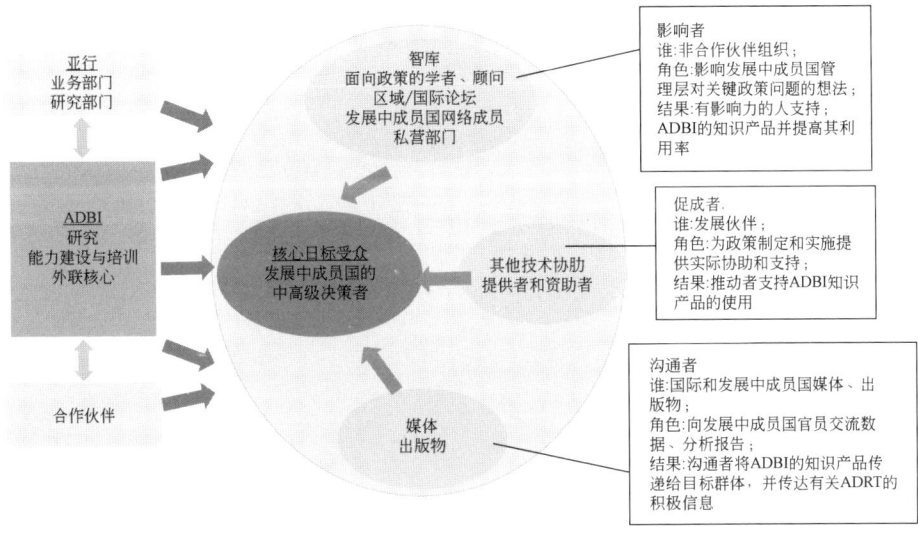

图8.2　ADBI的核心目标群体

资料来源：Asian Development Bank Institute. ADBI Results Framework. [2020-3-19]. https://www.adb.org/documents/adbi-results-framework.

（3）规模适度，布局全球

ADBI 的整体规模并不大，只设有研究、能力建设与培训、管理与协调三个部门，包括临时人员、访问学者和技术支撑人员在内一共 61 人，与一些顶尖大型智库无法比肩。但是 ADBI 巧妙地通过与区域/全球机构建立合作伙伴关系，扩大了其外部影响力。为了提高知名度、扩大成果产出和 CBT 活动的覆盖面，ADBI 积极与其他主要机构建立合作伙伴关系，组建研究网络，整合国际平台，加深交流合作。2019 年 ADBI 与 12 个国际组织、6 个区域组织、23 个国家政府机构、79 家智库高校和其他知识机构建立了合作伙伴关系。在与亚行总部合作上，ADBI 积极向总部成员分享项目信息，鼓励更多亚行专业人员参与，同时 ADBI 的工作人员也参加了大多数亚行的研讨小组，担任亚行项目的同行评审，双方还经常共同组织研讨会和论坛。

ADBI 是政府附属型智库的代表，也是新兴中小型智库发展模式的代表。

作为附属型智库，ADBI 与母体亚行之间唇齿相依。在研究方向上，ADBI 一切向亚行看齐，首先满足亚行的需求；在人员调度、财务管理上，ADBI 拥有使用权，但不具备所有权。ADBI 享受在亚行带来的平台红利的同时，其政策制定、人员管理等方面也受到亚行的掣肘。作为中小型智库，ADBI 的规模虽小，但是定位清晰、受众明确、治理完善、监管有力，最重要的是具有全球视野，能够通过打造全球智库伙伴关系和研究网络来扩大全球影响力。

除去智库本身的运营经验，未来中国智库的发展，还要看到区域型智库的战略意义。对智库的国际政治经济学研究，需要超越对其基本信息和运营状况的简单描述，而将智库的功能、变革与影响置于大国博弈和区域竞争的语境下，探究其作为'知识机制'的外交意义和战略价值（贺平，2016）。ADBI 由日本政府主导，旨在促进亚洲及太平洋地区经济体良性发展，具有鲜明的区域指向性。在这种"软实力"的作用下，日本极易通过议题选择、能力建设和培训等方式进行"政策营销"，在潜移默化中增强区域存在感、掌握区域话语权。因此，在已有的区域型智库中增加中国专家的声音，创建并壮大同类型智库，为区域乃至全球贡献"中国智力"，将是我们今后要努力的方向之一。

第9章 世界资源研究所

9.1 智库概况

世界资源研究所（World Resource Institute，WRI）始建于1982年，是一家全球性质的独立研究机构，目前在全球超过60多个国家设立机构办事处，致力于寻求环境保护、经济发展、民生改善等方面的解决方案，是国际资源环境领域的顶级智库。

9.1.1 定位

WRI是一家非营利组织，其使命是改善人类社会的生存方式，进而保护环境以满足世代所需。借助数据产生思想和战略、影响决策，使企业和社会更好地维护自然资源，更加合理利用管理自然资源，致力于将地球变成一个"平等和繁荣的星球"。

WRI运用客观分析、参与决策的方法解决与经济发展、自然资源及其他环境相关的全球挑战问题，与政府、社会、企业合作，为亟待解决的环境挑战问题制订解决方案，为社会公平发展的政策更新和体制变革提供了客观信息和实用建议。

WRI的运行围绕着5个重要价值观关键词，分别是"公正""创新""紧迫""独立""尊重"。"公正"保证机构的可信度，是机构信誉建立的基础；"创新"使机构具有前瞻性，引领世界的变革；"紧迫"使机构时刻关注最需解决的全球性问题；"独立"保证机构的客观性，避免被政治等因素影响；而"尊重"是所有活动的基本准则。研究所所有的工作注重结果，以结果为导向，以产出有力且实用的解决方案、策略工具、政策措施及合作伙伴关系为目标；运用出色的分析能力，以识别关键问题、探究变革驱动力、设想激励措施、预测激励结果，得到切实可行的解决方案；所有的工作重视合作，与全球的科学家、政府、企业、国际组织合作，为变革创造动力和压力；注重交流，扩散思想，传播理念，推动方案实施，促进发展改革。

9.1.2　简要发展历程

在 20 世纪 60～70 年代，环境问题尤其突出，森林的乱砍滥伐、荒漠化问题、气候变化问题亟待解决。这些复杂的全球化问题向全人类发起了前所未有的政策和政治挑战。WRI 的创始人认为此时急迫需要一个能够解决全人类与自然之间各类相互依存的利益矛盾问题的组织，因此成立了该组织。目前该组织拥有接近 1000 名专家和员工，工作地点覆盖 60 多个国家，在北美洲、南美洲、亚洲、非洲、欧洲等 8 地设立事务处。中国办公室成立于 2008 年，是世界资源研究所的第一个海外事务处。

9.1.3　声誉及智库排行

宾夕法尼亚大学发布的《全球智库报告 2019》中，WRI 在全球顶尖智库综合榜排名第 154，美国顶尖智库排名第 23，能源与资源政策领域排名第 17，环境政策领域排名第 4，食品安全领域排名第 10，水资源安全领域排名第 44，智库最佳新思想或新范式排名第 53，最佳智库网络排名第 61，最佳跨学科研究智库排名第 6，社交媒体和网络的最佳使用排名第 44，最佳对外关系 / 公众参与项目排名第 39，最具杰出的面向政策研究计划的智库排名第 28，最佳独立智库排名第 36，最佳质量保障及诚信政策程序智库排名第 8。

在《清华大学智库大数据报告（2018）》（GTTBI2018）中，WRI 进入"全球智库 Twitter 引用影响力评级（前 50 名）"，评级：A-；进入"全球智库 Twitter 账户影响力评级（前 50 名）"，评级：A；进入"全球智库 Facebook 引用影响力评级（前 50 名）"，评级：A；进入"全球智库 Facebook 账户影响力评级（前 50 名）"，评级：A；进入"全球智库大数据指数评级（前 50 名）"，评级：A。

在 2019 年浙江大学信息资源分析与应用研究中心发布的《全球智库影

响力评价报告2019》中，WRI在全球智库榜单排名第25，科技与工程领域智库榜单排名第7。

WRI在3份重要智库榜单中均有良好表现。由于不同机构的排名方法及指标选取各不相同，因此在综合榜单中其表现差异较大。在细分榜单中，WRI表现较为突出，在《全球智库影响力评价报告2019》科技与工程领域智库榜单排名第7，《全球智库报告2019》各环境资源类智库中均名列前茅，从第4到第44不等；在偏重大数据影响力的《清华大学智库大数据报告（2018）》中，WRI均在各分类榜单中评级表现优异，排名皆位于前50，与之类似，其在《全球智库报告2019》社交媒体和网络的最佳使用应用排名第44。

以上可以看到，不仅是环境资源类的顶尖智库，也是综合表现较为优异的智库，一度在《全球智库影响力评价报告2018》中综合排名第4，分榜排名第1，虽在2019年报告中排名略有下降，但依然无法否认其较强的综合实力及在环境资源类智库中的引领地位。

9.2 研究概况

9.2.1 研究战略

WRI的战略规划一般3~5年发布更新，最新战略规划发布于2018年，规划时限为2018~2022年，上一版战略规划时限为2014~2017年。在最新版规划中，世界资源研究所提出了七大战略方向。

1）推动系统性变革，以应对紧迫的全球挑战。深入理解政策发展与社会进程，寻找变革转折点以便快速响应。

2）在工作机会、健康、性别、社会平等、人类安全等议题上投入更大的精力。

3）坚定地站在数据革命的第一线。强调"量化"这一研究方法，利用遥感、众包、AI、友好的UI页面等手段辅助"量化"，同时尽快建立"Resource Watch"集成平台以供分享开放数据、开放资源等。

4）充分利用全球网络，与世界资源研究所全球员工共享技能、经验、资源。

5）专注工作方向和重点，通过清晰的战略为世界提供更多、更实际的解决方案，提高研究能力，保证分析深度。

6）灵活地接受挑战和管理风险，更高效更精准地传递信息。

7）加强机构建设，更好地应对变化中的世界。提高核心服务能力，在人员招聘、培训、指导方面加大资金投入。

9.2.2 研究领域

WRI 重点关注社会经济发展中有关气候、能源、粮食、森林、水资源、可持续城市、金融等领域的关键问题。

气候：保护人类社会和自然生态系统免受温室气体排放的危害，探索应对气候变化的可持续发展路径，加速全球低碳经济转型，从而为民众创造机遇。

能源：在全球推广清洁、廉价的电力系统，助力发展低廉的清洁能源，实现社会和经济的可持续发展。

粮食：减少粮食生产对环境的影响，增加经济机遇，到 2050 年为全球人口提供可持续的粮食保障。

森林：减少森林流失并恢复退化、毁林土地的生产力，从而减少贫困、提高粮食安全、保护生物多样性、遏制气候变化。

水资源：通过测绘、评价、缓解水压力，减少水资源风险，推动水资源可持续利用，确保未来用水安全。

可持续城市：制订并推广环境、社会、经济方面均可持续的城市和交通解决方案，提升城市居民的生活质量。

金融：促进投资向可持续发展领域转移。

9.2.3 项目来源

WRI 项目主要来源是政府机构、决策者、企业、科学家以及社会团体，这些也是世界资源研究所主要服务对象，更是其项目管理系统的内在驱动核心。

9.2.4　项目管理

为了确保研究成果能够产生实际的社会效益，WRI设计了一套内外部管理流程，包括成果管理、年度目标回顾、质量控制、专员沟通、董事会参与等环节。

在研究目标管理方面，WRI注重结果，为使研究成果能够切实地被政府机构、决策者、企业、科学家或者社团会采纳,所有项目均有明确目的以及3～5年战略目标。

在研究过程管理方面，WRI对目标及进展状况会进行定期审查，有一套严格统一的诊断、评估、建议流程，并将相关信息在内部论坛公开以供其他员工查看评论。

在人员配置方面，WRI配置专门工作人员负责各方利益相关者之间的沟通交流，WRI项目始终向正确方面推进，确保了最终成果的高精准度。在对成果的同行评议过程中，WRI有专管科研的副总裁来对成果品质进行最终把控。此外，WRI董事会成员共同制定机构战略方向，完善项目规划，确保成果产出。

9.2.5　项目质量管理

项目成果是机构完成使命的核心，项目成果能够帮助机构了解其最能发挥影响力的领域，评估自身发展现状，及时调整并激发新的战略方向。

在研究成果质量管理方面，WRI设立了一套严格的成果评审流程，所有研究成果必须通过机构内外部的同行专家评议，并且不同类型成果评议流程不同。

研究成果大致可分为研究报告、简报、工作文件、技术说明等几类。研究报告及简报需经过相关专家、成果受众成员及知名批评家的同行评议，科研办公室负责此项评议流程；工作文件是研究报告及简报的前置基础文稿，通常是高时效性、高敏感度话题的分析报告，这些文稿需结合更大范围的深入了解及利益相关者反馈才能够成为研究报告或简报，这类文件由各事务处或者研究领域负责人自行确定审核流程，其中同样需要包含内外部同行评议；技术说明主要用于记录研究或者分析方法，是大部分报告、数据产品的基础，这类文件与工作文件审核流程相同，由各事务处或研究领域负责人自行确定。

另外，WRI 还根据研究成果的影响程度及世界资源研究所在其中的贡献程度将成果分成三个等级。

成果影响程度的定级标准包括：是否是实现项目目标或者机构目标的关键成果；对目标人群是否产生了重大的积极影响；是否影响了足够多的人群并且该影响力能够快速扩大等。WRI 在其中的贡献程度定级标准包括：假设 WRI 未参与到该项目中，是否依然能够产出当下成果；WRI 的参与是否积极影响了成果的天然产出；WRI 是否加快了成果产出等。

每年 8 月，评选出年度十大最佳项目。被评级为 1 的项目均是十大最佳项目的候选项目，管理团队根据成果影响程度及研究所贡献程度来缩小评选范围，最终确定十大产出成果。

9.2.6　项目传播方式

WRI 官网上除了提供常规的项目展示，还提供数据平台、数据图书馆、讲座资料、视频等资源，通过多类型的成果展示，多元化的传播途径，扩大传播范围，增加传播方式，提高影响力。

数据平台由 WRI 和其他合作伙伴共同维护，用于收集机构及世界各地的数据，目的在于打破信息孤岛，进行透明的决策。用户可以充分利用该平台上的开放数据进行科学研究，例如使用卫星数据来监控森林或者追踪导致气候变化的因素等。

数据图书馆用于展示项目研究过程中产出的地图、表格、数据集、图表等可视化数据，这些数据也均对公众完全开放。

WRI 将展示研究成果和结论展示的演示文稿上网供公众下载浏览；此外制作短视频宣传研究成果并投放于 YouTube 等大型视频网站。

在社交媒体方面，WRI 在 Facebook、Twitter、LinkedIn 均有注册机构账号，同时提供 RSS 订阅。

WRI 中国事务处注册有官方微信公众号，截至 2020 年，公众号共有 92 篇原创内容，最早一篇文章推送于 2013 年 7 月 15 日。公众号共有"业精于勤"和"加入我们"两个子栏目，其中"业精于勤"栏目展示各项目的研究动态，共有气候与能源、可持续城市、粮食与土地利用、一带一路等内容，"加入我们"用于人才招聘，提供全职员工及实习人员等岗位信息。

9.2.7 项目研究基础设施或条件

WRI 拥有一套系统的研究方法，该方法共有三个关键词"量化""变革""推广"。

"量化"指的是 WRI 所有研究工作均从数据入手，利用最新技术，通过严谨分析，提出新的观点和新建议。"变革"指的是研究成果会在政府、机构、社区中进行项目测试，以建立有力的证据基础。"推广"指的是在通过测试的基础上，与合作伙伴共同在区域或全球范围进行推广，通过与决策者的交流合作，实施想法，扩大项目及机构影响力。

此外，WRI 专门出版技术说明作为研究成果的解释，详细阐述各项目的研究方法，包括数据来源、分析过程等内容。

同时 WRI 鼓励数据共享，不仅自己主动公开研究项目的过程数据，同时也建议其他机构组织开放数据。WRI 建立了 Map & Data 平台，提供可供公开的地图、数据集、图表等可视化资源，WRI 这么做一方面是希望通过共享激发新的研究内容，另一方面通过公开数据以更好地接受公众质疑和社会探讨。

9.3 代表性成果

WRI 每年都会根据成果的影响力及参与度情况评选当年十大杰出研究成果，从每年的评选成果可以预推断当年全球在自然资源方面的关注重点。

表 9.1 为 WRI2016~2018 年评选出的杰出研究成果。

表9.1 WRI 2016~2018年杰出研究成果

年份	研究成果
2018	在哥伦比亚和墨西哥建立节能效率利用加速装置
	印尼及刚果共和国加速推进社会和社区森林管理
	16个拉丁美洲和加勒比国家签署《埃斯卡苏协议》相关环保协议
	世界最大的32家粮食公司开始实行减缓粮食损失浪费的管理措施
	参与"守林员"（Forest Watcher）APP开发，遏制非法森林砍伐
	合作发行森林弹性债券，降低加利福尼亚州的野火风险
	协作推进《巴黎协议》制定
	为印度卡纳塔克邦提供城市发展路径
	为拉丁美洲、亚洲、非洲等城市构建更安全、可持续的道路
	鼓励政府、公司及非政府组织（NGO）提倡共享出行
2017	制造商及零售商采用里程碑式措施减少粮食损失浪费
	中国数十个试点成果创新可持续交通出行
	联合180多个国家和地区限制"森林象牙"——花梨木贸易
	协助巴西法律制定紧凑、互联、协调的公益住房标准
	博帕尔引入印度第一条全自动自行车共享系统专用车道
	敦促300多家公司承诺设定基于科学的减排目标
	协助中国城市及印度国家采用创新方式处理废物废水
	敦促各国承诺提高在气候和自然资源方面的透明度及公众参与度
	167个国家和地区通过签署新协议将安全出行、可负担住房纳入城市发展规划
2016	对于通过里程碑式的，WRI持支持态度《巴黎协定》
	非洲国家承诺恢复超过6300万公顷的退化土地
	墨西哥及墨西哥城引入建筑能效标准
	印度拟于2020年将道路死亡人数降低一半，这是具有里程碑意义的第一步
	WRI发布中国开创性绿色金融发展路径图
	刚果民主共和国使森林社区获得土地所有权
	巴西城市开始通过可持续交通计划重新规划城市区域
	美国公司部署新的可再生能源
	印度公司和中国特大城市设定宏远的温室气体减排目标
	社会团体利用公共信息系统保护森林资源

9.4 人力资源管理

9.4.1 组织机构

WRI采用矩阵式的管理模式,机构设立董事会,共31名成员,由著名企业家、学者等构成。机构日常运行由总裁等人主持,领导层共有27人,员工按照项目、中心、国际事务处、行政职能归属于不同部门。

WRI的项目部门分为气候项目、粮食项目、森林项目、全球能源项目、可持续城市项目、水资源项目、可持续海洋计划。

WRI共有4个交叉横切(cross-cutting)中心,分别为商业中心、经济中心、金融中心和治理中心。商业中心通过私营部门激励创新行动,支持可持续发展,直接与企业合作,制定解决方案,推动环境可持续发展并提升价值。经济中心帮助政策制定者采取高性价比的行动,在保护自然资源的同时提供有利于生态系统的必要服务,从经济分析角度对比传统发展方式与可持续发展方式的不同成本和效益。金融中心鼓励公共和私营部门对可持续发展领域进行投资,尤其是在发展中国家,通过各种方式(如环境和社会保障、公私合作等)确保融资能起到应有的作用。治理中心倡导赋权于民,支持各机构在决策时充分考虑社会公平和环保。

WRI除美国总部外,在全球范围内共设立8个事务处,分别位于中国、非洲、巴西、欧洲、印度、印度尼西亚、伦敦和墨西哥。

WRI共有5个行政部门,分别是执行办公室、联络部门、发展部门、科研部门及运营部门。

9.4.2 人才结构

WRI共有1000多名专家学者,31名董事会成员。行政人员141人,归属各项目专家共540人,归属4个中心专家共135人,归属全球各事务处共341人。

WRI通过在网上公开招聘,提供空缺岗位信息的方式招收全职员工与实习人员,空缺岗位几乎每周更新,并且提供提醒服务以便求职人员能够及时获取岗位信息，根据目前网站招聘信息，目前 WRI 仅接受具有专业学历或相关经历人员应聘，暂无通识岗位。

9.4.3 人员培训与交流

WRI 认为人才是其完成使命实现目标的关键，员工发展和终身学习与世界资源研究所积极影响世界的能力以实现战略计划中的目标息息相关，WRI 构建内部在线学习网络平台 LearnWRI，在该平台上，WRI 提供了系统的学习方案。

目前平台共有七大主题学习模块：合规培训（Compliance）、领导力与人员管理（Leadership & People Management）、研究与技术培训（Research & Technical Training）、运营管理（Operational Management）、发展与筹款（Development and Fundraising）、多元化、公平与包容（Diversity, Equity, and Inclusion）和其他（Other）。所有学习模块均有明确的注册指南以及各事务处的相关负责人及联系方式。

（1）合规培训（Compliance）模块

WRI 要求所有员工必须完成本模块的培训，提高对相关法律的认知与了解，清楚在工作中可能会涉及的法律知识。该模块的核心是诚信、信任和尊重。

该模块包括 5 部分学习内容，工作场所防骚扰（Workplace Harassment）、社交媒体（Social Media）、道德决策（MyReport: Ethical Decision Making）、骚扰与歧视（Harassment and Discrimination）、伦理方面（Ethically Speaking）。对于管理人员，另有包含工作场所骚扰界定等内容的特定课程。

（2）领导力与人员管理（Leadership & People Management）模块

在该模块，目前共提供三种不同的培训内容：领导力学院、领英学习、康奈尔大学网络课程。

领导力学院（Leadership Academy）是 WRI 内部培训及认证项目。该项目为期一年，每月课程主题不同，课程时长每月 4～5 小时，课程由高层管理人员、国际事务处负责人或者项目负责人教授。项目进行周期一般为当年

8月至次年7月。

领英学习（LinkedIn Learning）是由领英提供的多语种课程项目，授课内容包括但不限于建立信誉、成为思想领袖、管理相关的特别提示、管理组织变革、管理工作压力等。领英学习项目需由本人提出申请。

康奈尔大学网络课程（e-Cornell Courses）在康奈尔大学网上学习中心进行，WRI建议的领导力课程包括但不限于女性领导力、领导力要领、成为强有力的领导者、时间与优先级管理等。康奈尔网络课程由本人在eCornell网站进行注册。

（3）研究与技术培训（Research & Technical Training）模块

WRI十分注重员工的技能培训，在该模块部分研究所同样提供内部培训及外部培训。

内部培训为数据训练营（DataCamp），课程包括R语言、Python、SQL、Spark等。WRI的DataCamp项目自2018年11月份启动，为期两年，据网站提供的数据，已有50名来自世界各地的成员。

外部培训，WRI除了提供eCornell数据相关课程，还提供TechChange平台课程。TechChange平台主要提供有关使用技术应对社会和全球挑战的课程，其中包括区块链国际发展、数据收集和管理技术、可视化分析技术、国际发展中的人工智能、农业创新和技术等。

（4）发展与筹款（Development and Fundraising）模块

该模块的培训内容主要针对国际发展部门，为了更好地取得高质量筹款，国际发展部门需要了解"筹款的3C原则""WRI筹款最佳实践""捐赠人需求"等内容。

（5）多元化、公平与包容（Diversity，Equity，and Inclusion）模块

尊重是世界资源研究所的核心价值观，WRI尊重所有人不同的文化、思想、意见，鼓励所有人畅所欲言、发挥各自才能，因此在践行"尊重"价值观方面，制定了长期计划，具体课程需登录员工账号才可查看。

此外，WRI还建议员工进行内隐偏差测试（implicit bias test），该测试免费且保证结果仅本人可查看；阅读《Blindspot盲点》，该书电子版可向

图书馆人员免费索取；观看马哈查林·班纳吉（Mahzarin R. Banaji）的相关Technology（技术）、Education（教育）、Design（设计）（TED）演讲。同时在外部培训平台上，员工可在领英学习中心、eCornell 上学习相关课程。

（6）运营管理（Operational Management）模块

该模块提供较为综合的培训内容，包括 WRI 课程概述、PC 端资源（Resources for PCs）、赠款与合同（Grants and Contracts）、财务计划（Financial Planning）等。各个部分均列有详细的建议课程。

（7）其他（Other）模块

该模块重点关注个人外部培训，内容包括特定专业技能发展项目（Program Specific Skill Development）、外部专业技能发展培训示例（External Professional Development Examples）、专业发展培训要求（Professional Development Request Guidelines）等。

特定专业技能发展项目主要包括与外部的沟通交流，鼓励员工参与外部交流会议或课程，管理人员应该努力寻求专业技能发展机会，并建议在职业发展初期就将他们的需求主动告知给人力资源部门。

外部的专业技能培训项目主要包括在线平台的自我学习，如前面提及的 eCornell、TechChange、DataCamp，以及语言课程、专业测试、Office 办公软件培训等。

只有通过 3 个月实习期，并且专业发展符合机构的职业发展规划的员工才有机会参与外部培训项目。如果员工有参与外部培训的需求，可联系全球各事务处的相关负责人。

9.5 资金财务管理

WRI 作为一家非营利性机构，其正常运行所需的资金主要依靠各基金会、政府、国际组织、企业、个人、NGO 等捐赠。在每年年报中，WRI 清楚披露机构当年的资金来源结构以及使用情况。其资金财务管理被全球首家智库财务透明度评级机构 Transparify 定级为最高级五星"高度透明"。

9.5.1 营业收入

WRI 的营业收入共有三个来源：捐赠与赞助、联邦拨款、禀赋资源。最新 2018 年财政年报显示 55% 的经费来自其他国家政府机构，15% 的经费来自各基金会，9% 来自个人及家庭基金会，8% 来自企业集团，6% 来自多边组织，5% 来自美国政府，2% 来自禀赋资源。

较 2017 年财政年报，2018 年营业总收入增加 1260.9 万美元，同期上升 12.8%，其中来自其他国家政府机构比例增加 6%、禀赋资源比例增加 1%，来自企业集团、多边组织的比例的保持不变，其余来源均下降。

图 9.1 为 WRI 2009～2018 年总营业收入变化情况。从中可清楚看到，其收入来年逐年增加，且上涨势头迅猛。

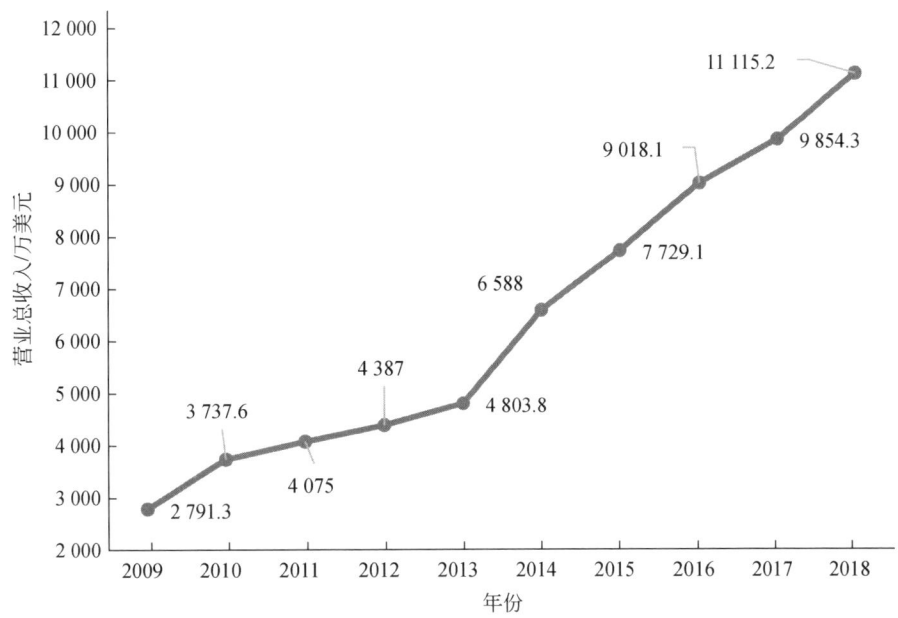

图 9.1　2009～2018 年 WRI 营业总收入情况

表 9.2 为 2009～2018 年 WRI 收入来源占比变化情况，可见，来自其他国家政府或多边组织的资金支持是最主要的收入来源，从 10 年平均来看，该项占比接近 50%，且数字逐年递增，在 2018 年超过了 60%。来自基金

会的资金波动幅度较大，总体来看是 WRI 重要的资金来源之一，近年略有下降趋势。来自企业和美国政府的资金总体明显呈下降趋势，来自企业的资金从 2009 年占比 24% 降至 2018 年的 8%，来自美国政府的资金支持总体占较少，10 年平均占比不足 10%，且在 2018 年降至 5%。

表9.2　2009～2018（10年）WRI收入来源占比情况　　（单位：%）

年份	其他国家政府或多边组织	基金会	企业	美国政府	个人	禀赋资源及其他收入
2009	33	21	24	9	6	7
2010	34	23	23	12	5	3
2011	31	29	19	11	5	5
2012	31	33	19	10	3	4
2013	44	27	15	8	2	4
2014	56	23	10	7	2	2
2015	55	28	8	6	2	1
2016	49	30	10	8	2	1
2017	55	28	8	6	2	1
2018	61	15	8	5	9	2
平均	44.9	25.7	14.4	8.2	3.8	3

从 WRI 营业总收入变化情况可以看到，其资金充裕、来源丰富，运营独立，且从占比变化情况可以看到近年来其他政府及多边组织资金来源资金增加，企业资金减少，WRI 越来越关注全球公益性而非商业性的环境资源问题。

9.5.2　运营支出

WRI 的运营支出主要包括三个部分：项目活动支出、行政运营支出、发展经费支出。WRI 2018财政年报揭示了各项目的支出占比情况，粮食、森林、水资源及海洋项目占33%，可持续城市项目占22%，气候项目占17%，四个中心占9%，共享及特殊项目8%，行政运营占6%，能源项目占3%，发展经费占2%。

较2017年财政年报，2018年总运营支出增加1039.7万美元，上升10.6%，其中气候项目比例增加5%，四个中心比例增加2%，粮食、森林、水资源及海洋项目，行政运营比例下降，其他几项支持比例保持不变。

从2009～2018年支出变化趋势情况来看（图9.2），与营业总收入类似，2009～2018年支出逐年递增，且上涨幅度明显，与收入对比发现，其营业收入几乎100%甚至超过地投入WRI的项目研究与运营维护。

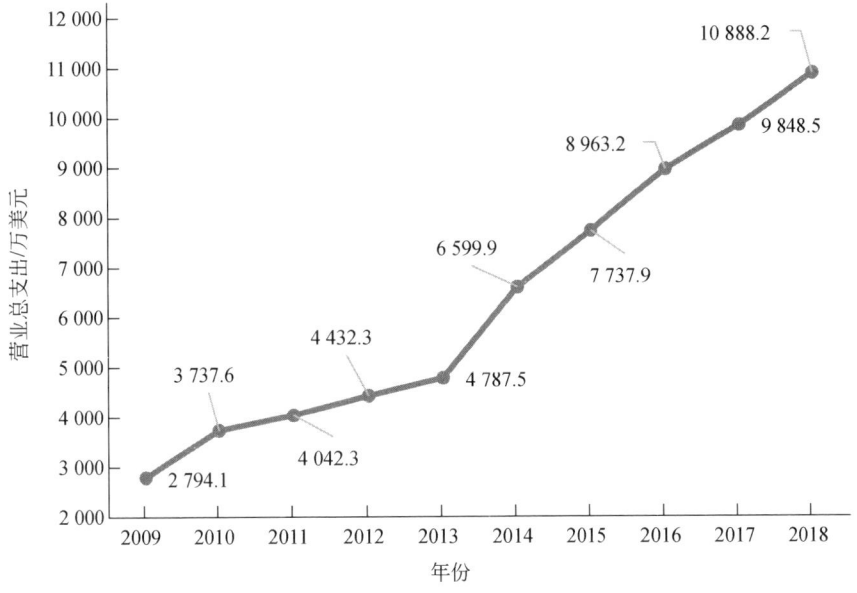

图9.2　2009～2018年WRI营业总支出情况

9.6　小结

WRI是一家全球性质的独立研究机构，是一家国际资源环境领域的顶尖智库，致力于环境保护、经济发展、民生改善等方面问题，以改善人类社会生存方式，保护环境以满足世代所需为使命，围绕"公正""创新""紧迫""独立""尊重"这5项核心价值观，借助数据产生思想影响决策，为当下环境社会问题制定解决方案，以期让自然资源能够更好更优地被利用，让社会更好地维护自然资源。同时依托全球超60多个国家机构办事处传播思想，旨在让地球变成一个平等繁荣的星球。

完善的人力资源管理体系、丰富的资金收入来源、严格的成果产出要求以及多元的传播渠道使得WRI这一属性明确的专业性智库，在各大综合榜单上均有不俗表现，既有专攻又顾整体，其运行机制值得深入探究。通过总结其在人才培养、来源收入、项目管理、宣传推广等方面的经验做法，为国内智库的未来综合实力提升及发展方向探索提供参考借鉴。

（1）完善培训体系，提升人才质量

智库是战略和政策的储备库，战略和政策是人才知识相互融合自然而然的产出成果。人才是智库最重要的组成部分，智库是由各类人才构成的。人才管理包括了人力配置、人才培养等各方面内容，WRI在人才培养和人才继续教育方面的举措十分值得国内智库借鉴。

重视员工职业发展路径，激发调动员工自主学习、终身学习的积极性，WRI通过设计全面的课程体系、提供丰富的课程内容以提高员工的专业化职业化水平。其课程内容包括从道德伦理到专业技能，从领导力能力到多元化包容的全球视野，从机构的运营管理到发展筹款，从个人发展到机构运营，宏观微观均有涉猎，形成了层次分明的人才质量培养提升系统。

除了从内部充分挖掘教学资源，WRI更是向外探索，将目光放到了外部学习平台。利用领英、eCornell、TechChange等线上平台的海量学习资源，为员工提供免费学习机会，有效缓解内部学习资源紧张问题，同时也是对机构内部知识库的补充和拓展。在WRI，员工可根据其自身职业发展规划及当下的工作节奏，自由安排学习内容和学习进度。

人性化的培训体系，合理全面地提供内外部学习资源，极大加强了员工专业化职业化水平，促进智库的长足发展。

（2）丰富经费收入结构，提高智库独立性

众所周知，美国智库在全球范围稳居领先地位，在其中智库的独立性和中立性起到了重要作用，而维持独立和中立的重要手段之一则是丰富经费来源，多样化收入结构。

WRI 有三大收入来源：捐赠与赞助、联邦拨款、禀赋资源。WRI 总部位于美国，但美国政府联邦拨款在总收入中的占比不到 10%（10 年平均），其最重要的收入来源是他国政府机构及国际多边组织，且占比逐年递增。本国政府资金投入少，对智库发展路径的干涉相对较少，这在一定程度上支持了智库的运行自主权及观点中立性。

中美政治环境不同，在中国，资金独立性未必是一流智库的必要条件，中国智库有其独特的定位与出发落脚点，但依然由此可找到借鉴之处。与美国智库不同，政府经费拨款是国内智库最重要的收入来源，充裕的资金是智库健康运行的重要基础，但经费来源单一的背后是风险承受能力相对较弱，该条资金链的变化会极大影响智库的未来发展前景，发展相对被动。

适当提高智库市场化水平，吸引多样资金的投入，增加社会资本的注入，提升机构抗风险能力，智库才有更多主动发展的可能性。

（3）严格成果产出要求，创造智库品牌价值

报告质量是智库的生命线，高水平的研究报告能够提高智库公众知名度和学术影响力，推动智库进一步发展。

WRI 对产出成果高要求、严控制，构建了一套全面严格的成果评估系统。研究成果有层次，工作文件及技术说明作为研究报告的前置文档，详细阐述研究方法及研究过程，成果科学严谨。研究成果耐检验，所有研究成果，包括技术说明这类过程文件以及研究报告这类成熟文档，在对外公开前均需通过同行评议，以确保其科研准确性。同时，WRI 建立数据共享平台，在该平台上公开过程数据，接受社会公众及学术同仁检验的同时鼓励大家对其进行更深层次的探索发现。

研究报告是智库成果对外呈现形式，是外界了解智库组织的重要媒介。在成果产出过程中加强质量把控，引入多级同行评议，丰富成果产出类型，

阐述研究过程，共享过程数据，为其他科研机构及社会公众提供二次验证的可能性，提高科研和公众可信度，提升智库学术声誉，增强智库学术科研影响力。

（4）拓展宣传传播途径，扩大智库社会影响力

丰富优质的宣传渠道是研究成果得以快速传播的重要因素，"何谓酒香时未识，唯恐巷深人不知"，高质量的成果产出配合丰富的宣传渠道，量大面广的传播扩散，才能使成果产生最广的社会影响力，获得最多的社会效益。

WRI结合自身机构特点，依托分布全世界的国际事务处，利用自身优势将研究成果推广至世界各地。同时，充分利用新技术，建立开放数据平台，主动共享研究数据，公开研究成果及过程数据，提供一系列的可视化数据，通过演示文稿、视频等形式在平台上进行视觉展示。既增进了与同行之间的沟通交流，也表明了研究成果经得起检验的态度，进一步扩大了自身的学术影响力。

在新媒体环境下，在专业学术会议交流之外，充分利用社交媒体，扩大研究成果及机构本身的网络及社会影响力，通过打造智库产品和智库专家品牌，提高社会公众知名度。在倡导共享的大环境下，提高学术透明度，共享部分研究成果，通过通俗易懂的形式对外公开，提升研究成果的覆盖率、转化率，加强智库与社会公众之间的联结，提高社会声誉和影响力，实现智库应有的功能和价值。

第10章　韩国开发研究院

10.1　智库概况
10.1.1　定位

韩国开发研究院（Korea Development Institute，KDI）成立于1971年3月，是韩国社会科学领域的第一个智库，也是韩国第一个现代型智库。当时韩国经济处于低迷时期，迫切需要一个集中的、专门的智库来为经济发展制定中长期规划。在这样特殊的时代背景下，KDI 计划依照美国布鲁金斯学会的模式建立、运营，其本质是受政府支持和监督并为政府服务（张雷生，2016）。

KDI的使命是"引领新经济范式改革"，为社会发展出谋划策。自成立以来，KDI 通过对宏观经济学、金融、社会保障、工业、贸易、竞争政策和朝鲜经济等问题进行全面深入的研究，为韩国政府合理制定政策和体制改革做出贡献。随着时代的变化与发展，KDI 不断与时俱进，其下个目标是成为一个全球性的智库。

KDI 的运营目标是：创新研究环境、开创符合时代精神的创新性研究、创造世界一流的研究成果、提升研究成果的传播品质。[①]

10.1.2　简要发展历程

自1970年成立以来，KDI 经历了五个发展时期：20世纪70年代"经济设计，促进繁荣"、80年代"应对变革的浪潮"、90年代"应对经济全球化及危机"、21世纪00年代"迈向21世纪的发达经济"、21世纪10年代"全

[①] Korea Development Institute. Information. [2020-03-20]. http://www.kdi.re.kr/information/down/Management_objectives_2018.pdf.

球经济危机后引领韩国经济"[1]。

第一阶段：20世纪70年代"经济设计，促进繁荣"。

在这个时期，KDI研究人员参与了韩国经济规划委员会组织的五年经济计划、三年滚动计划、年度经济管理计划的制定。此外，KDI与哈佛国际发展研究所（HIID）合作研究了韩国从1945年解放到20世纪70年代中期的30年社会经济发展，并分别用韩语和英语出版了题为《大韩民国经济和社会现代化》共十卷系列研究成果。除了以政策为导向的经济研究外，KDI也对健康保险、工伤事故保险、养老金和退休基金、失业保险，以及收入分配等社会福利问题进行分析。通过建立适当的定义和衡量方法，KDI对发达国家使用的社会指标进行了修正，以确保其在韩国的适用性。

第二阶段：20世纪80年代"应对变革的浪潮"。

当时韩国的经济实力进一步集中在财阀手上，对政治和社会产生了很大的影响。在这样的背景下，KDI着手研究人口、就业、文化、妇女和环境等各个领域的基本统计数据，完善了社会指标体系，为引进国民养老金制度奠定了基础。同时开始研究朝鲜经济，分析双方经济合作的前景，并帮助制定朝韩经济对话以及随后朝韩高级别对话的相关政策。在贸易方面指出，通过关税和非关税贸易壁垒的国内保护措施阻碍了国内产业的国际竞争力，并提出了以统一关税税率和进口自由化为中心的关税改革。此外，在农业、企业管理等领域，KDI也都提出了相关改革建议。1985年，KDI与其他11家智库共同合作研究名为"2000年韩国经济展望"的项目。

第三阶段：20世纪90年代"应对经济全球化及危机"。

在1997年的亚洲金融危机中，韩国是波及最严重的国家之一，国家濒临破产。1998年4月，KDI公布了攻克经济危机和结构改革的综合措施，为韩国走出经济危机提供了各种政策工具。在金融危机之后，KDI的研究课题开始扩大，以解决国家经济体系中更广泛的问题。在这一时期，KDI开启与哈佛国际发展研究所的第二项合作，对韩国的经济增长过程进行了研究，并

---

[1] Korea Development Institute. History. [2020-03-20]. http://www.kdi.re.kr/information/history.jsp.

出版了三卷丛书介绍韩国社会经济发展的过程。

第四阶段：21 世纪 00 年代"迈向 21 世纪的发达经济"。

KDI 努力提出全面的中长期政策措施，以实现经济的可持续增长，同时加强微观经济研究，以创新和改善市场结构。为了从经济角度解决教育和住房等社会问题，KDI 不仅大力开展与韩国其他研究机构的合作，而且还积极与世界银行和 OECD 等国际组织密切合作，从而不断促进研究的国际化。2001 年，KDI 联合 16 个研究机构、学术单位和公民团体共同开展了一项名为"2011 愿景"的研究，并出版了《2011 年愿景：开放的社会，灵活的经济》。在这一时期，KDI 的研究开始关注如何应对中国的崛起，认为它不仅会对韩国的政治和经济局势产生重大影响，而且还将对朝韩的经济合作产生重大影响。

第五阶段：21 世纪 10 年代"全球经济危机后引领韩国经济"。

2008 年来自美国和南欧的两轮全球经济危机极大地增加了韩国内部和外部的不确定性，KDI 努力来寻找新的经济增长引擎，并通过实现福利、平衡增长和经济民主化来建立稳健的经济结构。此时的 KDI 认识到，要有一种新的经济发展范式来实现共存和共同繁荣。

从上述 KDI 的发展历程可见，其研究的侧重点随着时代的发展和经济形势的变化而变化，研究的内容在不断地扩展与深化，合作的对象在不断地增加，开放程度变大。但它的目标和本质始终不变，即致力于韩国经济的增长和社会的稳定。

10.1.3　声誉及智库排行

KDI 是韩国第一智库，在国际智库上也享有较高的声望。在 2020 年 3 月，浙江大学发布的《全球智库影响力评价报告 2019》之全球智库榜单中，KDI 排名第 20，位居韩国智库之首；全球综合类智库榜单中，排名第 9，居前 50%；经济领域智库榜单中，排名第 14，社会政策领域智库榜单中，排名第 12。

根据美国宾夕法尼亚大学发布的《全球智库报告 2019》，KDI 在全球顶尖智库综合榜(含美国)排名第19,全球顶尖智库综合榜(不含美国)排名第6。同时它也被评为中、印、日、韩地区2016~2018年度最佳智库,在国内经济政策领域排名第9,居前50%①。

可见,KDI在上述两个榜单上排名相差不大,且都比较靠前。这在一方面反映了其实力经得起不同指标和维度的评价,另一方面也在某种程度上表明了两个榜单的可信度和可验证性。

10.2 研究概况

10.2.1 当前研究热点及主题

KDI优先研究的领域及重点集中在经济问题的分析②。其宗旨是通过对核心经济问题进行分析,提高政府和公众对经济的了解,并为其提供有效的政策选择。

KDI研究主题集中在经济政策与战略、知识经济、市场与机构、公共财政与社会政策、宏观经济分析与预测、朝鲜经济和全球经济研究六个方面,具体的研究主题见表10.1。

表10.1　KDI研究主题与具体方向

研究主题	具体方向
宏观经济学	经济趋势与展望、经济问题分析、经济增长、消费投资进出口与国际收支、价格利率和货币政策、宏观经济模型、财政平衡与财政政策、宏观经济管理与增长战略、宏观审慎政策、世界经济与经济危机
金融学	企业财务、房地产、金融监督与政策、消费者金融、银行及金融机构、资产价格确定、金融市场结构、风险管理等
规制	市场法规:准入、价格、质量法规;企业规制:销售、资格限制;监管研究:网络行业、服务业;监管总局等

---

① McGann,James G. "2019 Global Go To Think Tank Index Report". [2020-02-01]. https://repository.upenn.edu/think_tanks/18.
② Korea Development Institute. Research.[2020-03-02].http://www.kdi.re.kr/research/kdi_focus.jsp.

续表

研究主题	具体方向
法治经济	竞争政策；市场架构；消费者权益与保护；企业研究：企业战略、组织与治理、国企研究、法律经济学等
劳动	人口、就业/失业、工资、劳动生产率、工资不平等、劳资关系、特定劳动力市场等
教育	幼儿教育、中小学教育、高等教育、职业教育、普通教育等
产业领域	行业研究：农业、制造业、服务业；贸易结构与政策；生产力和企业动态；技术创新与创业；中小企业；环境与能源等
国际经济	贸易、投资、国际金融、国际宏观等
财政	税收、政府预算、中央和地方政府、财政政策等
社会福利	福利政策、贫困、收入再分配、医疗卫生、退休金、其他福利等
朝鲜经济	朝鲜对外贸易、南北经济合作、朝鲜政策、统一政策、比较经济、体制转换经济、朝鲜经济评论等
公共投资	公共投资政策、公共投资评估方法、财政投资评估、民间投资、特殊税收评估、财政投资评估指南、民间投资指南、公共机构投资评估指南、教育资料、其他公共投资等
国土基础设施	土地政策、城市规划与城市工程、交通及物流、选址政策、区域经济、国土基础设施等
国际发展合作	国家政策咨询、韩国发展经验、其他国际发展合作等
经济教育	学校经济教育、经济常识教育
经济信息	经济政策信息、综合经济信息、民意调研

10.2.2 项目质量管理

KDI 采取了一系列措施来保证自身的研究质量。首先，在项目开始前，成立研究咨询委员会，对课题进行可行性评估和质量把控。其次，在研究的过程中，会有专家委员会成员或是特邀的专家进行指导。最后，在研究成果的发布上，由专业的团队进行。该团队既有媒体运营方面的专业人才，又有专业的研究人员，对研究结果进行二次确认和创作，并针对不同的对象作出相应的科普以确保公众能理解，从而做出合理的选择。

此外，KDI在网上通过论坛、意见反馈、研究建议等板块与公众进行互动。公众可以在"参与广场"上提交研究项目提案（图10.1）[①]，KDI会对提案作出及时反馈。对那些给出优质研究提案的人，KDI会给予奖励，如免费提供一年的KDI期刊。KDI通过多元化的沟通渠道，就研究达成共识，同时也与政府和国民议会保持密切沟通，以提高研究结果在实际政策中的可用性。通过这样的方式，KDI确保研究成果的公开、透明、受大众监督，并能及时根据建议进行反馈从而不断提高自身的研究品质。

图10.1　韩国开发研究院研究项目提案

10.2.3　项目成果的传播与影响

KDI项目成果的传播方式主要有两种：一种是通过新兴媒体进行数字化传播，如在官网、Facebook等网络上进行传播；另一种是通过传统媒体进行

[①] Korea Development Institute. Information. [2020-03-02]. https://www.kdi.re.kr/information/suggestion_list.jsp.

传播，如出版纸质的报告、期刊，成立历史馆、接受电台采访等。

数字化传播方面，KDI 自 1971 年成立以来所有的研究成果都可以以 pdf 的形式从官网下载。研究成果主要包括：完整的研究报告、期刊、研究资料、知识共享项目等，光完整的研究报告就多达 5301 份[①]，平均每年约 108 份。KDI 将 20 世纪 90 年代之前出版的纸质版报告数字化后公开于官网，成为研究当时韩国社会经济的宝贵资料。

KDI 官网上可阅读的期刊有《KDI 经济展望》《KDI 每月经济趋势》《朝鲜经济评论》《奈良经济》《经济简报》《KDI 经济政策杂志》等。以《KDI 经济展望》为例，从 1982 年发行至今共有 111 期，平均一年 2~3 期。对于一些重要的报告，如年度报告，KDI 都会有韩语和英语两个版本。而对于大多数报告，除了可全文下载外，都有摘要或目录，可方便公众快速了解其研究成果。

此外，KDI 还推出免费新闻推送功能。读者订阅后，每天早上可收到 KDI 发送的研究报告、KDI 新闻、经济政策信息、国内外机构数据等讯息。同时 KDI 也十分善于利用新兴媒体，如 Facebook、YouTube 进行宣传推广。KDI 在 YouTube 的宣传视频从左到右依次为 KDI 宣传视频（2016）、纪念 KDI 成立 40 周年的活动（2011）、祝贺 KDI 成立 40 周年（2011）宣传视频（图 10.2）。

除了上述网络传播手段以外，为了满足不同读者的需求，KDI 也十分重视传统媒体的传播，来扩大其研究成果的影响力。比如为了尊重不同读者的阅读习惯，KDI 推出了图书会员服务，为年度会员提供当年公开发行的全部出版物（非公开数据和发行限制除外）的纸质版本。对于过往的报告或者非年度会员用户，也可以单独购买自己感兴趣的报告，在线付款后可在线下收到纸质版本。同时对于线上购买的用户，KDI 提供了 10% 的折扣。

---

① Korea Development Institute. Report.[2020-02-03].http://www.kdi.re.kr/research/report_all.jsp.

图10.2　韩国开发研究院宣传视频资料

韩国开发研究院宣传视频. [2020-02-03].https://www.kdi.re.kr/information/pr_media.jsp.

为了更好地展示其研究成果，KDI 也在其二楼大厅内专门建了一个历史馆。历史馆主要用于展示 KDI 的发展历程、对韩国社会经济有重大贡献的主要案例、研究人员、全球知识合作项目等内容，公众可以通过电话和邮箱预约后免费访问历史馆。历史馆所展示的内容全部都是英文版的①。

此外，KDI 智库的学者们也会受邀参加韩国电视台的一些节目，参与一些国际合作项目，举办知识经济相关讲座。这些活动在一定程度上助力了 KDI 项目成果的传播，加强了其在国内和国际的影响力。

10.2.4　项目研究基础设施和条件

KDI 项目研究基础设施和条件主要包括丰富的数据资源和图书馆等。在数据途径方面，KDI 有完善的信息公开与保障体系，能够通过多种渠道获得准确、全面的资源和数据，对研究进行服务与支撑，保障智库研究成果的科学性和有效性。

---

① Korea Development Institute. History.[2020-03-02]. http://www.kdi.re.kr/information/pr_history.jsp.

1）开放的公共数据：KDI 公开的数据集由国家机构、地方政府、公共机构依法提供，这些数字化后的公共数据（如数据库、电子文件等）有约 30 654 条，包括了档案资料、开放 API（应用程序编程接口）、标准数据、国家重点开放数据、发行数据、国家数据图等。其中文件数据有 30 654 条，开放 API 共 3333 个，标准数据 120 条。如国家重点开放数据板块，KDI 开放了 36 个主要领域，可供公众自主选择的海量数据，如图 10.3 所示。KDI 有完善的信息披露机制，向公众开放其数据源，在何种基础上运用何种方式得出的研究结论都有迹可循①。

图10.3　KDI数据集

https://www.data.go.kr/en/index.do

2）KDI 图书馆：1971 年研究所成立的同时也建立了图书馆，于 1985 年开始进行图书馆信息化改革，并于 1995 年在互联网上发布了图书馆在线目录。

---

① Korea Development Institute. Publicdata. [2020-03-02]. http://www.kdi.re.kr/goverment/publicdata_open.jsp.

从那时起，KDI 就建立了一个电子数据集成系统（2001 年版），订阅了各种学术和统计数据库、电子书等，并建立了一个基于 Web 的图书馆系统来容纳新的学术信息，为 KDI 的项目研究提供了最佳的服务。

KDI 图书馆系统地收集和管理由政府和公共机构生成的统计数据，以及由 OECD、联合国（UN）和国际货币基金组织（IMF）等国际组织创建的各种统计数据，形成了国内和国外两类数据库。国内数据库包括韩国银行经济统计、韩国社会化科学数据中心、韩国贸易统计、韩国就业和劳工统计、每月进出口统计等。

代表性成果包括发行期刊、提供报告、KSP 项目。

KDI 的三个中心，经济信息教育中心、公共和私人投资管理中心和国际发展合作中心都有代表性的优秀成果，分别为公共产品——期刊、项目产品——报告、KSP 项目。

10.3　代表性成果

KDI 的三个中心，经济信息教育中心、公共和私人投资管理中心和国际发展合作中心都有代表性的优秀成果，分别为期刊、报告、KSP 项目。

10.3.1　期刊

经济信息教育中心有 5 种代表性的期刊：《奈良经济》《经济简报》《KDI 经济展望》《KDI 经济趋势》《KDI 朝鲜经济评论》。截至 2020 年 3 月，这些期刊加起来共有 1381 期，均可在官方网上直接阅读与下载。

（1）《奈良经济》

它是韩国唯一一个由 KDI 和 16 个经济部门共同创办的月度经济政策信息期刊。最早一期发布于 1990 年 12 月，目前共有 353 期。

（2）《经济简报》

它是 KDI 出版的英语经济政策月度期刊，旨在增加外国人对韩国经济的了解。最早创办于 1992 年 6 月，目前共有 309 期。

（3）《KDI 经济展望》

该期刊主要分析韩国国内外的经济情况，并在此基础上预测中期经济发展趋势，提出不确定因素和应对方向。它最早创办于 1982 年 4 月，一开始是季刊，一年有 4 期，从 2007 年开始成为半年刊，一年有 2 期。截至 2020 年 3 月，共有 123 期。

（4）《KDI 经济趋势》

该期刊主要研究宏观经济问题，基于数据对宏观经济各项指标提出趋势分析。它最早创办于 1991 年 8 月，以韩文和英文双语发布，是月刊。目前共有 343 期。

（5）《KDI 朝鲜经济评论》

该期刊主要研究朝鲜经济现状，并对北韩与南韩之间的经济合作以及经济一体化有关问题进行分析。它最早创办于 1999 年 1 月，是月刊，目前共有 253 期。

10.3.2 报告

KDI 的公共和私人投资管理中心主要以各种评估报告为政府、企业和个人服务，为大型财政投资项目提供初步的可行性研究报告，为项目总成本管理提供可行性研究报告，为私人投资业务计划提供评估报告，以及其他相关报告。当前 KDI 官网可查的报告包括：①初步可行性研究报告 747 个；②可行性研究报告 260 个；③专题研究报告 75 个；④深入评估报告 40 个，此外还有税收专项绩效评估报告等[1]。这些报告也是 KDI 服务收入的主要来源。

除了公共和私人投资管理中心外，KDI 的研究人员也在各种专业的领域提供专业的研究报告，通过全面的理论和实证分析，提出中长期发展的任务和方案。截至 2020 年 3 月 KDI 共提供了 506 个专业领域研究报告。

此外，KDI 针对政府政策课题，通过对国内外经济案例分析提出了一系列的对策，形成政策研究丛书，内含 693 个报告。

---

[1] Korea Development Institute. Research.[2020-03-02]. http://www.kdi.re.kr/research/report_pimac.jsp?classcd=F1.

10.3.3 KSP 项目

知识共享计划（KSP）是一个基于知识发展的合作项目，通过利用韩国的发展经验和知识来为合作国家量身定制政策的研究、咨询和能力建设等。该项目于 2004 年推出，已成为 KDI 的一个主打品牌，是 KDI 在全球发挥影响力的重要方式。

KSP 项目流程如下："合作发展政策研究→提供韩国和主要国家的政策经验→发现区域和国家的合作需求→进行联合合作项目→为发展中国家经济发展提供支持"。KDI 通过 KSP 项目开展与国际组织的合作研究活动，创造协同效应，实现良性循环，发挥了韩国在知识共享平台中的领导作用。

目前，KSP 已完成了 448 项合作项目，如 2017/2018 年度与缅甸的知识共享计划，以及与乌克兰、秘鲁、巴拉圭、蒙古国、白俄罗斯等。目前，KDI 知识共享计划合作的国家多达 76 个，分布地区如图 10.4 所示。合作的领域有宏观经济政策，科学 & 技术，乡村发展，文化、体育、旅游，劳动力市场，其他社会政策，公共财政，经济发展计划，工业和贸易政策，国土开发等。

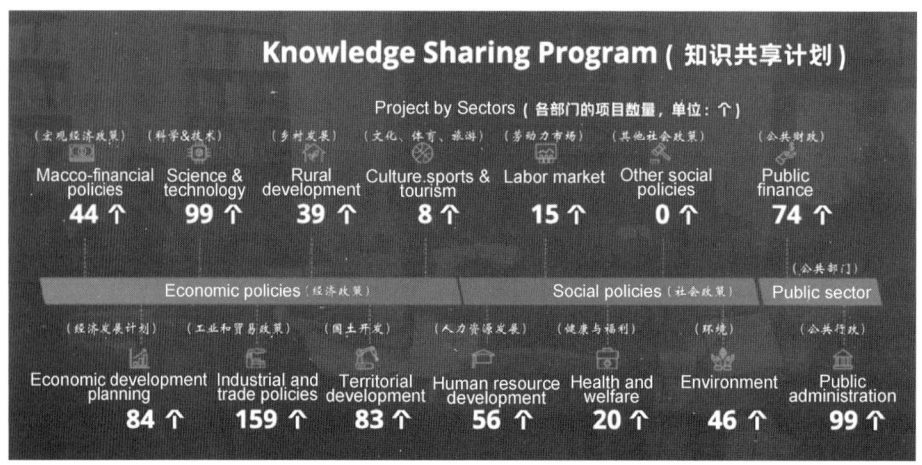

图10.4　KSP项目合作领域分布图

资料来源：Korea Development Institute. KSP .[2020-03-02].http://www.ksp.go.kr/english/index.

10.4 人力资源管理

10.4.1 组织机构

KDI 致力于"在综合研究基础上,及时提出切实可行的政策选择"。为了实现这一目标,KDI 灵活地设立了各级部门与组织,在院长和分管科研、行政的副院长领导下开展日常工作。其组织机构情况如图 10.5 所示。

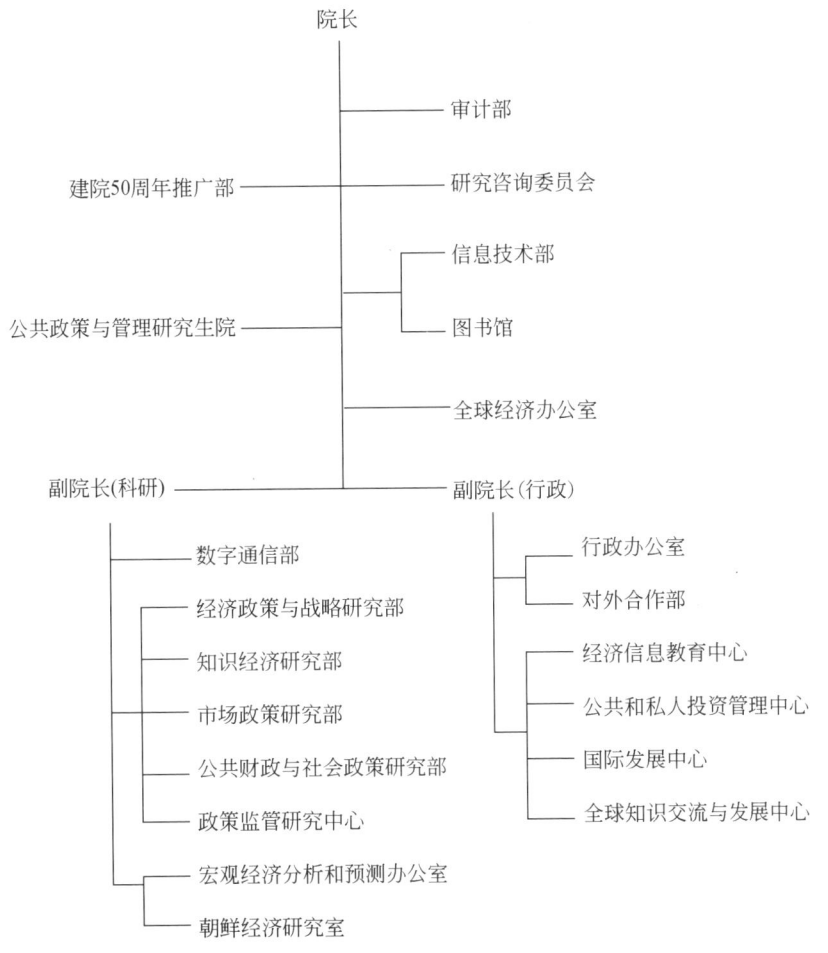

图10.5 KDI组织机构图

资料来源:Korea Development Institute. Organogram. [2020-03-02]. https://www.kdi.re.kr/information/department_organogram.jsp.

KDI院长由政府任命，需要随时接受总统的单独召见（张雷生，2016），一般在任职期间会兼职KDI公共政策与管理研究生院的院长，并且都曾有过在政府任职的经历。例如，第一任院长金满提（Kim Mahn Je）和第二任院长金基焕（Kim Ki-Hwan）都曾担任过副总理兼经济规划大臣，自第九任到第十二任院长都担任过总统办公室经济事务秘书[①]，"旋转门"机制明显。

直属于院长的部门可以分为三类：一类是常规的，如审计部、信息技术部、图书馆和公共政策与管理研究生院，服务于KDI日常的财务、数字化办公、资源、研究生培养等方面；一类是机动的，根据短期目标而临时组建，如建院50周年推广部和全球经济办公室，分别为2021年建院50周年和G20峰会服务；还有一类是不固定成员的研究咨询委员会，其职责是对将要进行研究的课题成立专家组进行讨论，确保研究的科学性、前瞻性和实效性。

直属于分管科研副院长的部门大多都以研究为主，包括数字通信部、经济政策与战略研究部、知识经济研究部、市场政策研究部、公共财政与社会政策研究部、政策监管研究中心、宏观经济分析和预测办公室、朝鲜经济研究室。此外还有一个专门负责将上述各部门的研究成果在网络和社交媒体发布的数字通信部。

直属于分管行政副院长的部门有两类：一类是服务于日常人事管理和对外公关的部门，包括行政办公室、对外合作部；另一类是负责研究以及成果交流的部门，包括经济信息教育中心、公共和私人投资管理中心、国际发展中心、全球知识交流与发展中心。从规模来看，经济信息教育中心（61人）、公共和私人投资管理中心（95人）、国际发展中心（58人）是整个KDI最大的三个部门，主要负责将知识二次创造，进行知识的传播、转换、教育和推广。和前面直属于科研副院长的政策监管研究中心（38人）一样，它们都有独立的网站，是KDI的四大中心。其网站设计也与KDI官网一

---

① Korea Development Institute. Information. [2020-03-02]. http://www.kdi.re.kr/information/director_list.jsp.

脉相承，由中心问候语、组织结构、成立的目的、下属机构等部分组成①。

从上述 KDI 组织机构的介绍，可以总结出 KDI 的两大特色：第一，重视研究的时效性，根据研究需求及时成立或调整相关部门，反应迅速；第二，重视研究成果的转换和被公众理解的程度，负责这些任务的部门和纯科研的部门占比相当。KDI 不同部门各司其职，又紧密联系，在功能上互补并互相强化。

10.4.2　人才结构

根据 2019 年 1 月 KDI 发布的《KDI 审计报告 2019》②显示，KDI 当时总人数为 631 人，其中正式人员 550 人，编外人员 81 人。人才结构中，研究人员共 477 人，非研究人员 153 人。

10.4.3　人才激励与评价

KDI 认为智库最重要的资产是称职且专业的研究人员。通过不断反思人员管理政策，采取一系列举措来吸引优秀的研究人员加入，努力提升专业的人事管理水平，KDI 为研究人员创造了良好的研究环境。人才的激励与评价具体措施如下。

第一，与国际组织积极交流，不断挖掘潜在的人才。KDI 为了吸引和招揽优秀人才采取的做法有：由院长亲自带队从世界一流大学中选拔社会科学领域即将毕业的博士生；通过在国际上发布招聘计划、KDI 相关介绍指南、就业安置制度等，引起潜在人才的注意和兴趣。

第二，制定专业的职业培训计划，提供成长机会。对于入职后的研究人员，KDI 建立了完整的职业培训流程来提升科研人员的研究能力："制定教育计

---

① Korea Development Institute. Economy_info.[2020-03-02]. http://www.kdi.re.kr/kdicenter/economy_info.jsp.
② Korea Development Institute. Opened_gate .[2020-03-02]. http://www.kdi.re.kr/goverment/opened_gate_list.jsp?sgubun=D.

划→教育计划和未来工作申请计划→实施→完成培训后发布绩效报告和工作申请书"，新进人员可以根据流程进行学习。同时，KDI 也为员工攻读"国内外研究生院的硕士和博士学位"提供支持，以提高员工专业获取知识的能力和研究的能力。此外，KDI 也会给科研人员提供国内外的交流机会，如去 KSP 合作国家参加实地调研活动，参加全球智库指数发布会（美国）、参加民主研究与发展网站（Democracy R&D Network）举办的国际会议（英国）、主持和召开一些国际学术会议，如举办以"发展中国家的挑战和方向"为主题的 2019 年全球知识共享论坛。

第三，构建专业的人事管理以及合理的评价体系。KDI 建立了对绩效有明确补偿的年薪制，收入水平和工作业绩密切相关。根据 KDI 2018 年报显示[①]，KDI 人均年薪为 5.4 万美元，高于韩国银行发布的 2018 年韩国人均年收入 3.1 万美元。如果业绩突出，同等级研究人员的收入最高有 30% 的差距（李国强和陈波，2013）。对那些终生从事研究活动的研究者实行带有名誉性质的定年退职制度。此外，KDI 对研究人员的评价以中长期结果作为评价基础，提高绩效评估系统的透明度和公平性，使评价更加合理。

第四，优化组织结构，通过一系列举措为研究人员提供支持。例如，设立副院长及办公室，最大限度地提高研究能力和管理效率，积极响应研究人员的研究需求；制定系统的研究计划，并促进研究部门之间的协作和分工；通过最大化协同作用融合部门之间的业务合作和职能，领导跨学科研究。

10.5 资金财务管理

KDI 的资金由两部分组成：一部分来自韩国政府的拨款，另一部分来自对外服务获得的收入。韩国智库没有固定的财政拨款，所有财政经费均以项目预算的形式下拨（蒋晓飞，2016），各研究院向国家经济和人文社会科学

---

① Korea Development Institute. Report.[2020-03-02]. http://www.kdi.re.kr/research/report_etc.jsp?pg=2&pp=10&mcd=001002006.

研究会（NRCS）上报研究计划和预算，经过批准后，NRCS提交国会通过，财政部按照预算直接向各研究院下拨研究经费。KDI也不例外，从其系列年报来看，2017~2019年，KDI收到的财政拨款年平均约600亿韩元，折算成人民币约3.4亿元。

除完成NRCS批准的研究计划以外，KDI也接受外部的委托研究。KDI的服务收入约占总资金来源的43%，包括外部委托项目、研究生院学费收入等。2019年，KDI受外部机构（以政府为主）委托提供的服务报告共有30个，如《中韩创新与包容性增长共同研究》《国家财产管理制度效率研究》《国家中长期战略制定》《免税区区域创新发展计划的政策研究》《系统综合开发计划初步可行性研究：以市场需求为重点》等。委托研究项目不需要报NRCS批准，不用接受NRCS的评估（李国强和陈波，2013）。

KDI具体的财务收支情况可参考表10.2。

表10.2　KDI 2019年度财务预算表　　　　（单位：10^6韩元）

	类目	KDI	研究生院	总计
收入	**1. 政府拨款**	41 539	18 919	60 458
	人工成本	29 494	8 572	38 066
	日常经营费用	2 749	1 626	4 375
	机构运营专项经费	5 044	2 738	7 782
	一般经营费用	4 252	5 983	10 235
	设备费用	—	—	—
	2. 服务收入	31 335	6 688	38 023
	委托业务收入	30 785	3 941	34 726
	利息收入	150	80	230
	其他收入	400	598	998
	学费收入		2 069	2 069
合计		**72 874**	**25 607**	**98 481**

续表

类目		KDI	研究生院	总计
支出	1. 人工成本	36 588	9 705	46 293
	2. 研究项目经费	32 408	12 978	45 386
	3. 日常运营费用	3 878	2 924	6 802
	4. 设备费用	—	—	—
合计		**72 874**	**25 607**	**98 481**

10.6 小结

KDI 是韩国社会科学领域的第一个智库，也是韩国第一个现代型智库。它把引领新经济范式改革，为韩国社会发展出谋划策作为使命，致力于成为一个全球性的智库。它对自身发展定位高，拥有高质量的经济期刊等代表性成果，坚持以人为本的管理理念且善于宣传。韩国作为我国的近邻，在文化、价值观、思维方式等方面与我国有着极大的相似性，学习和研究 KDI 的经验，对我国高水平的智库建设有着重要的借鉴意义。

结合前面的分析，下面将从智库定位、研究成果、人员管理、品牌宣传四个角度来阐述 KDI 的特色及对我国智库建设的启示。

（1）全球视野，追求卓越，定位高端是智库未来发展的重要认知

KDI 在其发展的规划中，将成立 50 周年的 2021 年视作"全球性智库"的第一年，视野从为本国经济和社会的发展服务转向全球。在全球化、信息化飞速发展的当下，KDI 将"引领新经济范式改革"作为自己的使命，始终强调要站在最前沿，及时提出切实可行的政策选择，从而实现向世界一流智库的飞跃。

"眼界决定境界，格局决定结局"。KDI 当前所取得的成就很好地印证了这一点。对于我国那些与 KDI 背景相似，起点就是全国顶尖的同类智库而言，拥有全球的视野以及高标准、高定位显得尤为重要。立足于本国，面向全球，建设世界一流智库，发展一批"全球性智库"应成为我国顶尖智库今后发展的重要方向。

（2）成果一流，质量保障，强大的实力是智库的立身之本

优质的研究成果是智库的生存之本。"打铁还需自身硬"，心气再高没有实力不行，研究机构始终要靠研究成果说话。以KDI为例，其每年的研究报告100多份，以各种经济研究报告为主。同时有《奈良经济》《经济简报》《KDI经济展望》《KDI经济趋势》《KDI朝鲜经济评论》5本代表性期刊，以及KDI政策研究丛书等代表性成果。此外，KDI的政策导向是"以消费者为中心"，为政府、企业和个人提供各种项目的评估报告，其中服务报告以政府为主，每年30份左右。2018年KDI通过外部委托业务获得的收入占其资金来源的43%。

KDI之所以能产出这么多高品质的研究成果，其经验有以下三点。

第一，通过跨学科协作研究，突破研究的局限性。KDI为各研究部门不同领域的跨学科合作研究提供了良好的环境，不同中心和部门在不断发展各自的专业领域外，通过有机协调来实现彼此间互动的最大化。通过这种方式来解决各种新兴社会和经济中单一学科无法解决的难题，突破局限，加大创新力度。

第二，与全球领先的顶尖智库开展联合研究，增强国际竞争力。KDI与哈佛国际发展研究所（HIID）、布鲁金斯学会、OECD、国际货币基金组织、世界银行、亚洲银行等全球100多个机构都有业务合作，其中KDI推出的知识共享计划（KSP）更是大大提高了其国际地位和影响力。全球经济办公室推动了KDI研究成果在全球范围内传播。此外，KDI还推出激励机制来鼓励研究人员发布有国际影响力的研究成果，许多研究报告都以英文发布，并制作了许多英文视频报告。在立项时，对需要国际联合研究的课题给予政策倾斜，极大地促进了其国际研究能力，增强其在全球智库中的竞争力。

第三，以消费者为导向，保证成果的专业性、领先性和实效性。KDI充分考虑公众的各种需求，以面向未来的政策研究为核心，重点支持和发展此类长期的政策研究。例如，长期专注金融、房地产等经济领域以及低出生率、老龄化、社会两极分化等新兴社会问题。通过制定完整的研究计划体系，从发现问题到提供各种有效应对政策来优化经济发展模式并为经济和社会的发

展提供监管体系,为未来社会做准备。KDI 通过多种沟通渠道达成政策研究共识,如在一些论坛、官方网站及现场讨论、征求意见等来扩大研究的开放性,加强与消费者的交流,让研究尽可能反映出消费者的意见。通过与市场建立这种良性的循环体系,来保证自身研究的专业性、先进性和实效性。

(3)以人为本,评价合理,优秀的研究团队是智库发展的动力之源

智库(tank)的生命力是优秀的研究人员(thinker),机构再好,如果没有优秀的研究人员,也不会有优秀的研究成果。"以人为本"是 KDI 的管理理念,同时 KDI 也颁布了"员工人权管理章程"来保证员工的各项权益。

KDI 对人才的重视和优秀管理经验可概况为以下几点。

第一,建立合理的人才评价体系。KDI 对研究人员的评价以中长期的研究成果为基础,实行绩效相关的年薪制并不断优化评价的指标体系来适应研究人员的实际情况。KDI 研究人员的年薪与工作业绩密切相关,远高于韩国国民的平均收入。同时 KDI 院长每年都会亲自带队到世界一流大学挖掘即将毕业的潜力人才,通过吸引人的安置制度、绩效评估制度、带有名誉性质的定年退职制度等举措来招揽和留住优秀的研究人员。

第二,提供完善的成长体系,助力研究人员的职业发展。KDI 为每位新进的研究人员都提供一套完善培训和学习体系,并会根据其研究兴趣和职业规划及时调整课程内容。同时,KDI 也为研究人员提供攻读国内外硕士和博士学位的机会,培养其专业知识获取能力和研究能力。

第三,机构设置灵活,为研究人员提供良好的研究环境。当研究人员提出想要研究的课题或其感兴趣的领域后,KDI 会运用高效的组织管理和协调能力,为其提供最好的研究环境。例如,先成立专门的研究咨询委员会,来探讨是否值得研究。通过后,如有必要,甚至会专门成立临时的研究小组或部门,配备相关的行政人员,来支持其研究。同时为研究人员做好各部门之间的协调融合工作,为跨学科跨部门研究提供便利。

(4)方式多样,团队专业,超强的宣传是智库提升影响力的成事之基

对外进行文化宣传一直韩国的强项,许多欧美国家都将其视为发展软实力的榜样。KDI 也正积极地发扬这项传统,深谙"酒香也怕巷子深"的道理,

把"提升研究成果的传播品质"设为其四大运营目标之一。这足以见 KDI 对宣传的重视，并将其作为扩大国际影响力的重要手段之一。

KDI 在宣传方面的成果经验可概况为以下两点。

第一，宣传方式多元化。KDI 善于利用新兴媒体和传统媒体"双管齐下"进行宣传。从研究成果的易获得度来说，KDI 将成立 50 年来所有的研究成果全部数字化，完整的研究报告就达 5000 多份，均可在其官网上公开免费获取；从研究成果获取的时效性来说，KDI 除了在自己官网上外，还通过 Fackbook、邮箱新闻推送功能等方式向订阅用户及时推送和发布最新的研究成果；从研究成果的宣传品质来说，KDI 不仅将研究报告以多种语言发布，还会制作成视频等更符合当前用户获取信息习惯的形式。此外，对于一些代表性的品牌成果，如 KPS 项目等，会建设专门的网站来进行可视化展示。同时网站的设计在符合国际主流简约审美外，还增添许多东方传统的文化元素以吸引国际用户。

第二，宣传团队专业化。KDI 的宣传团队由媒体运营专家和科研人员组成，定期进行由 KDI 提供的媒体培训，以提高对媒体的响应能力。培训内容包括接受媒体采访时的回应指南、公共关系工作和语言指南、专业素养等。宣传团队的专业性还体现在：通过制定沟通计划来提高宣传的效率，帮助媒体了解主要的研究成果以防止歪曲报道；通过参加政策会议、研讨会以及开展用户满意度调查等方式来了解媒体的需求，在此基础上以"one paper"形式将研究成果的核心内容在媒体上发布；团队分工合作，密切配合，对不同的对象进行专业的宣传，为每所大学的经济学教授提供研究论文和视频，对大学生和研究生、未来的领导者进行成果宣传，通过参观 KDI 历史馆、研讨会及社区组织活动等方式对潜在人群进行成果宣传。

第11章 查塔姆研究所

11.1 智库概况

11.1.1 定位

查塔姆研究所（Chatham House）又称英国皇家国际事务研究所（The Royal Institute of International Affairs），成立于1920年，总部位于英国伦敦圣詹姆斯广场的查塔姆大厦，是一所非营利、非官方的政策研究机构，也是世界上研究国际问题的顶级智库之一。该智库以"帮助政府和社会建立一个可持续的、安全、繁荣和公正的世界"为使命。

在研究所的皇家宪章和细则（Royal Charter and Bye-laws）中，对其目标和宗旨进行了阐述：①推动国际政治、经济学和法学的研究和发展；②为处理国际问题提供有效信息，并通过演讲、讨论以及出版书籍、发布报告等方式促进对国际问题的研究和调查；③鼓励和促进与国际问题相关的知识、信息、思想和研究的交流[①]。

研究所在提供政策解决方案时遵循以下核心原则：法治；有效分权的代议制政府；开放和规范的市场；充满活力的媒体，可以进行公开辩论；基于国际社会概念的国际事务合作方式[②]。通过对话讨论、研究分析和发挥领导力等方式，研究所在应对关键性的全球热点问题中成为积极的推动力。

11.1.2 简要发展历程

第一次世界大战结束后，1919年，英国外交大臣金璋（Lionel Curtis）向出席巴黎和会的英美代表团的代表提出了改变国际政治进程的想法。他倡

---

① CHATHAM HOUSE. Royal Charter and Bye-laws. [2020-03-08]. https://www.chathamhouse.org/sites/default/files/2020-02/Royal-Charter-Bye-laws-Oct-2019.pdf.
② CHATHAM HOUSE. Our Mission. [2020-03-08]. https://www.chathamhouse.org/about/mission.

导建立一个外交事务研究组织，通过辩论、对话和独立分析来增进国家之间的相互了解，探讨国际问题。该倡议得到英美参会代表的一致同意，随后诞生了两个研究机构，一个是在纽约成立的外交关系委员会，另一个就是1920年7月5日在伦敦成立的英国皇家国际事务研究所。1923年，在加拿大慈善家R.W.伦纳德（Leonard）的捐赠下，研究所搬入了位于圣詹姆士广场10号的查塔姆大厦，此后英国皇家国际事务研究所逐渐被称为查塔姆研究所（Chatham House）。1926年，英王乔治五世批准了研究所的《皇家宪章》，该宪章奠定了组织的独立性、公正性和全球视野。查塔姆研究所资助完成了很多重要成果，如约翰·梅纳德·凯恩斯研究设计的制度性机制在第二次世界大战后为国际金融的稳定发挥了核心作用。该研究所的第一任研究主任阿诺德·汤因比以及包括诺贝尔奖获得者罗伯特·塞西尔和诺曼·安吉尔在内的其他人拥护促成联合国成立的想法，他们坚信基于规则体系的国际合作可以为联合国提供支持，是实现全球和平与繁荣的最佳途径。20世纪七八十年代，研究所跨越地域的界限，进一步扩大研究范围，更多关注能源、环境及国际经济领域的研究，更多地立足于国计民生，无论是从战略布局还是从研究深度和广度上都有了更加国际化的、宽广的视野。

近百年来，查塔姆研究所通过辩论、对话和独立分析，继续增进国家之间的相互了解。随着公众对国际问题的日益关注，研究所也采取行动，通过新的技术手段与传播渠道，同多元化的全球受众直接互动[①]。

11.1.3　声誉及智库排行

在宾夕法尼亚大学发布的《全球智库报告2019》中，查塔姆研究所在全球顶尖智库综合榜排名第6，西欧顶尖智库排名第4，国防和国家安全领域排名第22，国内经济政策领域排名第77，环境政策领域排名第12，外交政策与国际事务领域排名第4，全球健康政策领域排名第5，国际发展政策领域排

---

① CHATHAM HOUSE.Our History. [2020-03-09]. https://www.chathamhouse.org/about/history.

名第 5，国际经济政策领域排名第 9，涉及两个或多个智库的最佳合作机构排名第 5；最佳管理类智库排名第 14，最佳新想法或范例智库排名第 15，最佳智库会议排名第 9，最佳智库网络排名第 6，最佳跨学科研究智库排名 4，社交媒体和网络的最佳使用排名第 12，最需关注智库排名第 85，最佳对外关系 / 公众参与项目排名第 12，最佳媒体使用（印刷或电子）智库排名第 1，对公共政策影响最大的智库排名第 6，最具杰出的面向政策研究计划的智库排名第 3，最佳独立智库排名第 6。同时，查塔姆研究所入选 2019 年度最佳人工智能（AI）智库排行榜，其研究成果入选年度最佳智库政策研究报告排行榜。

在《清华大学智库大数据报告（2018）》（GTTBI 2018）中，查塔姆研究所进入 "全球智库 Twitter 引用影响力评级（前 50 名）"，评级：A+；进入 "全球智库 Twitter 账户影响力评级（前 50 名）"，评级：A-；进入 "全球智库 Facebook 引用影响力评级（前 50 名）"，评级：A++；进入 "全球智库 Facebook 账户影响力评级（前 50 名）"，评级：A；进入 "全球智库大数据指数评级（前 50 名）"，评级：A+。

在浙江大学信息资源分析与应用研究中心发布的《全球智库影响力评价报告 2019》中，查塔姆研究所在全球智库榜单排名第 38，全球综合类智库榜单排名第 11，国家安全领域智库榜单排名第 13，健康领域智库榜单排名第 13，科技与工程领域智库榜单排名第 10。

根据各大榜单的综合评价结果，查塔姆研究所研究领域覆盖广泛，在多个领域都有卓越的研究成果，尤其是对于能源、环境、卫生医疗和国际问题研究的深厚积淀，奠定了其在全球国际事务研究领域的权威地位。

11.2　项目概况

11.2.1　研究领域

查塔姆研究所对全球和特定国家、地区面临的挑战和机遇进行独立而严谨的分析，并提出在近期到长期解决这些挑战的新思路。研究涉及国际事务的多个热点领域和问题，如英国脱欧、一带一路、难民问题、环境和气候变化等。为便于工作开展，研究所将研究重点和研究结构按照地理区域和主题进行划分，共 11 个研究领域。按照地理区域分为非洲、亚太地区、欧洲、中东和北非地区、俄罗斯和欧亚大陆、美国和美洲 6 个领域（表 11.1）。按照研究主题分为能源、环境与资源，全球经济与金融，全球健康，国际法和国际安全 5 个领域[①]。

表11.1 查塔姆研究所研究领域

研究领域	主要研究内容	主要研究项目
非洲	研究重要的政治、经济和社会发展问题，并且主要集中在撒哈拉以南非洲	欧盟与非洲的关系，经济增长与投资，开采资源和海上安全
亚太地区	探索从阿富汗到澳大利亚的整个亚太地区的地缘政治，人口与移民，技术及其对社会的影响，冲突以及促进可持续和包容性的发展	"英日全球研讨会系列"，探讨英国和日本如何适应不断变化的世界；"中欧2025"项目，重点关注欧盟与日本之间的经济关系；未来十年的中国
欧洲	研究着重于在欧盟内部和外部面临的欧洲国防、经济、气候变化、能源和安全方面的挑战，以及英国脱欧的影响	查塔姆研究所-YouGov调查（Chatham House-YouGov），"欧洲部落"研究，以及有关英国外交政策、民粹主义、极端主义、土耳其和欧洲外交的工作
中东和北非地区	研究集中于最新的政治，经济和安全发展问题	海湾国家和海湾合作委员会，叙利亚的未来，绘制该地区的战争经济，也门冲突的地图，检查伊拉克的重建以及沙特阿拉伯和伊朗的影响
俄罗斯和欧亚大陆	研究俄罗斯、东欧、中亚和外高加索地区的国内、外交和安全政策	审查俄罗斯的动员，乌克兰的改革，亚美尼亚等较小国家的外交政策、寡头政治和更广泛的国家间关系
美国和美洲	在全球范围内分析美国，加拿大和拉丁美洲	有关中美对抗及其全球后果的项目；跨大西洋关系的关键问题，特别是中国、中东（尤其是伊朗）和贸易；美国国家安全和经济政策；美国的选举民主制和国内机构；拉丁美洲与全球经济；拉丁美洲的边界和移民；民主和体制，以及拉丁美洲的基础设施

[①] CHATHAM HOUSE. Regions. [2020-03-11]. https://www.chathamhouse.org/research/regions-and-themes?researchnav.

续表

研究领域	主要研究内容	主要研究项目
能源、环境与资源	研究集中于能源安全、气候安全、资源治理、土地经济和新的工业革命	有关非法采伐和全球粮食贸易的工作，"移动能源倡议"（该机构审查了为难民和流离失所者提供的能源），"新石油生产者讨论小组"和"可持续转型圆桌会议"
全球经济与金融	研究涵盖了对新兴经济体和发达经济体都至关重要的问题，包括全球经济治理、国际货币体系、国际金融和贸易	人民币国际化，跨大西洋经济合作，二十国集团的未来作用以及"性别与经济增长倡议"
全球健康	研究全球卫生治理和体系结构，对疾病威胁的应对以及获得卫生产品和服务的途径	项目涵盖抗生素和抗菌素耐药性研究，全球健康监测，生物安全和冲突后国家的卫生系统重建
国际法	研究包括人权法和武装冲突，中国和国际人权体系以及侵犯人权行为的企业责任等项目	探讨了国际法在预防冲突和规范冲突行为，提供国际刑事司法以及满足难民、无国籍者和其他跨国界流离失所者的需求方面的作用
国际安全	研究包括英国和欧洲的国防，核武器的人道主义影响，互联网治理和网络安全	审查几内亚湾海盗问题的解决方案，海上安全战略、网络与空间与核安全、互联网治理、毒品和有组织犯罪的交集，恐怖主义和反恐

11.2.2 项目管理的原则

查塔姆研究所通过与各领域的决策者和专家合作，制定政策建议，工作人员定期向政府官员、立法人员和其他决策者介绍他们的研究成果。作为独立性智库，研究所不依附于任何政府或政治团体，也不在政策问题上担任机构职务。研究所在研究项目的开展中遵循"独立研究与召集原则"，该原则由理事会通过，以确保其研究、活动、出版物和其他产出保持长期的独立性和客观性。具体原则如下。

1）使命与公益。查塔姆研究所以成为世界领先的独立分析来源为使命，为此筹集资金，进行有根据的辩论，并就如何建立长期安全、繁荣和公正的世界提供有影响力的观点。研究所致力于公益事业。

2）廉政。查塔姆研究所致力于避免任何可能破坏或违反其使命和原则的财务义务。研究所接受对研究活动的赞助和财务支持，但并不表示认可资金提供方过去或现在的活动。

3）独立性与客观性。无论资金来源如何，查塔姆研究所始终对实质性成果以及举办的各类公开、私人活动保持独立控制。研究所在以其名义开展的研究和活动中高度重视客观性，采用循证研究方法，并让各种利益相关者参与会议。

4）公开与问责。查塔姆研究所在资金来源方面实行开放文化。仅在特殊情况下并根据特定准则，才允许匿名捐赠。只有在支持研究所的使命并且在其年收入中占比不超过5%的情况下，才能委托研究所进行机密研究工作。

5）意识和责任。查塔姆研究所认为，在所有员工和同事中，没有一种其他文化可以替代这些原则的重要性。这种文化基于个人责任，并扩展到对资金来源的详细了解，同时密切关注道德考量和潜在的利益冲突。

理事会要求研究所的高级管理人员通过领导和榜样来促进这些总体原则的落实，确保所有员工在日常工作中都遵守这些原则[①]。

11.2.3　项目成果的传播与影响

查塔姆研究所的研究成果产出丰富，包括报告、研究论文、简报等，能够为政府及相关部门提供决策咨询，特别是提供新的思路和想法。研究所还出版政治领域相关的订阅杂志《今日世界》（*The World Today*），以及两本高水平的学术期刊——《国际事务》（*International Affairs*）和《网络政策杂志》（*Journal of Cyber Policy*）。研究所还编辑出版众多内部和外部的专家学者的研究著作。研究所的大多数研究报告和出版物都可以从网站上免费获取和下载，为公众关注和了解公共政策和国际事务提供了多元的渠道。

研究所在网站上发布各领域专家研究国际事务中的重大问题的评论文章，以及探讨全球热点问题的视频、播客、音频内容。通过专家访谈、政策

---

① CHATHAM HOUSE. Principles for Independent Research and Convening. [2020-03-11].https://www.chathamhouse.org/about/our-funding/principles-independent-research-and-convening.

评论等方式分享学术成果并辅助政治决策。

在传播研究成果的过程中，查塔姆研究所充分利用社交工具等互联网新媒体来宣传其研究和观点，扩大影响力。通过 Facebook、Twitter、LinkedIn、Instagram、YouTube、Flickr、iTunes、RSS 均可获得研究所的最新研究进展和活动信息。用户还可以注册后订阅研究所的推送邮件服务，获得最新分析成果、出版物、研究项目更新、新闻和活动信息。研究人员也经常通过个人博客发表研究成果和观点。

举办各种会议、论坛，推动对国际事务重大问题及其对策的讨论，促进思想观点的交流碰撞和传播也是查塔姆研究所扩大影响力的重要方式。研究所每年都会在伦敦或国外与合作伙伴一起举办 300 多场私人和公共活动，包括大型会议、小型研讨会和圆桌会议，面向研究所的个人会员、企业会员或者公众。在会议中，世界各地的领导人、外交政策专家、研究分析人员和新闻媒体都可以相互倾听并讨论观点。为了促进沟通交流，让与会者畅所欲言，查塔姆研究所制定了《查塔姆原则》（*Chatham House Rule*），该原则规定：与会者在会议或会议讨论中可自由使用会议上收集的材料并加以注明，但不得透露发言者身份或追溯其来源；未经同意，会议主办者不得记录发言者的讲话内容（赵蓓文，2015）。该原则旨在鼓励公开讨论并促进信息共享，现在已经在全世界范围内用作辅助讨论敏感问题的工具。

11.2.4　项目研究基础设施或条件

查塔姆研究所的图书馆藏有大量的专业书籍、期刊和电子资源，供研究所分析人员和有需要的人查阅。学科涵盖国际关系、经济学、能源、环境和资源治理等方面。馆藏着重于当代问题，并保存有可追溯至 20 世纪 20 年代的核心出版物，包括研究所出版的《国际事务》（1922 年至今）、《今日世界》（1945 年至今）和《国际事务简报》（1925~1945 年）。图书馆还保存有研究所的一系列档案，包括 1920 年以来的会议记录、活动照片、精选的书信、讲座录音以及研究小组和出版物记录。此外图书馆还提供权威的地区新闻和时事周刊。

研究所的电子资源也十分丰富，设有电子图书馆，可以在线访问由 JSTOR 和 Political Science Complete 组成的 1500 种全文期刊，访问报纸档案数据库 Newsbank，检索查塔姆图书馆的馆藏目录，以及获取国际金融统计（IMF）或 OECD 主要经济指标等数据资源[①]。

11.3　代表性成果

查塔姆研究所出版有一种订阅杂志和两本学术期刊，在大众和学术领域具有广泛的影响力。政治领域的订阅杂志《今日世界》，每年出版六次，为读者提供及时和新鲜的见解，覆盖 90 多个国家和地区，该刊物是英国政要和社会精英的重要参考。《国际事务》是国际关系领域的重要期刊，由牛津大学出版社出版，每年发行六次，该刊物致力于传播卓越的学术成果，并将政策相关性与对当代世界政治的学术分析方法相结合。《网络政策杂志》为学者和从业者应对新兴网络政策挑战提供了参考，研究主题包括网络战、网络犯罪、互联网治理、新兴技术（如量子计算）的影响、互联网接入、社会对数字连接的日益依赖以及平衡个人隐私和国家安全的需求[②]。

查塔姆研究所和布鲁金斯出版社联合出版关于国际事务中关键问题的系列丛书——《见解：对国际事务的批判性思考》（Insights: Critical Thinking on International Affairs），在日益复杂、不确定和相互联系的世界中提供新的观点和知识。该系列丛书重点研究健康、安全、经济、法律和环境等关键政策领域的问题，主要由学术界和开展实务工作的专家撰写，预测发展趋势并阐明新的思想，为政策制定者解决面临的政策挑战提供帮助[③]。

11.4　人力资源管理

11.4.1　管理架构

查塔姆研究所于 1926 年由乔治五世授予《皇家宪章》，研究所的管理

---

① CHATHAM HOUSE. Electronic resources. [2020-03-12]. https://www.chathamhouse.org/about-us/our-departments/library.
② CHATHAM HOUSE .Publications. [2020-03-13]. https://www.chathamhouse.org/research/publications?researchnav.
③ CHATHAM HOUSE. Insights: Critical Thinking on International Affairs. [2020-03-13]. https://www.chathamhouse.org/research/publications/books/insights-series.

架构是其独立性和公正性的保证。研究所采用矩阵式组织结构，在理事会的领导下，设置行政部门与研究部门，便于纵向的决策指挥和横向的相互协作，同时配有资深顾问组作为决策参考。

组织的顶层设有名誉领导层，包括研究所赞助人一职，从1952年英国女王伊丽莎白二世继承王位起一直由她担任。另外设有3个主席席位，由英国三大政党的高层人物担任。名誉领导层没有实际的管理职能，通过他们在政府和外交方面的经验，保证了查塔姆研究所与政府决策者之间交流渠道的畅通。

研究所的运行和管理工作由理事会承担，其成员从研究所会员中选举产生，理事会由主席和执行委员会以及财务委员会领导。目前理事会成员共有16位，下设7个委员会，分别是执行委员会、数字委员会、财务委员会、新一代委员会、投资委员会、提名委员会和研究委员会。管理层还设有12名行政管理人员，分别是总裁、财务经理、研究合作经理、传播出版经理、对外关系经理、道德风险与抵御能力经理、专业服务经理，以及科研主管、新风险研究总监，贸易、投资与新治理模型研究总监，冲突、科学与转型研究总监，伊丽莎白二世女王学院院长。

研究所的资深顾问组成立于2008年，主要由企业高管和前政府高官组成，是研究所的高端外部智力支持部门，也是其建言献策的重要渠道。经验丰富的顾问组成员对研究所的研究项目和政策提供咨询和指导，同时帮助研究所将其观点向英国政府乃至全世界传播，目前共有36名成员。资深顾问组由英国前首相约翰·梅杰管理[①]。

11.4.2 机构设置

查塔姆研究所的核心是研究，在机构设置上充分体现了其研究布局及研究重心，研究人员按照专长划分为11个不同的研究团队，其中一些专注于特定地理区域的研究，而另一些则针对特定的主题。按照地理区域设立非洲项目组、亚太项目组、欧洲项目组、中东和北非地区项目组、俄罗斯和欧亚大

---

① CHATHAM HOUSE. Governance. [2020-03-10]. https://www.chathamhouse.org/about/governance.

陆项目组、美国和美洲项目组；同时按照研究领域设立全球健康项目组，能源、环境与资源项目组，全球经济与金融项目组，国际法项目组和国际安全项目组。各个项目团队之间经常开展跨部门合作，有利于充分发挥研究人员的工作热情与能力。研究所下设女王伊丽莎白二世国际事务领导学院，于2014年正式成立，它为世界各地的领导人和未来领导者提供了担任研究员并参与各项研究工作的机会。

11.4.3 人才结构

查塔姆研究所作为独立的政策研究机构，专注于当前最重要的国际问题，并与包括政府、非政府组织、媒体、教育机构和公司团体在内的一系列组织进行沟通协作。目前研究所共有政策分析专家274人（表11.2），由研究主任、研究员（包括高级研究员与研究助理）、副研究员三个层次构成，他们大都有在政府、企业、学术机构工作的经历，有些甚至担任要职，拥有丰富的经验、广泛的人脉和扎实的研究背景（赵冬和李力，2015）。研究员中有些是兼职的，拥有在大学的全职职位，这也保证了研究所的学术严谨性，方便学术交流。研究人员按照研究项目分为11个部门，可以在研究所网站上查看他们的简历、研究领域和研究成果。研究所还有财务、媒体出版、人力资源、对外关系等行政管理人员近百人，负责研究所的日常运行与研究辅助工作。

表11.2　查塔姆研究所专家分布

研究领域	专家人数/人
非洲	18
亚太	27
欧洲	18
中东和北非地区	25
俄罗斯和欧亚大陆	27
美国和美洲	18

续表

研究领域	专家人数/人
能源、环境与资源	38
全球经济与金融	18
全球健康	42
国际法	15
国际安全	28
合计	274

11.4.4　人才培训与交流

研究所设有女王伊丽莎白二世国际事务领导学院，于 2014 年 11 月 18 日正式成立。它为世界各地的未来领导人提供参与研究国际事务的机会，是培养解决 21 世纪全球治理问题挑战的人才的重要手段。学院的研究员主要来自政府、学术界、私营部门、媒体等领域，每年对外招收 10～15 名，可以在研究所工作和学习 10 个月①。2019～2020 年，研究所提供了三个主要的研究员奖学金，分别是全球治理研究奖学金、国际经济高级学院奖学金和罗伯特·博世基金会奖学金（中欧、东欧和非洲研究领域）。在学院期间，研究员通过开展个人研究项目、参与领导力提升项目和研究所的研究活动获得全方位的提升。可以学习新的技能和知识，在活动中发表演讲，扩大个人关系网络，加深对国际事务中关键问题的理解，并针对复杂的政策挑战和机遇提出新的想法和解决方案。

研究所实行会员制，为对全球事务抱有兴趣的个人和组织提供了解国际问题和交流分享观点的机会，会员来自商业界、外交界、学术界、政界、媒体和民间团体，还有大量的学生会员，遍布 75 个国家和地区。在查塔姆研究所每年举办的数百场活动中，包括国家元首和政府首脑的重要政策演讲，以

---

① CHATHAM HOUSE. The Queen Elizabeth Ⅱ Academy for Leadership in International Affairs. 2020-03-13. https://www.chathamhouse.org/academy/about.

及在国际事务领域有影响力的作者、学者和政策制定者的讨论,会员能够与他们进行交流或辩论,增进对重大国际问题和国际事件的理解,这些活动在维护研究所的独立性方面也发挥着不可或缺的作用。

11.4.5 人员评价与激励

研究所在人员选聘时,会将当前的需求岗位在网站上公开,详细说明岗位职责、必备素质、薪酬福利,并接受在线申请。在筛选人才时,将重点放在研究人员的研究能力和筹资能力两方面,新进人员必须经过三轮面试方可上岗。研究所每年对工作人员进行两次考核,对其项目能力、沟通能力和创新能力等进行全面考察评估,根据考核结果进行薪酬和级别调整(杨亚琴和李凌,2017)。研究所崇尚卓越、协作、正直、开放和独立的价值观,为员工提供包容性和支持性的工作场所,鼓励辩论和提出的不同观点,同时提供开展研究所需的培训和各种研究工具。

查塔姆研究所 2005 年设立了查塔姆研究所奖(Chatham House Prize),颁发给在过去一年中为改善国际关系做出重大贡献的个人或组织。提名人选由研究团队和理事会的三位主席选出,然后以投票方式确定获奖人,奖项由女王伊丽莎白二世颁发。该奖项的先前获奖者包括保护记者委员会、哥伦比亚总统胡安·曼努埃尔·桑托斯、加纳总统约翰·库福尔、无国界医生组织等。查塔姆奖的设立为研究所提升国际影响力及鼓励人才作出了突出贡献。

11.5 资金财务管理

11.5.1 资金来源

查塔姆研究所作为一家非营利性的研究机构,在英国慈善委员会注册。其经费来源非常广泛,主要来自与研究有关的慈善捐助和会员的会费支持,包括遍及全球的许多组织机构的长期年度项目资助,以及主要的机构会员和企业会员对于研究所的资助(金彩红和黄河,2016)。其资金来源主要有以下几个渠道:①研究所的研究活动得到世界各地的政府部门、私人基金会和公司的支持。包括针对特定项目的研究资助、活动赞助或对研究部门、研究计划或研究中心的核心支持。②研究所目前从约3150名个人会员和395名企业会员中获得收入，这些企业会员包括私营公司、政府部门、使馆和高级委员会、大学和学术机构、媒体和非政府组织。③个人捐赠者为研究所的活动和"第二世纪计划"（the Second Century Initiative）提供慈善捐赠。④研究所举办定期会议和年度重大活动，如查塔姆奖颁奖晚会和伦敦会议等，可以从代表的参会费和活动赞助中获得收入。⑤出版物收入，主要包括《国际事务》杂志的特许权使用费和《今日世界》的订阅。⑥从投资和其他来源也会获得一些收入[①]。

查塔姆研究所在2019年7月份发布了2018～2019年度报告（数据截至2019年3月底）（表11.3），数据显示研究活动获得的资助比例最大，占总收入的61.24%，来源主要有英国政府部门、企业、私人基金会、国外政府和国际组织，以及学术机构。其次是会员费收入，占总收入的17.47%，包括企业会员和个人会员。从会议活动、投资回报、出版物和捐款中获得的收入所占比例较小。

表11.3　查塔姆研究所2018～2019年度资金收入和比例

资金收入类型	金额/英镑	比例/%
研究	10 031 000	61.24
会员费	2 861 000	17.47
会议活动	1 550 000	9.46
投资回报	258 000	1.57
出版物	637 000	3.89
捐款	959 000	5.85
其他	85 000	0.52
合计	16 381 000	100

研究所十分重视维护其研究、活动、出版物和其他产出的持续独立性和

---

① CHATHAM HOUSE. Our Funding. [2020-03-14].https://www.chathamhouse.org/about/our-funding.

客观性，工作人员及其理事会在接受任何资金时都秉持诚信、独立、客观性和问责制的原则，以确保所有活动都有助于完成研究所的使命和公共利益。研究所承诺未获得英国政府或任何其他来源的补贴，并遵守《募捐法规》的《募捐行为守则》，在筹款监管机构注册，同时并接受外界对筹款的投诉。

11.5.2　资金管理和使用

2018～2019年度报告对资金的使用也进行了披露，其中在研究方面的投入比例最大，占总支出的61.89%；举办各类活动的支出占总支出的6.41%；扣除研究费用后的支持费用占总支出的14.00%；在会员、会议、图书馆、传播和出版物方面的投入占总支出的17.70%（表11.4）。这些支出或与研究活动直接相关，或为研究工作提供支持和服务，体现了研究分析的核心地位，充足的经费也为研究工作的深入开展及人才培养提供了保障[1]。

表11.4　查塔姆研究所2018～2019年度资金支出和比例

支出类型	支出金额/英镑	比例/%
研究	10 774 000	61.89
活动	1 115 000	6.41
会员、会议、图书馆、传播和出版物	3 081 000	17.70
扣除研究费用后的支持费用	2 437 000	14.00
合计	17 407 000	100

查塔姆研究所设有财务委员会和财务部门负责财务管理工作，并且十分重视财务透明，所有的财务收入、财务支出、捐赠明细等信息均进行公开，接受公众监督，致力于以中立身份提供公正、客观的分析成果。2016年，Transparify组织对47个国家和地区的200多个智库的财务透明度进行了

---

[1] CHATHAM HOUSE Annual Review 2018-19. [2020-03-14]. https://www.chathamhouse.org/publication/annual-review-2018-19.

评估和排名，查塔姆研究所因其高质量的资金来源信息，获得5星中的4星。

11.6　小结

查塔姆研究所是一家位于伦敦的非营利、非官方的智库组织，是目前英国规模最大也是最知名的国际事务研究领域的顶级智库。其前身是英国皇家国际事务研究所，建立于1920年，迄今已有百年历史。研究所创立了国际知名的"查塔姆规则"，对于能源、环境、卫生医疗和国别地区问题研究的深厚积淀，奠定了其在全球国际事务研究领域的权威地位。每年举办的伦敦会议和其他各类论坛活动吸引了大批国际事务领域专家和政府官员参与。智库研究成果丰硕，主办两种具有较大影响力的学术期刊和一本订阅杂志，发布的报告、书籍和其他研究成果是英国政府部门制定决策的重要参考来源。

中国智库在近年来蓬勃发展，数量已经位居世界前列，但是在全球范围内有影响力的高端智库还比较缺乏。查塔姆研究所作为英国国际问题研究领域的代表性智库，成立100年来，为应对第二次世界大战、美苏"冷战"、金融危机、能源问题、中东问题等一系列全球性的挑战提供了卓越的政策分析和战略参考，在世界政治舞台上占有重要一席，其发展经验可以为我国建设国际事务研究领域的高端智库提供参考。

（1）重视分析研究，关注国际热点

查塔姆研究所专注于国际事务的研究，将全球划分为六大区域，对每个区域的热点问题进行调查研究。同时对于一些全球性问题，如能源与环境、经济金融、健康、国际安全、国际法等领域会开展全面的研究。全球性的视野和准确客观的分析判断使研究所能够一直站在时代前沿，在世界范围内发声并发挥影响力。

我国的智库在建设过程中，也需要结合国家的战略规划和国际大环境，向多层次多领域发展，重点关注政治、经济、社会、环境、国家安全等关键领域，分析探讨国内国际形势和政策难题，提供有前瞻性的研究成果，为决策提供有益参考。

（2）积极筹集资金，拓展来源渠道

充足的资金是智库开展研究工作的重要保证。查塔姆研究所通过承担研究项目、收取会员费、举办会议、发行出版物、接受外界捐款等多种渠道募集资金。查塔姆大厦地理位置优越、内部环境幽雅、设施齐备，研究所对外开放多间报告厅、会议室，用来举办会议、晚宴等活动，并收取租金。这种多渠道的资金来源避免了对政府或者某一政党的依附，2019年度来自英国政府部门委托项目的金额仅占研究所总收入的12%，这保证了智库的独立性和研究的客观性。

我国在大力建设中国特色新型智库的过程中，也可以考虑出台一些鼓励性政策，如积极鼓励公民和企业投资建立民间智库，借鉴英国政府做法对民间智库投资人实行减（免）税政策，同时建立非营利法人制度，为民间智库的发展提供坚实的法律保障。完善国内捐赠制度，允许民间智库以NGO的身份接受外界捐赠，实现资金来源多样化（王佩亨等，2013）。

（3）扩大对外交流，加强沟通对话

查塔姆研究所每年举办数百场会议、活动，对其扩大影响力、推进交流沟通起到了重要作用。其中有约120场活动面向所有会员，包括访问英国的各国元首和政府官员，以及专家学者在这里发表的重要政策演讲；讲解国际事务的背景和基本概念的系列入门演讲；与电影制作人对话的"放映室"活动；年轻会员开展关于国际事务辩论的论坛；网络研讨会和社交招待会。此外，还有仅向企业会员开放的高管对话活动，向公众开放的研究会议和活动。

这些活动的开展，有利于拓宽信息渠道，跟进最新的国际动态，多方面倾听和思考，提升智库的分析研究工作水平。同时可以提升智库的影响力和外界形象，对于吸引和培养人才，激发创新性思考，发挥智库的公益属性也有积极意义。

（4）注重成果传播，服务政府决策

查塔姆研究所与英国政府部门之间形成了畅通的交流渠道，其研究成果中的大量分析报告、简报等会直接提交给英国议会和其他政府部门，作为政策制定的重要参考。同时主办《今日世界》订阅杂志和《国际事务》《网络政策杂志》两种学术期刊，覆盖了大众读者和学术研究领域。研究所的官方网站公布了大量的研究报告、专家评论文章和音频、视频信息供查阅。从直观的视频到深入的文字解析，多角度、多层次地让读者了解及支持其政策分析，有助于提升公众对国际事务的关注度，提升智库在政策领域的话语权和影响力。

我国在复杂的国内国际形势下，需要提升政策分析和研判能力。可以借鉴国外智库为政府决策提供智库支持的成功经验，充分调动智库参与公共决策的积极性，进一步开放政策研究空间，促进智库与政府之间的互动交流，帮助政府做出更加全面和准确的判断。

第12章　美国彼得森国际经济研究所

12.1　智库概况

12.1.1　使命

彼得森国际经济研究所（The Peterson Institute for International Economics，PIIE）创立于1981年，是一个独立的、非营利性、无党派研究组织，致力于通过专家分析和切实可行的政策解决方案来增强全球经济繁荣和人类福祉[①]。研究所通过开展严谨、开明和深入的研究与讨论，以有用的、可访问的方式展示成果，为公众提供相关信息。受众主要包括政府官员和立法者、商业和劳工领袖、国际组织的管理人员和职员、大学学者及其学生、其他研究机构和非政府组织的专家、媒体和广大公众。

12.1.2　声誉

PIIE官网显示，彼得森国际经济研究所获评2019年英国《展望》（Prospect）杂志最佳经济与金融智库。

美国宾夕法尼亚大学发布的《全球智库报告2019》显示，PIIE排名显示度如下。

1）总体排名方面，从美国来看，PIIE排名第4，居前4%；从全球来看，PIIE排名第9，居前5%。根据智库类型，在独立智库中排名第12，居前8%。

2）研究领域方面，PIIE被评为2016~2018年度"最佳国际经济政策领域智库"；其在国内经济政策领域排名第3，国际发展政策领域排名第21，国内卫生事务领域排名第21，科学技术政策领域排名第48。

3）不同评价维度方面，PIIE在最佳管理类智库排名第1，最佳新想法或

---

① Peterson Institute for International Economics. About-PIIE. [2020-02-03]. https://www.piie.com/about-piie.

范例智库排名第 2，最佳媒体使用（印刷或电子）排名第 2，涉及两个或多个智库的最佳合作机构排名第 11，对公共政策影响最大的智库排名第 10，最具创新政策思想 / 建议的智库排名第 8。

在中国社会科学院中国社会科学评价中心发布的《全球智库评价报告（2015）》中，PIIE 综合排名居第 38；在《清华大学智库大数据报告（2018）》（GTTBI 2018）中，PIIE 的全球智库大数据指数（GTTBI）排名第 47；在浙江大学信息资源分析与应用研究中心发布的《全球智库影响力评价报告 2019》中，PIIE 在全球智库榜单排名第 38。

12.2　研究概况

PIIE 着重于国际贸易和投资、国际金融和汇率、宏观经济政策和危机应对、全球化与人类福利以及对主要经济区的研究，对国际主要经济体具有独特的专业研究，尤其涉及巴西、中国、欧盟、日本、韩国、中东以及美国本身及其邻国加拿大和墨西哥。

12.2.1　当前研究热点领域

1）在全球金融危机之后改善宏观经济政策，包括财政规则和货币工具；

2）阐明全球化优势和封闭经济相应代价；

3）中国增长模式的再平衡及其对世界经济的影响；

4）全球化、不平等和劳动力市场调整；

5）汇率干预和国际货币体系改革；

6）区域贸易协定和多国投资规则，特别是《全面与进步跨太平洋伙伴关系协定》（CPTPP）和《美国－墨西哥－加拿大协定》（USMCA）；

7）欧洲，日本和美国的可持续增长模型；

8）财务稳定性，包括全球监管的成本效益分析；

9）宏观经济和"脱碳"贸易方面。

12.2.2 研究主题

PIIE 的研究主题广泛，包括全球化、金融、贸易、投资、政治经济学以及区域国家研究（表12.1）。研究所以多名国际知名学者进行的经济政策研究作为基础，且中立客观，在同行评审中享有盛誉。

表 12.1　PIIE研究主题

研究主题	含义	关键词
经济问题	世界经济以及地区和国家面临的经济问题，包括增长、通货膨胀，能源和环境，不平等，劳动力问题，新兴市场以及新技术的影响	经济展望、教育、教育资源、新兴市场、能源、环境、财政赤字、性别、全球化、成长性、不平衡、通货膨胀、基础设施、劳工、生产率、技术
金融	对不断变化的金融世界进行了开创性的研究，包括金融危机，银行改革，货币政策以及法规和税收的影响	银行业、资本市场、货币、货币操纵、金融危机、货币政策、规章制度、税收
组织机构	分析全球和区域经济治理与发展	亚太经济合作组织、东南亚国家联盟、中央银行、欧洲中央银行、欧盟委员会、进出口银行、二十国集团、七国集团、八国集团、国际货币基金组织、经济合作与发展组织、中国人民银行、联合国、美联储、世界银行、世界贸易组织
政治经济	经济问题与政府治理、人权、政治、安全、腐败等其他领域之间的关系	腐败、财政政策、外援、管治、政府、健康、人权、移民、核、政治、安全
贸易与投资	全球贸易和投资流动，包括对竞争、知识产权和跨国公司的影响进行的权威性研究和分析	农业、大宗商品、竞争、纠纷、外商直接投资、自由贸易协定、知识产权、制造业、跨国公司、保护主义、制裁措施、服务、贸易赤字、贸易政策、跨太平洋伙伴关系、跨大西洋贸易和投资伙伴关系、中美贸易战、《美国 - 墨西哥 - 加拿大协定》/《北美自由贸易协定》

PIIE 在 2010~2019 年被 Web of Science 核心合集所收录的 206 篇研究论文涵盖 25 个研究方向，最多的 5 个研究方向分布在商业经济（121篇）、行政法律（56篇）、公共行政（40篇）、国际关系（29篇）、环境科学（16篇）；

其中商业经济方向中，*The Financial Market Effects of the Federal Reserve's Large-Scale Asset Purchases* 一文单篇被引频次最高（227次），作者是高级研究员约瑟夫·E.加农（Joseph E. Gagnon），主要研究2008年次贷危机以来美联储大规模资产购买的金融市场效应问题。

12.2.3　项目质量管理

PIIE所有的研究成果均已发表并公开，该机构不从事游说或私人咨询，个别作者对自己的观点负责，遵循严格的标准和质量控制。

12.2.4　项目成果的影响

1）PIIE研究为过去许多重要的国际政策举措提供了知识基础。

二十国集团在2009～2010年度发起了国际货币基金组织（IMF）改革；创建跨太平洋伙伴关系协定（TPP）和亚洲太平洋经济合作组织（APEC）论坛；量化宽松政策，并使货币政策适应低利率世界；美国制裁政策的改革；发起和实施中美战略与经济对话；《北美自由贸易协定》（NAFTA）和其他美国自由贸易协定（特别是与韩国的协定）；采用国际银行标准和更广泛的金融监管改革；反周期财政政策和增加日本的女性劳动力参与；对主权债务采取越来越现实的方法；将财政刺激措施与欧元区的结构改革联系起来。

2）其他有影响力的分析涉及：欧盟、中国和拉丁美洲的经济改革；流入和流出美国的外国直接投资；服务贸易的来源，利益和增长；自由贸易对工资的影响；重新考虑"资源诅咒"和"中等收入陷阱"的政治经济学；性别、管理、多样性与公司盈利能力之间的联系；货币操纵措施等。

12.2.5　项目成果的传播

（1）学者观点与评论（commentary）

学者提供多种形式的评论和分析，包括专著、证词、演讲和学术论文等，具备极强的客观性、严谨性和透明度，学者必须遵守严格的披露潜在利益冲突的标准。具体包括：①知名媒体撰文（opposite the editorial page，Op-Eds）。专家学者为《纽约时报》《华盛顿邮报》《华尔街日报》《金融时报》等知名度很高的出版物撰稿，通常占据重要的社论对页版（Op-Eds），有助于全世界的公众理解和讨论。②听证会证词（testimonies）。专家学者出席美国国会和政府有关会议并发表证词，还向其他国家的议会和行政机构、联合国委员会以及其他世界组织作证词。③演讲与论文（speeches & papers）学者在许多论坛上就一系列国际经济政策发表演讲和学术论文。

（2）彼得森观点（音视频）（Peterson perspectives）

专家学者通过简短的音视频采访，对当前的经济和政治事件进行分析。

（3）新闻（news releases）

研究所设有现场媒体中心，欢迎新闻媒体的采访，并定期召开新闻发布会，呼吁新闻界关注经济问题。

（4）博客（blog）

专家学者通过博客发表对全球经济问题的相关看法，并以博客聚合主题的方式呈现。具体包括：①实时经济问题观察，对当前的经济新闻、金融发展、地区和国家问题以及公共政策的评论。②贸易与投资政策观察，对国际贸易和投资政策问题的分析，包括贸易协议和谈判、经济制裁和投资流量。③中国经济观察，观察中国的发展以及中国领导人在管理世界第二大经济体方面面临的国内外挑战。④朝鲜——见证转型，评估朝鲜半岛及其周边地区的经济、政治和安全发展。⑤精选的中文翻译文章，精选若干文章翻译成中文专题呈现，可见对中国研究及中文受众的重视。

（5）活动（events）

机构主持并参加许多讨论国际经济问题的活动，虽然这些活动通常不向公众开放，但对新闻媒体开放。各类记录副本、论文、网络广播以及特色活动的存档音频和视频可在网站上找到。

例如，"Chinese Financial System and US-China Trade Conflict"（中国金

融体系与美中贸易冲突）主题活动①，由彼得森国际经济研究所与中国金融四十人论坛（CF40）于2019年11月6日共同举办。该论坛由两个专家小组组成：第一个专家小组讨论了金融创新对中国高质量经济增长的支撑，第二个专家小组讨论了美中贸易争端的边界管理。

12.2.6　项目研究基础设施或条件

（1）音视频库（Multimedia）②

为使PIIE的博客和出版物更加活跃，制作了大量的多媒体图形、图表和其他材料。

（2）图表（PIIE Charts）③

PIIE图表栏目汇集了项目成果和博客中的数据，按主题区分，具有良好的视觉效果，呈现了某个主题的发起点和当前节点。

例如，"US-China Trade War Tariffs: An Up-to-Date Chart"④（美中贸易战关税：最新图表），最初于2019年9月20日发布，将随着中美改变关税而更新，并附有详细的原始数据表格。

选取在《全球智库报告2019》"最佳媒体应用智库"或"最佳创意或模式创新智库"排名中有排名显示度的3家中国智库——中国人民大学重阳金融研究所（RDCY）、全球化智库（CCG）、清华大学国际关系研究院（IMIR）进行智库媒体应用及数据公开情况的比较（表12.2），通过其网站主页公开信息，发现2019年度CCG的报刊发文高于PIIE，而RDCY只公布了其《环球时报》英文版的专栏撰文，数量偏少；PIIE通过音视频手段在官网宣传机构研究动态的积极性明显高于国内3家智库。在数据主动公开方面，国内3家智库中，有1家提供研究报告在线浏览，有2家提供政策报告下载，具有

---

① Peterson Institute for International Economics. Chinese-Financial-System-and-Us-China-Trade-Conflict. [2020-02-03]. https://www.piie.com/events/chinese-financial-system-and-us-china-trade-conflict.
② Peterson Institute for International Economics. Multimedia. [2020-02-03]. https://www.piie.com/newsroom/multimedia.
③ Peterson Institute for International Economics.Piie-Charts. [2020-02-03]. https://www.piie.com/research/piie-charts.
④ Peterson Institute for International Economics.Us-China-Trade-War-Tariffs-Date-Chart. [2020-02-03]. https://www.piie.com/research/piie-charts/us-china-trade-war-tariffs-date-chart.

一定的先进性和开放度；但国内3家智库均未见研究成果相应的数据文档（表12.2）。我国智库应当建立多层次多类型的信息公开与传播机制，使智库成果在影响力方面效能发挥最大化。

表12.2　国内3家智库与PIIE的媒体应用及数据公开情况比较

机构	在《全球智库报告2019》"最佳社交网络媒体应用智库"中的排名	在《全球智库报告2019》"最佳创意或模式创新智库"中的排名	相关数据及情况说明			
			报刊发文	专家音视频库	图表库	简报、working paper、图书的数据公开
彼得森国际经济研究所（PIIE）	2	2	40	65	有	报告可下载。图书目录和序言可下载，提供购买链接。有数据文档
中国人民大学重阳金融研究所（RDCY）	40	—	19	7	未查到	研究报告可下载。图书可在线浏览目录和序言，提供购买链接。未见数据文档
全球化智库（CCG）	48	43	86	26	未查到	研究报告可在线浏览。图书可在线浏览目录和序言。未见数据文档
清华大学国际关系研究院（IMIR）	—	47	未查到	未查到	未查到	政策报告可下载。未见数据文档

注：1.本表数据来源于各机构官网，起讫时间2019年1月1日~12月31日；2.报刊发文：PIIE数据来自其主页"Op-Eds"栏目；RDCY数据来自其主页《环球时报》英文专栏；CCG数据来自其主页"报刊"栏目；3.专家音视频库：PIIE数据来自其主页"multimedia"栏目；RDCY数据来自其主页搜索"视频"；CCG数据来自其主页"多媒体"栏目。

12.3 代表性成果

PIIE 代表性成果主要有以下几种（表 12.3）。

12.3.1 政策简报

政策简报（policy briefs）是 PIIE 研究议程的核心，目的是解决紧迫的政策问题和提供潜在的解决方案。

12.3.2 工作论文

工作论文（working papers）体现了研究的初步结果，通常采用广泛而复杂的经济模型，并将分析应用于广泛的问题。

12.3.3 图书

图书（books）体现的是对广泛议题的最严谨和持续研究，是最全面的同行评审过程的产物，包括从研究所以外的专家那里征集的评论。

12.3.4 PIIE 简报

PIIE 简报（PIIE briefings）是简短论文、论文、事件介绍、副本、证据、演讲和其他材料（其中一些以前已出版）的纲要——重点放在一组特定的政策问题上。它们从一个及时关注的主题的不同角度提供了背景和政策建议。PIIE 简报通常以引言开头，并包含解释每个元素起源的目录（表 12.3）。

表 12.3　PIIE 各类成果形式案例及其数据集

类型	案例	数据集
政策简报	*US-China Trade War: Both Countries Lose, World Markets Adjust, Others Gain*《美中贸易战：两国都输了，世界市场调整了，其他国家都赢了》https://www.piie.com/publications/policy-briefs/us-china-trade-war-both-countries-lose-world-markets-adjust-others-gain	全文可下载，所附表中有 22 个详细分表

续表

类型	案例	数据集
工作论文	The 2018 US-China Trade Conflict after 40 Years of Special Protection《特殊保护40年后的2018年美中贸易冲突》https://www.piie.com/publications/working-papers/2018-us-china-trade-conflict-after-40-years-special-protection	全文可下载，所附表中有16个详细分表
图书	Facing Up to Low Productivity Growth《面对生产率低增长》https://www.piie.com/bookstore/facing-low-productivity-growth	图书摘要和前言下载，显示目录，附有数据材料171项，附购买链接
PIIE简报	US-China Economic Relations: From Conflict to Solutions—Part Ⅱ《美中经济关系：从冲突到解决方案-第二部分》编辑：Ha Jiming（中国金融四十人论坛）和Adam S. Posen（PIIE）https://www.piie.com/publications/piie-briefings/us-china-economic-relations-conflict-solutions-part-ii	全文可下载，附有数据材料136项

12.3.5 专题网站

PIIE非常重视全球化研究，专门建设"What Is Globalization？"（什么是全球化？）微型网站，其口号和宗旨是"全球经济发展迅速，我们帮助您进行导航"。该网站是一个专题集合，包括了全球化的一系列内容，通过文字、图表、视频、pdf文档内置、常见问题等多种形式呈现。内容包括：①全球化的影响。包括以更低的价格获得更多的商品；扩大业务；更高的质量和更多的品种；创新；工作流失（失业）。②全球化对工作的影响。在支持高技能人才的同时，全球化已经取代了某些工人。③收益与成本。如果取代工作，为什么要支持全球化？④中国与全球化。对中美贸易战的分析论述。⑤公众对全球化的认知。⑥政策建议。

12.4 人力资源管理

PIIE共有各类人员83人，包括：领导管理层人员6人，员工21人，各类研究员51人，研究分析师8人。研究员中，包括高级研究员41人（其中常驻 13 人、非常驻 28 人），普通研究员 4 人，访问研究员 2 人，研究统计 1 人，兼任领导管理层 3 人（表 12.4）。

表 12.4　PIIE 人员结构　　　　（单位：人）

类型			人数
领导管理层			6
员工			21
研究员	高级研究员（41 人）	类型 1：常驻高级研究员	13
		类型 2：非常驻高级研究员	28
	普通研究员（4 人）	类型 3：研究员	4
	访问研究员（2 人）	类型 4：访问研究员（2 人）	2
	研究统计（1 人）	类型 5：研究统计（1 人）	1
	兼任领导管理层的人员（3 人）	类型 6：兼任领导管理层的人员（3 人）	3
研究分析师			8
合计			86
实际人数			83

12.4.1　组织机构

PIIE 由董事会全局领导，董事会的主要目标是：保护和加强 PIIE 作为独立、无党派的机构，具备政策研究的卓越才能，帮助公众理解公共政策。董事会由企业领导人、前高级别政府官员、国际官员、杰出学者等组成。董事会的执行委员会负责监督 PIIE 的预算和管理，定期评估 PIIE 的绩效以实现机构使命。董事会的高级管理层负责与董事会、研究人员和其他利益相关者协商，确定 PIIE 的实质性议程。PIIE 领导者及董事会成员大多具有政府工作经历，有些身居总统顾问、国家财政部及知名国际组织要职，他们往往比单纯拥有高学历的研究人员更具有敏锐而深刻的政策洞察力。当前，彼得森国际经济研究所董事会执行委员会拥有 11 名成员，董事会拥有 44 名董事，7 名名誉董事。

PIIE 由彼得·乔治·彼得森（Peter George Peterson）和弗雷德·伯格斯坦（Fred Bergsten）共同创立。彼得森曾出任美国商务部部长、雷曼兄弟董事长和黑石集团董事会主席。伯格斯滕是国际经济研究领域的权威学者，曾担任美国财政部部长助理。彼得森自该所于 1981 年成立以来至 2018 年一直担任主席，直至 2018 年 3 月 20 日去世。

2018 年 5 月，迈克尔·彼得森（Michael Peterson）继任父亲彼得·彼得森被任命为董事会主席①，劳伦斯·萨默斯（Lawrence Summers）担任董事会副主席，负责提供指导以增强研究所的研究计划和议程。斯蒂芬·弗莱德海姆（Stephen Freidheim）被选为董事会执行委员会主席，该委员会负责评估 PIIE 的方向和绩效，并监督研究所的预算、运营和管理。

12.4.2　研究人员

（1）高级研究员②

PIIE 的 51 名研究员中，高级研究员占 80%。高级研究员的政策专业知识和影响力在世界范围内得到认可。他们来自世界各地，汲取了学术领域、企业、国家和国际政府服务领域的丰富经验。他们的分析和建议受到舆论领袖的关注。根据 2020 年网站页面显示，共有高级研究员 41 人。

（2）研究分析师③

研究分析师为高级研究人员提供来自世界各地的协助，并具备商业、政府以及顶尖大学的经济学、公共政策和国际关系研究的经验。目前共有研究分析师 8 人。

选取其 13 名常驻高级研究人员为分析样本，从其简历来看，13 人中有 12 人有"旋转门"经历，且都是在重要的部门任职，且其中 9 人有在知

---

① Peterson Institute for International Economics. Announces New Board Leadership. [2020-02-01]. https://www.piie.com/newsroom/press-releases/peterson-institute-international-economics-announces-new-board-leadership.
② Peterson Institute for International Economics. Senior-Research-Staff. [2020-02-03]. https://www.piie.com/experts/senior-research-staff.
③ Peterson Institute for International Economics. Research-Analysts. [2020-02-03]. https://www.piie.com/experts/research-analysts.

名高校担任教职的经历,可见其学术水平颇高。选取我国 3 家同类型智库机构(在宾夕法尼亚大学"国际经济政策智库"中有排名显示)进行对比(表12.5),PIIE 的"有'旋转门'经历的人员所占比例"高达 92%,远高于中国社会科学院世界经济与政治研究所(IWEP)的 30%、中国国际经济交流中心(CCIEE)的 20%,最接近的中国人民大学重阳金融研究所(RDCY)该项占比为 50%;更进一步比较,相较于 PIIE 高达 100% 的"有重要'旋转门'经历占有'旋转门'经历的人员所占比例",中国人民大学重阳金融研究所(RDCY)该项占比为 70%,其余 2 家占比均为 38%。智库机构人员"旋转门"经历丰富,可为智库提升政策研究的质量,我国应当加大倡导智库人才的旋转流动,提升智库对国家政策的影响力。

表 12.5　国内 3 家同类智库与 PIIE 的常驻研究人员"旋转门"情况比较

机构(在宾夕法尼亚大学"国际经济政策智库"中的排名)	常驻研究人员数量/人	有"旋转门"经历的人员数量/人	有"旋转门"经历的人员所占比例/%	有重要"旋转门"经历占有"旋转门"经历的人员所占比例/%	重要"旋转门"经历备注
彼得森国际经济研究所(PIIE)(最佳智库)	13	12	92	100	在世界银行、国际货币基金组织、美联储、白宫经济顾问委员会、国家部委有任职经历的有 12 人
中国社会科学院世界经济与政治研究所(IWEP)(第 12 位)	81	24	30	38	在世界银行、联合国、国家部委、国家发展和改革委员会、知名企业任职经历的有 9 人
中国国际经济交流中心(CCIEE)(第 62 位)	41	8	20	38	在世界银行、国家发展和改革委员会、中共中央政策研究室任职经历的有 3 人
中国人民大学重阳金融研究所(RDCY)(第 65 位)	20	10	50	70	在世界银行、国务院参事室、国家部委、知名企业有任职经历的有 7 人

12.4.3 管理人员

PIIE 共有管理人员 27 人，包括领导管理层人员 6 人，员工 21 人。

12.5 资金财务管理

多元化的资金来源增强了 PIIE 的独立性和对知识完整性的承诺。每年，PIIE 获得来自美国和国外约 150 家公司、基金会、个人和公共机构的支持，此外，其收入还包括自身资本基金和出版物销售利润。

彼得森是 PIIE 的共同创始人，并且是最大的捐助者。

PIIE 和外部作者必须向研究所披露可能影响其研究的财务关系。自 2013 年 6 月起，PIIE 每年都会在网站上列出其财务支持来源。

PIIE 一直被 Charity Navigator 授予最高评价，以表彰其透明度和公开披露资金的承诺。

12.5.1 资金来源

PIIE 的支持者广泛，其中包括来自世界各地的庞大而高度多元化的个人、跨国公司、慈善基金会和公共机构。自 2013 年 6 月起，每年都会在 PIIE 网站上列出该研究所的财政支持来源，提供 2010～2018 年度清单。2018 年研究所总预算 1250 万美元，从资金来源类别来看，捐赠与出版收入占 38%、公司资金占 44%、基金会支持占 9%、个人投资占 6%、公共机构支持占 3%；从捐赠情况来看，10 万美元级别以上的捐赠占 36%，其中金额最大的 5 笔捐赠占 19%、美国以外捐赠占 15%、匿名捐赠占 2%。

12.5.2 资金管理

为了履行对知识完整性和独立性的承诺，PIIE 遵循以下原则。

1）客观性。PIIE 广泛的评估程序在出版之前对所有研究进行内部和外部的同行评审。作者必须公开其研究中使用的所有数据和计算，并允许复制结果。个人作者对自己的观点负责，但学院负责对他们的奖学金和论文进行严格而一致的质量控制。

2）透明度。PIIE 会披露专门用于特定研究的所有资金来源，以及与该研究相关的作者的任何隶属关系或咨询合同。本原则适用于任何 PIIE 出版物的所有作者，包括所有外部作者和合著者。所有作者都必须签署一份透明和公开的表格，以规范他们在研究所的身份。

3）利益相关者的多样性。PIIE 的独立性因其对多种资金来源的依赖而得到加强，包括公司支持、基金会赠款、个人捐款、美国和国外公共机构的支持，以及机构资本基金和出版物销售产生的收入。

4）作为研究机构的身份。PIIE 为其倡导学术诚信感到自豪，而这种倡导仅限于强有力地表达机构各个学者基于研究的观点。同时遵守美国所有适用法律的文字和精神，并有意识地避免任何可能被视为游说的活动。

12.6　小结

PIIE 是全球知名的经济政策领域智库，以寻求政策解决方案来增强全球经济繁荣和人类福祉为使命，学术研究与决策支持并重，智库人才"旋转门"流动为其政策影响力提升助力，同时具备较强的媒体应用能力，数据公开透明度高，以社论专文、专家观点访谈音视频库、研究图表库、听证会等多形式渠道，推广政策简报、研究报告、专著、专题简报、专题网站等多样化成果，有效发挥其智库职能。

PIIE 的管理与建设对我国的启示有以下三个方面。

（1）智库扎实开展学术研究为决策支持提供核心支撑

从 PIIE 的人员和资金规模来看，属于中小型智库，但却入选美国宾夕法尼亚大学的《全球智库报告 2019》2016～2018 年国际经济研究领域全球唯一最佳智库，并居全美综合第 4，全球综合第 9。通过选取《全球智库报告 2019》全球前十家知名智库研究论文引用数据对比及其在 2010～2019 年被 Web of Science 核心合集收录文章的研究方向分析，PIIE 被引频次总计、平均引用次数、单篇最高被引次数都表现不俗，表明其非仅限于只会发表政策类评论，而具备强大的研究能力为决策支持提供核心支撑。

（2）智库人才旋转门流动为智库政策影响力提升助力

PIIE 的公共政策影响力排名居全球第 10，这与其研究人员丰富的"旋转门"经历（含政府、国际组织、知名企业）有很大关系。通过 12.4.2 节对 PIIE 常驻高级研究人员的样本分析，"旋转门"比例高，且都是在重要的部门任职，且其中 9 人有在知名高校担任教职的经历，可见其学术水平颇高。选取我国 3 家同类型智库机构进行对比后认为，我国应当加大倡导智库人才的旋转流动，提升智库对国家政策的影响力。

（3）智库信息公开与传播机制促进智库成果效能发挥

PIIE 的媒体应用能力排名居全球第 2，从其网站来看，确实具备全方位多形式的宣传渠道，特别是对基础数据的公开透明度很高，对研究成果文档和数据原始表格都支持无条件下载获取；与此同时，在知名报纸媒体上发表社论专文、建有专家观点访谈音视频库、单独设立相关研究的图表库、通过参加听证会发表听证词增加曝光度。12.2.6 节通过选取在《全球智库报告 2019》"最佳媒体应用智库"或"最佳创意或模式创新智库"排名中有排名显示度的 3 家中国智库——中国人民大学重阳金融研究所（RDCY）、全球化智库（CCG）、清华大学国际关系研究院（IMIR）进行智库媒体应用及数据公开情况的比较分析，认为我国智库应当建立多层次、多类型的信息公开与传播机制，使智库成果在影响力方面效能发挥最大化。

中国特色新型智库建设的推进，对于推动我国国家治理能力和治理体系现代化有着重要意义。但是也要清醒地认识到我国智库在学术创新力、政策影响力、社会传播力方面与发达国家存在的差距。中美政治体制不同，智库建设不可能经验照搬、完全套用，有选择地借鉴会对我国智库建设有一定的帮助。首先，强调学术研究与政策支持齐头并进，学术研究是根本，离开学术研究的政策支持便是无源之水。其次，加大人才"旋转门"流转机制，吸纳有政府工作经历的人员进入智库，弥补决策经验不足的现状，有利于智库研究成果更好地与实践结合并且有利于决策制定切实可行，整合社会资源并提升智库影响力。最后，要加强营销能力，重视智库网站建设和媒体传播，通过博客、音视频、图表、专题网站多种形式加强研究成果的发布、推广、可获取性，扩大智库研究报告、出版物、数据集等载体的公开度。

第13章　法国国际关系研究所

13.1　智库概况

13.1.1　定位

法国国际关系研究所（French Institute of International Relations，IFRI）是法国规模最大的独立智库，致力于成为自由、负责的、具备执行力和前瞻思维的机构，善于对国际问题和全球治理进行分析。其使命包括：①利用以政策为导向的研究，就公众和决策者所认为重要的问题进行阐释；②促进专家学者、意见领袖、决策者等之间的对话；③针对当前国际问题阐明观点；④研判主要趋势，提出未来展望。

价值观：以宽容、自由和开放的精神开展工作；具备严谨的知识以及对融资和分析的责任感；考虑普遍利益的透明决策。

未来远景：继续寻找高层访问公共和私人决策者的机会，继续在全球范围内建立联系，并将相互支持的研究与辩论活动结合起来。作为将法国战略思想传播到国外的工具，IFRI还将继续阐明国际问题，确定重要趋势并为其合作伙伴和支持者探索关键问题。

独立性原则：保持独立性、客观性和完整性。具体如下：①既不支持也不捍卫任何特定利益，也不倾向任何党派立场；②确保研究和辩论活动高水准，客观并负有责任感；③在利益相关者和所表达的多种观点之间保持平衡；④承担责任意味着以研究所名义进行的任何公开表达和判断都要适度；⑤确保所获得的资金和物质支持对其原则和价值观没有任何影响。

13.1.2　简要发展历程

IFRI 成立于 1979 年，前身是 1936 年建立的外交政策研究中心（Centre d'études de politique étrangère），该研究中心在 1944～1978 年雅克·韦尔

南（Jacques Vernant）担任秘书长期间，加强了自身与外交部之间的联系与互动，因而在外交政策的制定过程中起到了举足轻重的作用。1979 年，时任法国外交部国际问题分析和研究中心主任的蒂埃里·德蒙布里亚尔（Thierry de Montbrial）牵头改组了成立于 1936 年的外交政策研究中心，并在此基础上创建了法国国际关系研究所，使之成为真正意义上的现代"智库"，并逐渐发展为"法国一流的智库"。IFRI 本部设在巴黎，同时在布鲁塞尔设有一个办事处。

1981 年出版第一期"RAMSES"报告，在国际舞台上参与政策对话，出版一直持续至今，到 2019 年已是第 37 期，影响广泛。1999 年举办成立 20 周年庆典，召集多位国家元首和政府首脑，进行非常高级别辩论（La Villette 国际会议），法国总统雅克·希拉克（Jacques Chirac）指出"IFRI 已成为世界领先的研究所之一"。进入 2000 年，IFRI 加强了研究计划和常设研究人员团队，重视与私人合作伙伴的联系以及网站、出版物的建设。2008 年，始创"世界政治会议"（the World Policy Conference，WPC），目的是通过国际间最高级别交流，寻求探索和发展新的全球治理的逻辑和框架，"WPC 希望为适度开放的世界的可持续发展做出一点贡献，这将使人类（无论其信仰如何）都能更好地生活在现实和存在的奥秘之中"。

IFRI 创始人蒂埃里·德蒙布里亚尔也是现任执行主席，1973 年在法国外交部负责国际问题分析和研究中心，1979 年离开外交部创建法国国际关系研究所，得到时任法国总理雷蒙·巴尔的支持。该研究所与法国外交部合作了若干项目，形成其独特影响力。1995 年 IFRI 接手历史悠久的法国《外交政策》杂志的出版和发行工作。

IFRI 现任所长托马斯·戈马尔（Thomas Gomart）在 2004～2013 年成立并领导 IFRI 的俄罗斯/NIS 中心，之后被任命为法国国际关系学院（IFRI）的所长。在加入 IFRI 之前，托马斯·戈玛特就职于马恩拉瓦莱大学（1996～1999 年）和法国国防部。他目前的研究重点是俄罗斯、数字治理、法国外交政策、国家风险和智囊团。

13.1.3 声誉及智库排行

IFRI 是法国综合实力最强、影响力最大的智库,也被称为"法国第一智库"(臧术美,2011)。在宾夕法尼亚大学发布的《全球智库报告 2019》中,IFRI 排名显示度情况如下。

1)总体排名方面,IFRI 在西欧顶尖智库排名第 2,在全球顶尖智库综合榜排名第 3,全球顶尖智库综合榜(不含美国)排名第 3。

2)研究领域方面,IFRI 在外交政策与国际事务领域排名第 3;国防和国家安全领域排名第 18,国际经济政策领域排名第 55。

3)根据不同评价维度,FRI 在最具创新政策思想/建议的智库排名第 4,最佳政策导向型项目研究机构排名第 8,在最佳智库会议排名第 11,在最佳媒体使用(印刷或电子)排名第 18,最佳跨学科研究智库排名第 27,最佳新想法或范例智库排名第 27。

13.2 研究概况

13.2.1 研究战略或领域

IFRI 采取区域和主题相结合的方法,将欧洲与国际事务作为优先分析与预测的研究领域,运用跨学科研究方法,从区域、国家和全球视角进行研究。IFRI 在 2018 年度报告中列出 9 个研究大项:欧洲计划、俄罗斯和新独立国家中心、亚洲研究中心、土耳其/中东计划、非洲研究中心、北美计划、安全研究中心、能源中心、移民与公民中心。

1)欧洲计划。①法德关系研究委员会:成立于 1954 年,是法德两国共同拥有的最古老的双边组织之一。该委员会致力于更好地了解两国政治、社会和经济,关注欧盟体制下法德关系的演变。②法奥研究中心:成立于 1978 年,重点关注欧盟在中欧和东欧的扩张,加强与欧洲国家就未来发展进行对话。

2)俄罗斯和新独立国家中心。成立于 2004 年,致力于预测该地区的未来发展变化,提供专业的决策辅助。

3）亚洲研究中心。开展研究并提供深入的见解和分析，为决策提供支持，与重要国际研究中心合作，就关键问题组织对话论坛。

4）土耳其／中东计划。①关注土耳其政治、经济和社会动态，为增强法土两国政治经济决策者之间的对话提供决策支持。②关注中东、北非区域动态，提供有关该区域政治制度、社会和经济演变的专门知识，以便为制定新政策提供信息。

5）非洲研究中心。成立于2007年底，旨在对非洲大陆进行深入分析，跟踪分析其经济、社会、政治和安全动态，辅助政治和经济决策者制定有关非洲大陆的政策。

6）北美计划。成立于2000年，关注美国文化、外交、安全等领域的政策，在维持跨大西洋关系、定期组织交流活动以及官员会晤等方面发挥作用。

7）安全研究中心。为法国国家安全战略提供决策支持。

8）能源中心。让公众和决策者了解全球能源市场的地缘政治发展，分析其经济、政治和环境影响，以及对欧洲政策的影响。

9）移民与公民中心。成立于2011年，致力于开展关于法国及欧洲的移民和新公民实践研究，对移民多样性问题提出新思考，采用创新方法，让直接受这些问题影响的机构、决策者、非政府组织、公司、移民和工人阶级社区居民等参与其中。

从IFRI网站"研究"栏目"themes"来看，IFRI研究领域包括6个大项15个分项（表13.1）。6个大项为：经济（对应序号1）；能源与气候（对应序号2~5）；空间发展（对应序号6）；公民与移民（对应序号7~9）；健康与环境（对应序号10）；安全与防御（对应序号11~15）。IFRI所长谈到，未来4年IFRI的研究重点集中在三个方面：美国、中国、俄罗斯等国家的多边国际关系以及受其影响的能源、经济、技术等问题；欧洲问题；世界环境、人口、公共空间（包括太空、海洋）等问题。

表 13.1　IFRI研究战略与领域

序号	分项	研究内容及相关举例
1	经济	结合政治视角涵盖全球经济体系、治理体制变化、不同经济区域（美国、俄罗斯、中国等）的动态和趋势，欧洲问题受到特别关注。 举例：*China and the New Geopolitics of Technical Standardization*（《中国与技术标准化的新地缘政治》）（2020年01月27日） 观点提要：中国正迅速成为发展技术标准的强大力量，它改变了国际标准制定的格局，并将地缘政治因素重新引入了通常被认为是良性的技术过程
2	矿物燃料的地缘政治	该领域涉及石油、天然气和煤炭行业的全球地缘政治趋势，重点是需求和供应的短期和长期趋势。 举例：*Rare Earths and China：A Review of Changing Criticality in the New Economy*（《稀土与中国：不断变化的新经济危机回顾》）（2019年01月23日） 观点提要：中国在稀土元素生产中的主导地位标志着在日益数字化的低碳世界中曾经一度晦涩的矿产资源的竞争
3	电力部门的主要风险	该领域专注于法国、欧洲和全球范围内电力部门的经济和地缘政治转型。特别关注核工业的未来和可再生能源的强劲发展。 举例：*Storage Integration in Energy Systems：A New Perspective*（《存储集成能源系统研究的新视角》）（2016年06月08日） 观点提要：经历新的能源存储方式（主要是电池）有望带给能源系统的变革
4	欧洲能源政策	该领域研究了欧洲内部和外部能源政策的主要政策法规问题，重点是能源市场的整合和低碳技术的部署。 举例：*Sustaining Multilateralism in a Multipolar World：What France and Germany Can Do to Preserve the Multilateral Order*（《在多极世界中维持多边主义：法德可以采取哪些措施来保存多边订单？》）（2019年06月03日） 观点提要：处于国际多边主义压力之下，法德在贸易、常规军备控制和气候变化三个方面捍卫利益至关重要
5	气候政策与能源转型	该领域涉及国家一级通过的气候变化政策，以及主要排放国在国际气候谈判中的地位。特别是，该领域的重点是实施《巴黎协定》，以及全球为减少温室气体排放以在2100年之前将温度升高限制在1.5℃的努力

续表

序号	分项	研究内容及相关举例
6	空间发展	IFRI的太空计划力图在决策者和公众中确立太空作为政治主题的重要性，以强调太空在我们的社会和经济中发挥的核心作用。它还旨在将国家、区域和国际空间政策置于目前影响国际关系动态的更广泛范围内。最后，该项目旨在定义和说明太空的战略机遇，以确立和理解太空在国际政治中的重要性。太空计划将分析重点放在欧洲上，因为它应对21世纪挑战的能力将部分取决于制定一致而雄心勃勃的太空战略。 举例：*New Space：The Impact of the Digital Revolution on Space Actors and Policies in Europe*（《新空间：数字革命对欧洲空间参与者和政策的影响》）（2017年01月17日） 观点提要：像大多数"传统"工业一样，太空工业几年来一直面临着数字技术的挑战。因此，欧洲航天业正在与数字技术的新参与者打交道，这些参与者主要是美国的初创企业或GAFA（谷歌、亚马逊、Facebook和苹果）等硅谷巨头
7	公民，民粹主义和身份	关于移民的新论述在短短几年内深刻地重新构筑了西方国家的公民权问题，同时因国家身份被迫反对多元文化主义、移民和伊斯兰教
8	移民与欧洲边界	欧洲的移民和庇护政策已经走到了尽头，而欧洲对外边界的控制则依赖与第三国（土耳其、利比亚、摩洛哥、尼日尔等）签订的协议。 举例：*The Global Compact for Migration：Towards Global Governance of International Migration?*（《全球移徙契约：走向国际移民的全球治理？》）（2019年02月07日） 观点提要：《安全、有序和正常移民全球契约》是联合国就国际移民的所有方面采取综合办法的第一份协议，《安全、有序和正常移民全球契约》倡导的管理移民方法允许联合国在自愿的基础上对各国发挥技术支持作用
9	移民与庇护观察站	旨在为法国和欧洲的所有涉及移民和庇护领域的参与者提供一个辩论空间。对公共和私人行为者以及民间社会组织所采取的各种行动进行分析的目的是加强可能的协同作用，以满足难民和移民的需求，促进创新的解决方案，以及开展和传播与庇护和移民有关的研究
10	健康与环境	包括流行病动态、卫生系统的复原力、国家、国际组织和非政府组织的作用。 举例：*Russia and Global Climate Politics*（《俄罗斯与全球气候政治》）（2014年09月01日） 观点提要：旨在阐明俄罗斯在全球气候政治中的行为方式和原因

续表

序号	分项	研究内容及相关举例
11	欧洲战略自主权	鉴于美英这两个重要盟国对欧洲安全的未来承诺也越来越不确定，该计划为欧洲国防相关问题以及实现《欧盟全球战略》目标提供分析支持。 举例：*Europe's architecture of security in the current strategic environment: Taking the path toward "strategic autonomy"*（《当前战略环境中的欧洲安全架构：迈向"战略自主"之路》）（2019年10月31日） 观点提要：欧洲缺乏主张和捍卫自己独立政治观点的适当手段，可以通过集体和包容性的方法克服目前的僵局
12	威慑与扩散计划	研究旨在增进对核问题在技术、区域、外交和预算等各个方面的复杂性的理解，研究报告主要包括核态势、战略和能力；减少武器库和加强不扩散制度的多边努力。 举例：*The Franco-German Tandem: Bridging the Gap on Nuclear Issues*（《法德串联：弥合核问题上的差距》）（2019年01月28日） 观点提要：法德共识对协同应对战略稳定、军备控制和裁军方面的挑战更具影响力
13	国防研究部	提供必要的优化解决方案，为将来的必要军事建设奠定基础，首先关注法国军队及其主要盟国的军队。 举例：*The Strategic Role of Land Forces: A French Perspective*（《陆军的战略作用：以法国视角为重点的战略》）（2019年11月07日） 观点提要：重新评估陆军对主要战略职能的贡献
14	未来冲突观察站	研究冲突环境的演变及其到2035年对部队结构的影响；向军队提供建议，以期在多学科分析的框架内调整其部分或全部能力；加强武装部队对不断发展的国际地缘战略环境的掌握。 举例：*Les armées françaises face aux menaces anti-aériennes de nouvelle génération*（《法国武装部队面临的威胁》）（2018年12月20日） 观点提要：为法国保持其执行"进入作战"的能力，分析其当前模式的局限性，并建议在其能力发展政策中采取相应行动
15	国土安全	研究包括：激进化的过程（社交网络作为意识形态激进化和非正式动员工具的作用，新形式的暴力反对派的出现，以巴冲突在法国的影响）；恐怖主义；技术风险

13.2.2 主要研究中心

（1）能源中心

在能源与气候政策、欧洲和全球能源市场、技术与价值链等方面具有独特性和专业性，为决策者、行业利益相关者、学术界、媒体和广大公众提供战略信息和分析。重点研究地缘政治、地缘经济学与能源市场政策之间的相互作用，分析矿石燃料的传统紧张局势的演变，以及如何在与其他资源、规范、技术、投资、价值链的新竞争中得到补充。

（2）移民与公民中心

为研究移民作为国际关系的结构维度做出贡献，并在日益相互依存的全球社会中分析新型公民身份。该中心建议通过一种新颖的方法，以积极、动态的方式与主要利益相关者和社会参与者探讨一些主题，包括机构、政策制定者、非政府组织、私人公司、移民。

（3）安全研究中心

分析传统的防御问题以及更广泛的安全领域的发展，目标是通过其出版物影响广大公众，特别是两个电子论文系列"*Focus stratégique*"和"*Proliferation Papers*"，并向所有参与公共安全的行为者提出建议。

13.2.3 项目成果的传播与影响

（1）出版成果类型

出版成果类型包括刊物、报告、著作、政策报告、社论、合作成果，每类可以分为若干小类。表13.2对网站能检索到的各类出版成果数量进行统计，以《外交政策》（*Politique étrangère*）这一期刊的成果最多。以下还列举了一些该刊观点文章，分析其对国家政策的影响力。

《外交政策》季刊观点文章聚焦国家外交战略以及国际发展趋势等重大问题，具有极强的政策参考意义。如研究"印太战略"问题，对相关政治、经济与军事措施进行反思。有学者观点认为，印太战略是当前本国外交战略的重要组成部分，将打造"稳定的多极秩序"作为其"印太战略"的出

表 13.2　出版成果类型

成果类型	数量	部分类别	数量/（个或篇）
《外交政策》（*Politique étrangère*）	815	Issues（观点）	48
		Articles（文章）	764
世界经济体系和战略年度报告（*Ramses*）	89	Issues（观点）	13
		Articles（文章）	76
报告（Reports）	234	Focus Stratégique（战略重点）	83
		Proliferation Papers（扩展报告）	60
		Russie.NEI.Reports（俄罗斯 NEI 报告）	18
著作（Books）	90	Books（著作）	90
政策报告（Policy Papers）	608	Asie Visions（亚洲愿景）	109
		Notes du Cerfa（du Cerfa 相关）	42
		Notes franco-turques（法国 - 土耳其相关）	10
		Potomac Papers（Potomac 报告）	35
		Russie.NEI.Visions（俄罗斯 NEI 愿景）	120
		Visions franco-allemandes（法德愿景）	7
		Perspectives MOM（MOM 观察）	1
		Europe.visions（欧洲愿景）	6
社论（Editorials）	287	Chroniques américaines（美国历史）	37
		Édito Énergie（能源社论）	105
		L'Afrique en questions（非洲问题）	21
		Lettre du Centre Asie（中亚动态）	14
		Repères sur la Turquie（土耳其相关）	2
		Mardis de l' Ifrià Bruxelles（IFRI 布鲁塞尔相关）	12
		Actualité MOM（MOM 新闻）	5
合作成果（External Publications）	460	External Articles（合作论文）	262
		External Books（合作著作）	68
		External Book Chapters（合作章节）	69

注：据 IFRI 网站检索，检索时间为 2020 年 03 月 18 日。

发点和落脚点，试图恢复欧洲大国形象、重振国家力量①。而美国在 2019 年 11 月发布了《一个自由、开放的印度 - 太平洋地区：推进一个共同构想》的报告，可见印太地缘的战略重要性②。又如，研究未来十年（2029）年全球总体趋势③，涉及金融、能源、人口、贸易战等诸多方面。而对于全球能源、气候变化问题也极为关注，2016 年"RAMSES"主题 *Climat：une nouvelle chance ?* ④体现对气候治理的责任、路径、政策等方面提出的政策建议和主张。

例 1：*The Indo-Pacific：A Viable Concept*?（《印度 - 太平洋（战略）：是可行的概念吗？》）（2019 年秋季刊）。

印度 - 太平洋概念在几年前提出，旨在表达世界全球化的新格局。在经济交流和权力分配方面，印度 - 太平洋是一个从波斯湾到太平洋的统一区域，所有主要大国都在这里汇合，扩大规模并相互对抗。需要对这个新区域以及其中要采取的政治、经济和军事措施进行反思。

例 2：*2019-2029: The World in 10 Years*（《2019 ~ 2029 年：全球十年》）（2019 年春季刊）。

在接下来的十年中，全球舞台在各个方面可能会发生什么？世界将被"西化"到多远？现代性是集中力量还是稀释力量？如何评估国际金融体系的进步，其局限性是什么？贫困可以进一步减少吗？能源转型会成功吗？国际暴力将采取什么形式？ 2029 年世界人口将是什么样？新技术是否正在重新设计新的地缘政治？全球贸易在贸易战还是多边主义之间犹豫不决？欧洲是要消亡还是重建？非洲各方面的经济和政治前景如何？中东注定要崩溃吗？亚洲

---

① 汪书丞，李想. 马克龙政府"印太战略"及其挑战. [2020-03-01]. http://www.cssn.cn/gjgxx/gj_bwsf/202002/t20200210_5086691.shtml?COLLCC=3560469405&COLLCC=3593851767.

② U.S. Mission China. 印度 - 太平洋战略. [2020-03-01]. https://china.usembassy-china.org.cn/zh/tag/%E5%8D%B0%E5%BA%A6-%E5%A4%AA%E5%B9%B3%E6%B4%8B%E6%88%98%E7%95%A5/.

③ 2019-2029: The World in 10 Years Politique étrangère，Vol. 84，No. 1，Spring 2019. [2020-03-01]. https://www.ifri.org/en/publications/politique-etrangere/sommaires-de-politique-etrangere/2019-2029-world-10-years.

④ RAMSES 2016. Climat : une nouvelle chance ?. [2020-03-01]. https://www.ifri.org/sites/default/files/atoms/files/ramses2016_aoun_the_effects_of_global_warming_final.pdf.

会成为明天世界的中心吗？如何勾勒出2029年的世界？

（2）各研究计划2018年出版成果统计

根据IFRI 2018年报进行统计，按照9项区域研究计划（表13.3）来看，共产出成果108项，其中著作7项、报告9项、政策论文44项、专栏文章13项、其他文章35项，参与讨论会60场。从具体的研究方向（表13.4）来看，包括安全与国防、能源、移民与公民等，共产出成果63项，其中著作2项、报告26项、政策论文2项、专栏文章20项、其他文章13项，参与讨论会42场。

表13.3　IFRI 2018年出版成果（按9项区域研究计划统计）

区域	研究计划	目的	研究人员数	著作	报告	政策论文	专栏文章	其他文章	参与讨论会
欧洲	法德关系委员会	研究法德政治、社会和经济发展；分析不断发展的法德关系	4			6	2	14	15
	法奥关系中心	致力于巩固法奥关系	6	1					5
俄罗斯	俄罗斯和新独立国家中心	预测该地区的变化，提供专业知识并帮助决策	4	1	3	7		4	11
亚洲	亚洲研究中心	提供深入的了解和分析，提出决策建议，讨论关键问题	4	3	1	8	5	8	14
北非/中东/地中海	土耳其	开发用于分析土耳其自身政治、经济和社会动态的新工具，并理解国家在国际舞台上的崛起；加强政治与经济对话	1	1					
	中东计划	为该地区政治体系、社会和经济发展提供专业知识；为每个国家指明新的方向，并确定风险和潜在的结果	2		3			4	3

续表

区域	研究计划	目的	研究人员数	著作	报告	政策论文	专栏文章	其他文章	参与讨论会
北非/中东/地中海	IFRI与OCP（新南方政策中心前身）政策中心合作	合作开展相关研究	2		1	6			4
非洲	非洲研究中心	对非洲大陆进行详细、定性的分析，追踪其横向动态并分析其经济、社会、政治和安全变革	3		1	14	5	4	5
北美	北美计划	了解美国的文化和政策，分析其外交和国防政策的变化	1	1		3	1	1	3
		合计	27	7	9	44	13	35	60

表13.4　IFRI 2018年出版成果（按具体研究方向统计）

研究方向	研究人员数	著作	报告	政策论文	专栏文章	其他文章	参与讨论会
安全与国防研究中心	6	1	11		4	5	21
能源中心	5		11	1	14		15
移民与公民中心	2	1		1			6
其他			4		2	8	
合计	13	2	26	2	20	13	42

（3）传播途径

拥有五大在线传播渠道。①主网站。2018年访问量和文章下载量超过100万，提供4种语言版本（法语、英语、德语和俄语）。②社交媒体。Facebook页面拥有超过100 000个关注者，定期发布研究成果、多媒体视频和图片等。Twitter每天约有25 000名用户可以访问IFRI的新闻摘要；

Linkedin 作为领先的专业人士在线平台，IFRI 向其 20 000 位联系人传播丰富多样的每日内容。③视频传播。利用 YouTube 在线视频平台，IFRI 在 2018 年发布了 60 多个独家视频，拥有 2000 多个订阅者。④信息图表。在 2018 年，IFRI 发布了 20 多个信息图表，旨在将重要研究的关键点带给广大公众。⑤博客。主要有安全研究中心博客（http://ultimaratio-blog.org/）、《外交政策》刊物博客（http://www.politique-etrangere.com）、非洲研究中心博客（http://afriquedecryptages.wordpress.com）。专门有独立平台（IFRI's media presence）向媒体提供可以开会和辩论的论坛。2018 年，IFRI 在媒体中保持了强大的影响力，除了其 80 篇文章、专栏文章和访谈外，IFRI 的研究人员还参加 300 多次电视和广播节目，并被法国和国外媒体引用 4500 多次。媒体包括《纽约时报》《金融时报》《华尔街日报》《今日俄罗斯》，以及新华社等。

13.3 代表性成果

13.3.1 旗舰出版物

（1）《外交政策》季刊。重在分析重大国际问题，首次出版可以追溯到 1936 年，当时由外交政策研究中心（Centre for the Study of Foreign Policy）主持。1979 年开始由 IFRI 编辑。该刊是深入分析与辩论国际事件的空间与指南，是法国最古老、最负盛名的国际关系杂志。2018 年的主题有：①美国的第二阵风（A Second Wind for States?）；②网络安全与网络防御：从黑客攻击到信息战（Cybersecurity and Cyber Defence: From Hacking to Information Warfare）；③从战争到和平的过渡（Transitions from War to Peace）；④脱欧：陷入困境（Brexit: Getting in a State）。

（2）"RAMSES"（年刊）。2019 年出版的主题是：未来的冲突：全球经济体系和战略年度报告（The Clashes of the Future：Annual report on the global economic system and strategies）。覆盖 2018 年国际关系领域，特别侧重自由民主、特朗普及多边主义问题、中国领导战略、中东危机、欧洲视野缺失、真正的国际治理需求、人口统计、中国新力量等。

13.3.2 重要的会议平台

自 1979 年成立以来，IFRI 已与其企业成员建立了特殊的关系。IFRI 为其合作伙伴提供了一些优势，如专用的研究，网络，与其研究团队的互动以及获得其国际认可的专业知识和联系。据 2018 年报显示，其合作企业有 69 家、机构会员有 7 个、各国大使成员 46 个。成为合作伙伴意味着可以与国际舞台上的领先专家和观察员一起参加 IFRI 的辩论和活动，并增强法国的专业知识对国际关系的影响。各合作伙伴之间通过早餐会、午餐会、晚餐辩论、研讨会、闭门会议、研讨会议等形式，成为交流与共享的独特机会。

由 IFRI 创办的世界政策会议[①]作为第二轨道外交的典型代表，它与香格里拉对话、地中海对话并称为世界三大最佳智库会议。会议聚集了政治和经济决策者，专家和舆论领袖，对当前的问题和全球治理进行辩论，使命是努力改善所有形式的全球治理，为促进更开放、繁荣和公正的世界作出贡献。

13.4 人力资源管理

13.4.1 董事会

IFRI 董事会成员共 20 人。来自知名企业的有 8 人、国家政府机构的有 6 人、国家级科学研究院及高等教育机构的有 6 人。

13.4.2 战略咨询委员会

IFRI 战略咨询委员会共有委员 18 人，较董事会成员构成而言，来自高

[①] World Policy Conference. [2020-03-01]. https://www.worldpolicyconference.com/.

等研究机构以及担任政府任职特别是外交大使的人员明显居多。"委员会的任务是把握与指导研究所的科研方向，对研究人员的研究成果以及研究单位的工作进行评估；对课题的立项、可行性及应用前景进行评估；对课题的结项进行鉴定"（王辉耀和苗绿，2017）。

13.4.3　运行架构

IFRI 由创始人蒂埃里·德蒙布里亚尔担任执行主席，由托马斯·戈玛特（Thomas Gomart）担任所长。设有执行委员会，7 名委员分别是所长、行政总长、安全研究中心负责人、出版部门负责人、俄罗斯/NIS 中心负责人、亚洲研究中心负责人、发展部门负责人。所长、执行委员会办公室负责人、执行主席顾问、行政总长均向执行主席负责。所长负责各研究中心及项目、机构发展、出版事务、数字传播、图书信息服务。行政总长管辖行政部门、财务、安全等事项。

13.4.4　理事会会议

IFRI 理事会会议（Council of Council，CoC）智囊团来自 24 个国家（表 13.5），致力于通过确定全球治理的威胁和机遇来确定主要的外交政策挑战和多边合作。2019 年在 IFRI 成立 40 周年之际，该会议主要议题为："到 2030 年，哪些动态会对智库行业产生影响？未来十年智囊团的主要外交政策问题将是什么？"

IFRI 主页"team"栏目检索显示共有 70 名团队成员（含各类研究人员）。根据 IFRI 宣传册"组织机构"（Organization and Governance）进行不完全统计，超过 60 名员工，其中"中心与研究项目"（Centers and Research Programs）人员 29 人。智库成员以现任或前任政界人士、学界人士居多。每个部门均由具有科学和组织技能的著名研究人员领导。每个项目单元都享有真正的自主权，同时在 IFRI 的总体活动中扮演重要的协作角色。

表 13.5　CoC成员智囊团列表（24个国家）

序号	成员	序号	成员
1	阿根廷：阿根廷国际关系理事会（CARI）	13	日本：言论NPO（Genron NPO）
2	澳大利亚：洛伊国际政策研究所	14	墨西哥：墨西哥国际事务委员会（COMEXI）
3	比利时：欧洲政策研究中心（CEPS）	15	尼日利亚：尼日利亚国际事务研究所（NIIA）
4	巴西：瓦加斯基金会（FGV）	16	波兰：波兰国际事务研究所（PISM）
5	加拿大：国际治理创新中心（CIGI）	17	俄罗斯：外交与国防政策委员会（SVOP）；当代发展研究所（INSOR）
6	中国：国际战略研究所（IISS）；上海国际问题研究院（SIIS）	18	沙特阿拉伯：海湾研究中心（GRC）
7	法国：法国国际关系学院（IFRI）	19	新加坡：南洋理工大学拉贾拉特南国际研究学院（RSIS）
8	德国：德国国际安全事务研究所（SWP）	20	南非：安全研究所（ISS）；南非国际事务研究所（SAIIA）
9	印度：观察家研究基金会（ORF）	21	韩国：东亚研究所（EAI）
10	印度尼西亚：战略与国际研究中心（CSIS）	22	土耳其：全球关系论坛（GIF）
11	以色列：国家安全研究所（INSS）	23	英国：查塔姆研究所（皇家国际事务研究所）；国际战略研究所（IISS）
12	意大利：国际事务研究所（IAI）	24	美国：对外关系委员会（CFR）

资料来源：French Institute of International Relations .Member think tanks of CoC. [2020-03-01]. https://www.ifri.org/en/debates/division-or-reconciliation-changing-political-agenda-and-role-think-tanks-next-decade.

13.5　资金财务管理

IFRI 作为公用事业组织,不依附于任何政党和企业,其公共和私人资金来源多样。只有 IFRI 资源的多样性和可持续性才能保证其工作的长期质量和相关性。IFRI 的资金来自公司、大使馆、组织和个人成员,占其资源的 70% 以上,另外也接受国家资助。2019 年 IFRI 的运行经费为 630 万欧元,其中 70% 来自私营机构资金(为企业或相关私营机构提供咨询和专题研究);另外约 30% 来自政府补贴(政府补贴 28%,欧盟资助 1%)。

支持 IFRI 的方法有两种:成为会员,或者支持特定的研究计划。目前拥有超过 60 家企业会员(corporate members & program supporters),超过 60 家使馆与机构会员(embassies & organizations),超过 4000 名个人会员(individual members)。

13.6　小结

IFRI 是全球知名的外交与国际事务领域智库,致力于对国际问题和全球治理进行分析,该智库有关能源、安全、欧洲关系、法德关系等研究主题,对国际国内重大问题进行前瞻研究,强有力地支持法国国家战略决策。该智库热衷于举办各类会议,与重要政要人物交流频繁,以促进对外交流合作,提升外交领域相关政策研究的能力以及影响力,所创办的世界政策会议已连续举办超过 10 届,为改善全球治理、促进世界繁荣作出贡献。此外,智库内外协同能力强,能够在短时间内组成进行横向跨域工作组,对外与多个知名外交智库或国际政策研究所组建联盟,共商外交政策大计。该智库的启示有以下几点。

1)重量级会议和政要人物参与,助力决策支持力的发挥。IFRI 每年几百场的外交政策辩论与讨论会,不乏多国政要出席,已成为发挥"二轨外交"的重要场所,参与者不乏法国政府或欧盟官员以及各国元首,举行次数之频繁,参与人员级别之高,可谓世界少有(应强,2010)。辩论主题包括国际外交环境、地区热点、时下外交领域主要议题、外交政策制定、外交政策实施情况等方面，已深深"嵌入"政府外交政策过程的各个阶段。2018 年，IFRI 在巴黎和国外组织了 130 多次会议和辩论，约 10 项重大国际活动。与此同时，IFRI 对其企业合作伙伴的决策支持至关重要，正如 IFRI 开发总监延恩·罗兰（Yann Roland）所说，"了解自己的地缘政治环境，IFRI 的合作伙伴公司可以对其选择充满信心。他们成长的关键因素是决策中心与研究所研究之间的紧密联系。这种独特的方法越来越成为公司战略的一部分"。

2）机构内部跨领域合作、机构外部合作协同，内外合力构建起智库协同力。从内部来看，IFRI 的优势在于其研究人员组合力量并开展跨越区域和主题方法的工作的能力，横向性和多学科性自然地结合在一起，使来自不同背景和专业的研究人员聚集在一起。"RAMSES"和《外交政策》这两种标志刊物以及常规的协作研究分析都是以横向方式开发的，IFRI 能够在短时间内组成进行实时分析和预测的工作组，这种专有技术和响应能力建立在丰富的经验和对全球环境持续深度了解的基础上。从外部来看，IFRI 进行对外学习交流过程中最为典型的便是 CoC，这一研讨会的核心由美国兰德公司、英国皇家国际事务研究所、德国国际和安全事务研究所和法国国际关系研究所组成，此外还涉及 20 多个外交智库或国际政策研究所。CoC 的目标是通过确定全球治理和多边合作所固有的威胁和机遇，来界定主要的外交政策挑战，而 IFRI 通过定期参加年度和地区性的研讨会也进一步促进了对外交流合作，并提升了其外交领域相关政策研究的能力以及影响力。

3）IFRI 秉持的全局变局观为我国建设特色新型外交智库提供了借鉴。当前世界处在新的大变局中，权力的重组、秩序的调整和观念的更替下，双边关系、多边关系等外交领域更需要具有全局视野和变局观念。法国为全球治理问题设立了巴黎和平论坛，是应对气候变化和保护生物多样性的核心倡导者，强调要建立"新的平衡关系"和新的公平框架，IFRI 的有关能源、安全、欧洲关系、法德关系等研究主题，正是对国际国内重大现实问题、长远问题，以及战略问题深入地进行前瞻性研究，并系统性提出具有建设性、可操作性的政策建议，能够强有力地支持法国国家战略决策。中国特色新型外交智库要选择战略性、前瞻性的重大问题进行超前研究，从而推动全球治理、推动构建新型文明关系和观念创新，为深处百年未有之大变局中的中国外交提供方向和方案。

第三部分

中国智库的发展与思考

第14章　中国智库发展

在我国"智库"概念形成比较晚，但具有智库功能的机构很早就出现了。为决策者出谋划策、建言献计的智囊团历史可追溯至先秦时期，但中国真正意义上的现代智库则始于新中国成立之后。随着经济、社会、环境的变迁以及政府职能的转变，智库的含义在不断地丰富和扩展，智库的特征也在不断变化。

14.1　中国智库发展历程

中国智库产业比西方国家起步晚。中华人民共和国在成立之初，就建立了一些国有研究机构，主要功能是为党和政府部门提供政策宣传和解读。中国科学院、中央编译局和中国现代国家关系研究院等均是这一时期成立的。改革开放至今，智库数量增加较快，智库类型也逐渐多元化，可以分为以下几个发展阶段。

14.1.1　现代智库萌芽（1949～1976年）

中华人民共和国在成立之初，就建立了一些国有研究机构，主要目的是广泛吸纳社会各界人士对新中国建设的意见和建议，为党和政府部门战略决策提供专业的信息参考和解决方案，主要机构如表14.1所示，这些机构是中国现代智库的雏形，至今仍发挥着重要的作用，为后期中国现代智库建设和发展提供了范本。

这一时期，智库基本属于官办机构，围绕中国政治、经济、科技、外交、国防等领域的重大决策需求提供理论支撑和智力支持，为中国各项事业的发展提供了强有力的支撑。

表14.1　1949~1976年成立的主要智库列表

机构现名	成立时间	使命	主要职责
商务部国际贸易经济合作研究院	1948年8月	为政府决策服务、为地方经济服务、为企业发展服务	为政府部门、企业、各类社会团体提供国际经济、贸易、投资、流通与消费等领域的理论与政策、市场与战略等方面的决策咨询服务，为全面推进中国特色社会主义事业、深化改革、扩大开放、发展与世界各国的经贸关系发挥重要作用开展商务研究和信息服务，促进商务事业发展
国务院参事室	1949年11月	为新中国建设出谋划策	参政议政、建言献策、民主监督、统战联谊
中国科学院	1949年11月	领导全国科技力量、促进经济和社会发展	从事基础研究、战略高技术研究和经济社会可持续发展相关研究，引领我国科学技术跨越发展，重点解决我国现代化建设中的基础性、战略性、前瞻性重大科技问题，发挥在中国特色国家创新体系中的骨干带动作用，提高我国自主创新能力，促进科技成果转化和高技术产业发展，为我国创新发展、协调发展、绿色发展、开放发展、共享发展提供科学基础和技术源泉
中国国际问题研究院	1956年11月	结合我国外交斗争和国际活动的意图，以国家发展战略和外交总体布局为出发点，有目的地开展有关国际问题的科学研究	对当前国际政治和世界经济等领域的重大问题进行中长期战略研究，亦对国际事务中重要的现实和热点问题做出及时分析，提出意见和建议，以供决策参考
军事科学院	1958年3月	全军军事科学研究中心	围绕军事、科技等重大问题开展决策咨询研究，发挥党中央、中央军委的思想库、智囊团作用
中国科学技术协会	1958年9月	为科学技术工作者服务、为创新驱动发展服务、为提高全民科学素质服务、为党和政府科学决策服务	组织科学技术工作者参与国家科技战略、规划、布局、政策、法律法规的咨询制定和国家事务的政治协商、科学决策、民主监督工作，建设中国特色高水平科技创新智库
上海社会科学院	1958年9月	哲学社会科学研究阵地	聚焦国家和上海发展中的全局性、战略性和前瞻性问题，深入实施智库建设和学科发展的双轮驱动，加快推进体制机制的改革创新
上海国际问题研究院	1960年	服务国家总体外交和上海地方外事	通过对当代国际政治、经济、外交、安全的全方位研究，发挥咨政建言、理论创新、国际交流和舆论引领职能

14.1.2 智库初成体系（1977～1987年）

改革开放为智库体系的确立提供了战略机遇。改革开放伊始，中央制定改革方案，需要大量政策分析与研究人员承担"智囊团""思想库""顾问机构"的角色，为改革献计献策。政策研究方法与思路也逐步开始有针对性地从国外引入。智库体系建设迎来第一轮发展机遇：1986年7月国家科学技术委员会召开了全国软科学研究工作座谈会，明确提出政策研究这一重大课题，对决策的科学化和民主化做了深入探讨。

在上述背景下，政府研究机构和社科院系统智库纷纷建立，大量科研人员进入国家政策部门参与决策制定和咨询。此阶段成立的智库有中国社会科学院、国务院发展研究中心、中国现代国际关系研究所和上海社会科学院等。这一时期成立的智库研究领域偏重于经济体制改革，如财税体制改革、价格改革、外贸改革等；大部分研究经费靠行政拨款，研究结果与政府意愿密切相关（李金霞，2007）。

14.1.3 智库多元发展（1988～2002年）

20世纪八九十年代，一系列机遇推动智库建设蓬勃发展：一是在改革开放的影响下，一部分科研人员从国家机关和政策研究部门"走出来"；二是党的十三大到十六大提出了一系列关于建立健全民主化、科学化决策机制的政策方针；三是繁荣软科学研究工作的开展，1994年全国软科学工作会议提出繁荣决策科学和发展咨询产业两大主题，1995年发布了《关于加速科学技术进步的决定》，促进软科学研究，加强科技政策研究，促进决策科学化、民主化作为科技兴国战略的一个重要内容提上日程（余瑛琪，2014）。

在上述因素的影响下，中国出现了第一批民间智库和高校智库的建设热潮，中国智库产业的多元化结构初步形成。这期间，建成了北京四通社会发展研究所、北京社会经济科学研究所、中国国际公共关系协会、零点研究咨询集团、天则经济研究所和安邦智库等民间智库，成为中国知识分子关注国家发展的重要渠道；也建成了北京大学中国经济研究中心、清华大学国情研究院、复旦大学中国社会主义市场经济研究中心等，它们秉承"与中国发展同行，与中国开放相伴，与中国变革俱进，与中国兴盛共存"的发展理念，践行"维护国家最高利益，认清国家长期发展目标，积极影响国家宏观决策"的发展宗旨，为国家决策、理论创新和教书育人作出了贡献。

14.1.4 智库转型发展（2003～2012年）

面对中国经济社会转型的巨大现实需求，中国智库以影响政策决策为目标，以繁荣哲学社会科学为己任，开始了新一轮经济高速发展和社会需求多元化背景下的创新和转型。较为突出的是地方社科院相继明确向智库转型发展，积极探索地方智库创建路径，尤其是通过管理体制创新和信息化手段，围绕地方经济社会发展过程中遇到的紧迫和重大现实问题，提供高质量的决策咨询服务，推进决策的科学化和民主化进程（上海社会科学院智库研究中心，2014）。同时，民间智库数量大幅增加，新型智库开始显现，专业性分工逐步加强，目前比较有影响力的21世纪教育研究院、中欧陆家嘴国际金融研究院、中国能源经济研究院、中国战略文化促进会、生态经济战略研究所和中国国际经济交流中心等智库机构，都是在这一时期成立和创办的。

14.1.5 智库体系创新发展（2013年至今）

2013年4月，习近平总书记首次提出建设"中国特色新型智库"的目标，将智库发展视为国家软实力的重要组成部分，并提升到国家战略的高度。2013年11月，十八届三中全会提出建设中国特色新型智库，建立健全决策咨询制度。2014年3月，习近平总书记在访问德国时，强调中德两国加大政府、政党、议会、智库交往。2014年7月，习近平总书记主持召开经济形势专家座谈会，指出会议是落实十八大和十八届三中全会要求加强中国特色新型智库建设的重要体现。之后陆续出台《关于加强中国特色新型智库建设的意见》《国家高端智库建设试点工作方案》等政策。在政策和经济社会发展需求的双重驱动下，掀起新一轮以"中国特色新型智库"为主要特征的智库建设热潮。

此阶段，智库发展呈现的亮点是：①智库影响力迅速提升，在影响决策、拓展公众思维及开阔眼界、提供多元化思想及研究成果等方面，深刻地改变和影响民众、企业、社会和国家的思想和决策；②智库专业化水平不断提升，在经济、政治、文化、社会、生态文明，以及城镇化建设、法制建设和国际关系等领域，形成了各有特色的智库运行模式；③全国高校以"协同创新"为抓手，纷纷出台关于加强高校新型智库建设的指导意见，推进高校智库规模不断壮大（上海社会科学院智库研究中心，2015）。

14.2 中国智库发展特点和趋势

14.2.1 中国智库发展的特点

中国智库已基本形成由官办智库、民营智库和高校智库并立的发展格局。根据《全球智库报告2019》数据，截至2019年，中国智库拥有量为507家，分别占亚洲和全球智库总数的17.72%和6.15%；智库数量仅次于美国、印度，位居世界第三位。表14.2统计了2009～2019年中国、美国智库数量。

表14.2 2009～2019年中国、美国智库数量

国别		2009年	2010年	2011年	2012年	2013年	2014年	2015年	2016年	2017年	2018年	2019年
中国	排名/位	2	2	2	2	2	2	2	2	2	3	3
	数量/家	428	425	425	429	426	435	429	453	512	507	507
美国	排名/位	1	1	1	1	1	1	1	1	1	1	1
	数量/家	1815	1816	1815	1823	1828	1835	1830	1835	1872	1871	1871

资料来源：历年《全球智库报告》。

从表14.2数据可知，在智库数量上中国与美国有较大差距。但中国智库产业起步晚，发展势头迅猛，为中国经济社会建设提供了理论和政策支撑。2017年以来，中国智库已从数量扩增逐步进入提质增效、稳步发展的新阶段。进入排名Top100的智库数量不断增加，研究的广度和深度都不断提升，概

括来说，国内智库显现如下特征。

（1）智库空间分布集聚趋势凸显，社会影响力初现

根据上海社会科学院《中国智库报告》统计，中国活跃智库分布具有较强的区域特征，即智库空间分布与经济发展水平呈同向趋势。据统计，61.30%的智库分布在东部地区，中部和西部地区的活跃智库分布基本相当（图14.1）；从各地区分布来看，中国活跃智库主要集中在北京、上海等地（上海社会科学院智库研究中心，2016）。

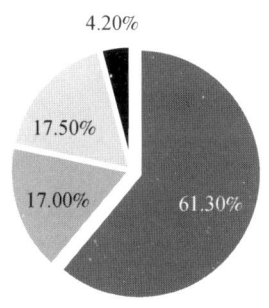

■ 东部地区　■ 中部地区　■ 西部地区　■ 网络及不确定

图14.1　中国活跃智库区域分布特征

智库研究与软科学研究在研究范式、研究主题、研究目的等方面基本相近。根据关于软科学研究机构的统计调查，可大致推算智库在数量、资金、人员、课题和影响力方面的情况。根据科技部在2010年组织的全国软科学研究机构统计调查结果，到2010年底，全国共有软科学研究机构2408家；2009～2010年度，全国软科学研究机构的经费总额为239.7亿元，其中，66.5%来自政府，占政府同期研发投入的13.4%；2009～2010年度，全国软科学研究机构的工作人员总数为8.4万人，占同年全国人员的4%左右（王辉耀和苗绿，2014）。

随着软科学机构硬件、人员方面的增长，其成果的影响力也不断增加。2009～2010年度，全国软科学研究机构共完成课题20 708项，在研课题有14 334项，课题平均经费支出为11.7万元，平均人力投入为2.3人/年（李

修全等，2012）。这些课题对国家政策和社会产生了一定的影响。据统计，这些课题共获得 5551 次领导批示，相关观点被媒体引用 3 万多次，论文被核心期刊引用达 10 万次，参加了 10 020 次政府咨询会。

（2）智库研究方向凸显综合化特征

智库研究方向随着经济社会的发展也在发生变化，如图 14.2 所示（徐晓虎和陈圻，2011）。

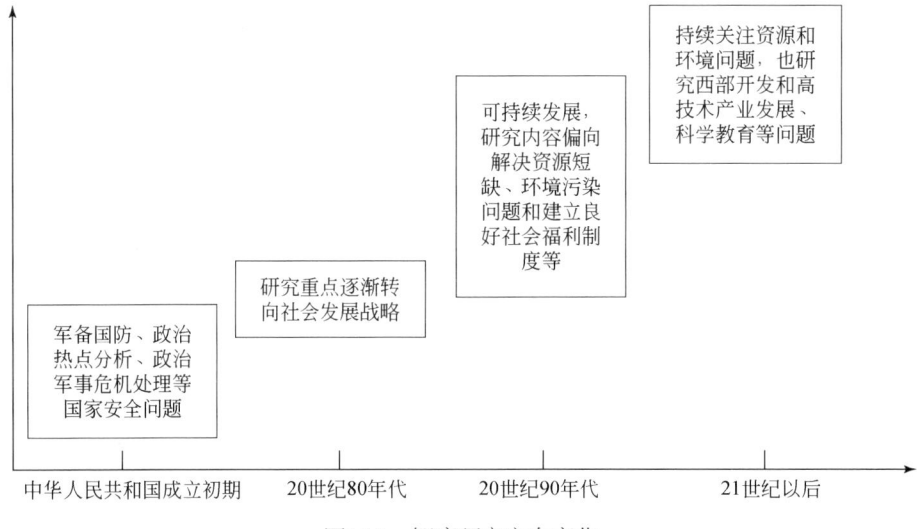

图14.2　智库研究方向变化

近年来，我国智库重点关注关系国计民生的政治建设、经济政策、生态文明、城镇化建设等领域，致力于公共政策和国家治理水平的提升（杨安等，2015）。其中，政治建设和经济政策是智库涉足最多的领域，如国务院发展研究中心关注国民经济、产业结构、农村经济、对外开放等领域研究，近期的研究有煤炭分级分质利用、大气污染、铁路产业发展等；北京大学国家发展研究院开展中国健康与养老、土地制度领域研究，并定期发布朗润－龙信创新指数。

（3）智库国际化特征初现，开始尝试全球化

目前，中国绝大多数智库国际影响力较低，尚无真正的国际化智库。但近年来具备国际化特征的智库开始涌现，表现在以下几个方面。

第一,研究开始向国际议题扩展。

高校智库是最早开展国际化领域研究的智库组织。北京、上海、武汉、南京、杭州等地的研究性大学现已成立专门的政策研究机构。北京大学中国经济研究中心、清华大学国情研究院、北京师范大学中国社会管理研究院和浙江大学中国西部发展研究院等,凭借广泛人脉、对现实问题敏感和专业根基厚实等优势,成为较有影响的国际化领域研究的智库组织。

其他较为活跃的民间智库如东中西部区域发展和改革研究院,已经出版了关注智库的著作——《国家智库》。中国与全球化智库(CCG)编写了我国第一部国际人才系列专著《中国国际移民报告2012》;凭借国际化视角的研究成果,CCG与美国移民政策研究所、世界移民组织、国际猎头组织、加拿大大都会移民研究网络等国际智库组织实现多次合作,并成功在美国国会举办中美投资研讨论坛,增加了中国智库的国际影响力(徐晓虎和胡庆平,2012)。

第二,独立性增强和资金经费的国际化。

接受国际基金会资助是部分中国官方智库在事业单位改革中经历的主要变化。这种资助对中国智库的独立性影响不大,甚至可增强其独立性,也可将国外智库先进的管理经验引入中国(朱瑞博和刘芸,2012)。北京大学中国经济研究中心就是在福特基金会的资助下成立的。

美国宾夕法尼亚大学的麦甘教授曾指出,中国本土智库依然存在自主性不足的问题。事实上,中国国际经济交流中心这种民间超级智库的成立已然表明这种情况已有极大改善。党的十八大之后,政府大力支持智库发展,表明政府支持中国智库发展的决心。随着中国智库独立性的提高,外资对中国智库认可度不断提高,资金来源的国际化程度还会增加。

第三,国际合作增多。

中国国际问题领域智库机构的国际合作情况相对良好。例如,世界与中国研究所、北京大学中国经济研究中心、中国国际经济交流中心等常年举办国际研讨会,提升了国际知名度。海外智库机构对中国成长中的智库关注度也逐年提高,部分机构已开展了与国内智库的合作,如清华-卡内基全球政策中心。

第四，体制内智库国际化。

体制内智库鉴于其服务官方政策决策的属性，它们的国际化改革多集中于管理方面。如中国科学院自 2007 年就开始探索科技评价体制改革，希望摒弃单纯依靠《科学引文索引》（SCI）论文数量为评价指标的评价方法，建立一种国际化的评价体制。2013 年，中国科学院所属的研究所中，有 19 个研究所进行评估改革试点。针对评价体制的改革，中国科学院聘请了 114 位国内外专家进行现场评议，中国科学院以外的专家占 95%，海外专家占 64%。

智库发展的国际化表现如下：第一，国际交流深化，中国特色新型智库对外传播能力和话语体系建设得以提升。一些国家级高端智库的对外交流更加机制化、常态化、纵深化，有国际影响力的活动更加频繁。例如，2015 年国务院发展研究中心承担了习近平主席在联合国发展峰会提出的国际发展知识中心筹建任务，代表中国政府加入经合组织发展中心，有四项对英合作纳入习近平主席访英成果，并成功举办"丝路国际论坛 2015 年会"①。第二，国内智库与国外知名智库建立合作机制，设立联合研究中心。例如，中国宏观经济研究院与美国布鲁金斯学会、斯坦福大学亚太研究中心、比利时布勒哲尔国际经济研究所、日本财务综合政策研究所、韩国对外经济政策研究院等国际智库建立了机制性合作关系。

（4）新型智库涌现，发展模式多元化

在我国智库产业多元化进程中涌现出媒体智库和平台智库两类新型智库。这类智库是近年来我国智库产业蓬勃发展历程中较为突出的亮点。

媒体智库是媒体自办的智库。较为典型的是被列为首批国家高端科技智库试点单位的新华社瞭望智库。其他具有代表性的有光明日报的智库研究与发布中心和城乡调查研究中心、经济日报社中国经济趋势研究院等。瞭望智库进行国情国策研究，现已获得财政部中央文化产业资金专项支持；经济日

---

① 《光明日报》：新亮点 新态势 新思考——2015 中国智库年度发展报告 [2020-02-03]. http://yynl.jsnu.edu.cn/13/73/c1438a4979/page.htm.

报的智库则致力于中经指数、中农指数、财富指数等成果发布。

平台智库的组织结构较为松散、灵活，以大型论坛、专家研讨会、闭门会等形式，集结知名学者、退休官员等具有学术和公众影响力的专家，通过智库内部渠道，将研究成果报送决策部门，以期对中国高层产生决策影响力。近年涌现的平台智库有中国经济50人论坛、中国金融四十人论坛、中国城市百人论坛等。

14.2.2 中国智库发展趋势

我国智库产业处于起步期，但发展迅猛。受互联网平台搭建、国际合作深化、产业政策利好等因素影响，我国智库产业呈现以下趋势。

（1）多元化发展

多元化是决策民主化的组织基础。我国智库产业的多元化主要体现如下：第一，智库圈层结构的多样化。我国智库产业现已基本形成以党政军智库、高校智库、社会科学院智库和民间智库为支撑的圈层结构。但近年来涌现出一批新型智库，包括媒体智库和平台智库，成为现有智库圈层结构的积极因素，活跃智库研究，成为智库产业"鲇鱼效应"的重要推动力。第二，智库数量快速增加，产业容量和规模不断扩充。根据历年《全球智库报告》，我国智库数量由2008年的74家增至2019年的507家，全球智库数量排名也相应地由第12位攀升至第3位。高校智库和民间智库是本轮智库建设热潮的亮点。新近成立的民间智库大多以国家和社会发展的热点问题为研究特色，包括一带一路百人论坛、腾讯互联网与社会研究院、阿里研究院等。高校智库的规模化发展则受《国家中长期教育改革和发展规划纲要（2010—2020年）》和《中国特色新型高校智库建设推进计划》影响，力求在经济建设、政治建设、文化建设、社会建设、生态文明建设、党的建设、外交与国际问题、"一国两制"实践与推进祖国统一八大领域开展针对性研究。

（2）专业化发展

在职能定位、研究领域方面，专业化、特色化是新近成立智库的突出特点。纵观新成立的智库，大而全的综合性研究机构并不多，追求专业精准的特色化智库占据主流。例如，2015年1月7日成立的"福建师范大学福建自贸区综合研究院"，以服务于中国（福建）自由贸易试验区建设国家战略为直接目标。2020年5月30日成立的中国地质大学（北京）自然资源战略发展研究院，开展自然资源发展重大问题研究，精准服务自然资源行业高质量可持续发展。

（3）融合媒体力量，提升智库影响力

媒体与智库相融合，出现智库传播平台、媒体智库，为智库思想理念传播和影响力提升提供有效通道，成为传播"中国声音"的重要媒介。智库传播的媒介主要有报纸、网络、期刊（包括专著、研究报告等）三种类型。

部分媒介自办平台，也有部门媒介与智库联合创办传播渠道，或者通过期刊、专著、研究报告、论坛、网站等形式，传播研究成果、提升影响力。例如，《光明日报》现已创立"智库版"用以展示中国智库研究成果、推动中国特色新型媒体智库建设；中国国际经济交流中心与光明网联合推出了"新常态·光明论"大型系列网络访谈，深入阐释经济新常态，突出宣传中国经济发展新亮点、新变化、新成就；光明日报智库研究与发布中心和中国社会科学出版社联合发布"国家智库报告"系列成果。中国社会科学院财经战略研究院创建《财经智库》杂志，着力构建财经政策研究高端交流平台；中国科学院文献情报中心与南京大学联合创办《智库理论与实践》，专注于智库研究，探索智库理论、支撑智库建设、指导智库实践、传播智库成果。中国网推出"智库中国"，是中国第一家针对智库的网络媒体平台，帮助智库的研究成果获得更广泛地传播。远望智库推出"战略前沿技术"公众号，围绕前沿科技与新兴产业发布最新资讯。国务院发展研究中心主办"中国智库网"，实行"联席会议"制度，旨在促进全国政策咨询信息交流与协作。

14.3 中国建设高端智库的探索

智库是衔接科学研究与部门决策的中间桥梁。2015年《国家高端智库建设试点工作方案》明确提出25家首批高端智库建设试点单位，2019年新增第二批5家试点，这29家高端智库（其中中央党校与国家行政学院合并）涵盖党中央、国务院、中央军委直属的综合性研究机构，依托大学和科研院所的专业化智库，企业智库和社会智库四大类。其中，64%的思想库是2000年以前成立的"老牌智库"。这些智库的建立和运行普遍受到中央、地方、部委的支持，充当政府决策和企业运营的"外脑"，具有较为典型的官方或半官方思想库特征。从发展定位、组织结构、发展愿景、人力资源、保障条件、产品形式六大方面，对比分析上述不同类型的智库，将首批高端智库试点单位的建设经验小结如下。

第一，研究领域、建设定位精准，利于智库发挥服务决策功能。智库是一种有别于传统的科学研究的政策研究机构，其使命是为公共政策决策服务。智库的建设定位和研究领域取决于其所依托平台性质及其生存发展的社会环境。首批试点高端智库正处于传统的比较优势逐步衰减、国民经济转型升级的新常态发展机遇期。这些试点建设单位所依托的平台大体有政府部门、科研院所和高等院校、企业和专业领军学者。例如，中国社会科学院国家金融与发展实验室依托中国社会科学院学术优势，瞄准重大金融问题，为中国金融发展建言献策；北京大学国家发展研究院依托北京大学，开展宏观经济研究、对外经济关系研究；中国（深圳）综合开发研究院则依托地缘优势，致力于港澳经济及其与内地关系、特区与开发等系列研究咨询。首批试点高端智库目标定位层次分明、研究领域各有侧重，在充分发挥所依托平台的优势的同时，集结相关领域的科研人才，提升本领域的研究咨询服务质量和影响力，最终为决策主体提供操控性良好的咨询服务。

第二，组织结构合理平稳，利于智库运行效率优化。组织结构的合理性体现在管理层级和管理跨度的设定上。适宜的组织结构决定智库运行的信息传递、噪声产生和研究咨询服务运作。高端智库首批试点单位的组织层级一般为2~3层，设有专业研究中心、行政管理部门、直属咨询公司、出版公司等业务单位等，部分依托大学和科研院所的智库还设有人才培养和教学部门。归纳之，这些单位的组织架构呈现以下三点共性特征：①一般采用职能式和项目式相结合的管理体制，以职能式模式搭建智库的管理体制架构，以项目式模式运行项目研究和咨询服务活动；②管理层级少，组织结构趋于扁平化；③与国外智库的组织结构类似，多数国内试点建设智库设有学术委员会或理事会，由专业领域领军专家组成，负责科研课题的选题、立项、招投标、审议、评优等全过程质量监控。例如，国务院发展研究中心的学术委员会参与本中心科研领导管理工作，负责中心科研工作的总体规划、研究选题、成果评审和推荐国家科技进步奖。

第三，发展愿景清晰，利于智库产品品牌化和持续经营。发展愿景回答了远期智库战略定位和短期智库业务方向的问题。清晰、适度超前的愿景直接决定了智库的研究领域和业务范围，也影响智库文化塑造和科研团队蓄养。例如，中国科学院的发展愿景是"四个率先"目标，即率先实现科学技术跨越发展、率先建成国家创新人才高地、率先建成国家高水平科技智库和率先建成国际一流科研机构。为实现该目标，中国科学院提出"两步走"发展战略。由"四个率先"目标倒逼中国科学院组织体制改革和科技工程建设，相继启动了量子信息与量子科技前沿、青藏高原地球系统科学和脑科学等5个卓越创新中心，在夯实主流基础科学领域实力的同时，奠定了其国内外有重要影响的一流思想库建设的软实力，也巩固了中国科学院在科技发展战略研究方面的产品公信度。

第四，科研团队稳定、灵活，利于智库产品质量提升。智库的竞争力归根到底体现在科研人才的结构和质量上。一个合理的科研团队应具备相当数量的专业领军专家、科研人员和辅助人员。这是保障智库产品质量的软性条件。首批试点高端智库科研团队的稳定性与灵活性主要体现在以下方面：①老牌智库居多，其人才储备、激励、培养方面的体制机制健全，已具备相当规模的科研队伍。例如，截至2019年，中国现代国家关系研究院拥有研究、行政和辅助人员约400人，其中研究员、副研究员150人；中国科学院科技战略咨询研究院拥有在册职工210余人；中国社会科学院拥有4200多职工，其中科研人员3200余人。②拥有社会影响力强大、专业学术水平出众的领军专家。例如，中国社会科学院国家全球战略智库的首席专家为傅莹；中国国际经济交流中心的首席专家包括曾培炎、林毅夫、钱颖一等。③首批试点智库绝大多数招收研究生、博士后，拥有完善的人才培养机制，具备良好的科研人才"蓄水池"功能。

第五，咨询配套保障体系健全，利于智库服务能力提升。当前，智库建设正逢其时。首批试点高端智库建设是一项涉及面广泛、相互协同的系统工程，不仅需要合理的组织结构、科研团队等硬件条件，还需要相应配套体系作为其实体运行的保障。咨询配套保障建设经验体现在以下几点：①科研资金较为充足。北京大学国家发展研究院的经费来源包括北京大学桐山教育基金、北京大学卫生政策与管理研究中心课题、教育部委托课题、王宽诚教育基金项目等。②科研配套硬件条件较为完备，大多数首批试点高端智库拥有自己的数据库、图书馆和实验室。这种情况常见于综合性智库和依托大学和科研院所的专业智库。比较典型的案例是中国科学院。③设有图书期刊发行机构、咨询服务公司和咨询支撑机构。例如，中国国际经济交流中心下设国经咨询有限公司承接工程咨询服务、战略咨询服务、政策咨询服务等六大类咨询服务工程。

第六，咨询产品转化形式多样，利于智库社会公信度提升。智库在公共政策领域起着科学决策、政策解读、社会舆论引导的作用。首批试点高端智库的产品主要有咨询报告、专著、期刊论文等。通过智库产品以及国内外交流会议、热点评论和培训等形式，首批试点高端智库将科学研究成果转化为社会生产力的重要途径。例如，北京大学国家发展研究院将其部分科研项目报告、专著在官网上公开；中央编译局主办《经济社会体制比较》《马克思主义与现实》《当代世界与社会主义》《国外理论动态》刊物；中国人民大学国家发展与战略研究院定期发布热点短评，举办名家讲座。

第15章　中国高端智库建设展望

15.1　国外智库对我国高端智库建设的启示

综观第二部分对国外 10 家智库的调研,可以看出各个智库都有其发展的独特之道,主要体现在国际影响力议题的设置与参与度、智库研究对决策的影响与支持度、明确的定位与核心价值观、人才队伍建设、研究方法创新、成果评估、成果推广、运行机制等多个方面,可供我国高端智库建设参考借鉴。

15.1.1　明确智库定位与核心价值观

我国高端智库建设要加强制定智库的中长期规划与年度发展计划,突出研究强项,培育核心竞争力,从根本上改变追逐热点和短平快项目的现象,迫切需要开展机构战略管理,更好地预见未来发展以提高智库整体绩效。布鲁金斯学会以"高质量、独立性、影响力"为宗旨,明晰、简洁、有力,如同校训家规一般,成为布鲁金斯学会的内核,起到了凝聚和警示作用,并且产生了品牌效应。兰德公司每年底都要回顾上一年度的研究问题是否已接近或到达政策议程、是否提高了决策水平、是否影响了政策实践,表明其非常重视对机构战略目标的审视。亚洲发展银行研究所则具有鲜明的区域指向性和较强的区域话语权,旨在促进亚洲及太平洋地区经济体良性发展,为亚行及其成员国提供政策支持和能力指导。

15.1.2　切实加强研究选题与决策需求的对接

智库要强化选题意识,加强对战略性、前瞻性重大问题的研究,着眼于长远宏观的分析,提出总体性思路和框架性建议。例如,法国国际关系研究所有关能源、安全、欧洲关系、法德关系等研究主题,正是对国际国内重大现实问题、长远问题以及战略问题深入地进行前瞻性研究,系统性提出具有建设性、可操作性的政策建议，正是呼应法国作为应对气候变化和保护生物多样性的核心倡导者，强调要建立"新的平衡关系"和新的公平框架，能够强有力地支持法国国家战略决策。又如，韩国开发研究院长期专注的金融、房地产等经济领域以及低出生率、老龄化、社会两极分化等新兴社会问题，通过制定完整的研究计划体系，从发现问题到提供各种可有效应对政策需求来优化经济发展模式并为经济和社会的发展提供监管系统这一完整的体系，还通过论坛、官方网站及现场讨论、征求意见等方式来扩大研究的开放性，加强与消费者的交流，让研究尽可能反映消费者的意见，通过与市场建立良性循环体系，保证自身研究的专业性、先进性和实效性。

提出政策理念是智库的基本任务，能否提出解决经济社会现实中重大战略问题和关键问题的新思想、新论断、新理论，剖析问题的深层原因、提出富于针对性和实效性的新举措是智库成功的第一要素（张伟和赖先进，2017）。我国高端智库在建设过程中，要聚焦于改革发展过程中面临的难题上，放在重大民生问题上，突出研究的应用价值和服务意识，确保研究成果具备影响决策制定和推动发展实践的价值效果。在具体措施上，有些学者认为，推行嵌入式决策咨询服务模式是解决政策研究与对策研究衔接的重要选择（李刚，2019），以解决对策研究脱离实际、不接地气、没有市场的困境，成为政府想得起、用得上、离不开的智库。

15.1.3 积极参与创设具有国际影响力的议题

有影响力的智库，其重要作用体现在创设新的议题，拥有话语权，引导国内外舆论走向。例如，卡内基国际和平基金会把握国际大局，率先发展成为国际性的、多元化的、不同地域的现代国际智库，基金会在成立之初就是为了"加速消灭国际战争这一我们文明最大的污点"，竭力促成国际和解，并在第二次世界大战后资助欧洲重建工作。纵观基金会发展史，其研究领域始终紧扣时代脉搏，精确制定发展蓝图。又如，查塔姆研究所作为英国国际问题研究领域的代表性智库，成立100年来，为应对第二次世界大战、美苏"冷战"、金融危机、能源问题、中东问题等一系列全球性的挑战提供了卓越的政策分析和战略参考。

相较而言，我国智库所关注的议题以国内政治、经济、社会发展为主，国际化的、有深度的讨论较少，在全球范围内被广泛接受和认可的创新型概念则更少（荆林波，2018）。

为此，我国高端智库需要在越来越多的国内外舞台上发出更多的声音，引领国际的话语走向。第一，要重点关注全球性议题研究，针对重大国际问题，发出"中国声音"，在全球治理中树立"负责任大国"形象，用国际化思路探寻问题的解决方案。第二，要加强设置国际性研究议题的主动性和前瞻性，提升组织国际研讨和引导话语方向的能力，打造具有国际影响力的智库峰会。第三，要善于利用国际舞台讲好"中国故事"，关注全球性战略议题时，积极彰显中国的成功经验和独特优势，提出创新性的解决思路。

15.1.4　建立高效的运行管理模式

高效的行政机制和管理模式是智库迅速发展的保障之一。例如，布鲁金斯学会的人员设置分为政策研究和行政管理两大类，分别设有五大行政管理部门和五大学术研究部门。以华盛顿特区为例，布鲁金斯学会为100余名专家配备了将近300名行政辅助人员，研究工作和行政工作明确分离、各司其职，使得专家能够免去行政事务打扰，心无旁骛地从事研究工作。又如，亚洲发展银行研究所虽然整体规模并不大，只设有研究、能力建设与培训、管理与协调三个部门，包括临时人员、访问学者和技术支撑人员在内一共61人，与一些顶尖大型智库无法比肩，但通过与区域/全球机构建立合作伙伴关系，扩大了其外部影响力。

打造中国高端智库，要从"特色彰显""专业价值""新方位新方法""优产出优传播"等方面进行持续的创新探索。"特色彰显"即中国特色。中国高端智库要有国际视野和国际影响，更重要的是立足中国。建设中国高端智库要坚持服务理念，实现服务决策、服务社会、服务人民的统一，必须坚持以人民为中心的研究导向。既要为党政领导机关提供决策咨询，也要把服务转向社会发展的各个方面，满足人民广泛的智力需求。"专业价值"指一流智库要具备一流的选题研究能力和提出问题解决方案的能力，具有宏观视野，能对趋势性变化前瞻地做出准确判断，拥有多学科背景人才，使用多种分析方法进行分析研判。"新方位新方法"即与新时代中国历史方位相契合的目标任务，并创新研究方法。中国高端智库应立足最新的世情、国情，由文献研究、问卷调查、专家访谈等传统社科研究方法向数据分析挖掘等新技术新方法升级，建立数据库、数据实验室和数据平台，提升建议方案的科学性和可应用性。"优产出优传播"即高质量智库产品和传播能力。智库只有不断推出专业化、原创性、高质量的政策建议类、形势分析类、政策实施评估类成果，才能形成有特色和影响力的品牌。利用网络资源优化全媒体运营，推动中国观点和中国经验走向世界，建设具有国际影响力、能提供国际话语权的现代高端智库。

15.1.5　增强智库研究过程的数据驱动与方法论创新

在数据驱动的科学大数据新范式下，必须改变传统的研究模式，建立数据驱动型智库研究的新范式，创新与之相匹配的方法论和研究工具，逐步完善研究领域相关数据信息与知识系统。基于事实、数据、案例、模型、模式进行实事求是地计算与分析，得出有理有据的政策规划、政策建议，才是高端智库真正发挥效用的基础。兰德公司专门设立若干"研究方法中心"负责开发各种创新的、跨学科的研究方法和工具，独创了德尔菲法、离散选择模型、专家棱镜等一系列预测类、系统分析类、决策类方法和模型，这些无疑为成就其在全球智库界的盛名发挥了重要作用。世界资源研究所一方面依托分布全世界的国际事务处，通过各地事务处将机构的研究成果传播到世界各地，另一方面主动共享研究数据，与其他合作伙伴一起共同建立维护开放数据平台，提供可视化的数据，加强与同行交流的同时扩大了自身的研究影响力。

建设中国高端智库，必须紧跟大数据时代的新形势，以数据支撑智库科学咨询研究，以科学咨询研究支撑科学决策，以科学决策引领科学发展。首先，要组建专业的数据分析团队，进行数据挖掘与分析，提高智库服务产品质量和决策支持精准度。其次，要以需求驱动机制为核心建立数据综合平台，推动相关研究人员、大数据分析人员和管理人员紧密协调配合，实现智库效益的最大化。再次，要深耕数据，结合智库自身的特色、定位和重点研究领域，建立专业领域数据库，汇聚来自智库内部、互联网、政府等多种渠道的数据，扩展专业领域的数据深度和广度，为提升智库研究水平提供专业的数据支撑。最后，扩大数据合作，依托已有的数据联盟开展共享，或与专业数据公司共同协作，实现优势互补。

15.1.6 提升智库人才队伍水平

人才是智库最核心的资源。当前，智库发展的国际化与全球化对人才队伍建设提出了更高的要求，智库的一个基本标准就是要配备有一定影响的专业代表性人物和专职研究人员，国家高端智库需要的是综合素质高的复合型人才，其人才队伍需要具备政治智慧和政策把握能力、敏锐的政治嗅觉和快速的政策反应力、深厚的研究功底和学术基础、良好的语言表达能力和沟通能力等多方面的综合能力。"人才是当前我国智库建设中最紧缺的资源，主要瓶颈在于政策研究专业化、智库管理规范化程度不高"（张伟，2018）。

智库人才需要具备复合型、广泛的社会阅历乃至国际视野。兰德公司在选拔人才时，不仅要对学历有要求，还要注重多样性，打破学科专业、教育经历与文化背景的界限，吸纳自然科学、人文社科、工程电子、医药卫生等多领域人才，打造跨学科、高精尖的多元化项目团队（王辉和彭倩，2018）。同时为调动智库人员积极性，采取薪酬激励、绩效考核激励、培训发展激励、组织文化激励等多种激励形式。

国外智库人员还具备行业领域分布广泛、有丰富的实践经验或"旋转门"经历的特点。智库成员来自企业、学院、政府等各个领域，拥有广泛的社会资源，更了解如何与相关部门深入沟通，有助于研究成果的推广，更好地发挥其学术价值。智库成员的身份在政要与研究者之间转换，这一方面使政府保持活力，智库成了为政府培植、储备人才的基地，使智库影响力直接渗入政策决策核心；另一方面，有丰富政界经验的人进入智库，能强化智库咨询服务的人缘资源和实效性，对智库发展有重大意义。彼得森国际经济研究所的 13 名常驻高级研究人员有 12 人具有丰富的"旋转门"经历（含政府、国际组织、知名企业），且都是在重要的部门任职，其中 9 人有在知名高校担任教职的经历。

国外智库也十分重视人才培养和继续教育。世界资源研究所重视员工的职业发展路径，通过丰富的课程内容激发训练员工的终身自我学习能力。世界资源研究所还设置了一套完善全面的课程体系，从道德伦理到专业技能，从领导能力到多元化包容的全球视野，从机构的运营管理到发展筹款，各个方面宏观微观均有涉猎，员工根据其职业发展规划及当下的工作节奏，自由合理地安排学习内容、掌握学习进度。

我国高端智库建设必须不断完善人才选拔及人才培养激励机制，有计划、有重点地培养智库领军人才，以开放的思维选拔启用复合型人才，鼓励支持智库机构与党政机关之间实现人才双向流动，增加决策部门与智库的沟通和交流。与此同时，智库应该建立灵活的项目组建机制，根据课题研究特点和研究人员学科背景组建跨学科研究团队（栾瑞英和初景利，2017）。

15.1.7 完善成果评估机制

国外智库非常重视对智库成果的质量控制与评价。兰德公司的一个核心特点就是对研究产品的严格把关，通过构建客观明确的研究评价标准体系以及严格的内部评审流程，对研究项目的全过程和研究产品的质量进行审查，保证了研究成果的质量和客观性。世界资源研究所对其成果产出构建了一套全面严格的系统，研究报告需有工作文件作为前置文档，部分报告辅以专门的技术说明进行研究方法阐述，提高研究产出的严谨性，在对外公开前均采取同行评议的方法进行审阅，以确保其科学准确性。日本亚洲发展银行研究所制定了一套完整的评价指标体系，对其研究活动和运营情况进行全方位细致分析，从设置的 15 个指标中可以看出，极其重视提供的知识产品和服务是否优质，是否向关键目标群体提供了有价值的信息和知识，是否对关键群体产生了积极影响。

建设中国高端智库，要加强智库研究从立题、研究到产出的全过程评价。立题要注重论证可行性、研究要着重强调科学客观、产出要重点评价其应用价值。在此过程中，要探索智库的组织形式和管理方式，充分介入政策或决策制定的前端程序、中期建言、后期完善的全过程（张宝英，2016），也要重视智库专业化评估与社会多元主体评价相结合、智库评价与决策者"管用"相结合、主观评价与客观评价相结合（李国强，2016），还要建立智库创新成果的社会评审机制和绩效考核制度，通过事实结果检验和评估咨询方案的质量，使政府决策者和社会公众更加全面地鉴别不同观点和政策设计的优缺点（朱瑞博和刘芸，2012）。

15.1.8 完善成果推广交流机制

国外智库成果传播生态明显呈现较强的多元化特性。布鲁金斯学会的官方网站与 Facebook、Twitter、YouTube、博客等社交媒体互为关联，皆有专人精心维护，更新速度快、频率高，保持极高的活跃度和互动性，达到了互相引流、扩大受众的效果。查塔姆研究所每年举办数百场会议、活动，对其扩大影响力、促进交流沟通起到了重要作用。其中有约 120 场活动面向所有会员，包括访问英国的各国元首和政府官员，以及专家学者在这里发表的重要政策演讲；讲解国际事务的背景和基本概念的系列入门演讲；与电影制作人对话的"放映室"活动；年轻会员开展关于国际事务辩论的论坛；以及网络研讨会和社交招待会。彼得森国际经济研究所对基础数据的公开透明度很高，对研究成果文档和数据原始表格支持下载获取；在知名报纸媒体上发表社论专文、建有专家观点访谈音视频库、单独设立相关研究的图表库、通过参加听证会发表听证词增加曝光度。瑞士世界经济论坛面向全球领导者，创建了虚拟的情报协作互动平台 Top Link 及相关应用程序；建立了在线绘制论坛活动图像和存储图像（照片和文档）的资源空间以及自动执行所有论坛活动的外部资源的电子商务 B-Corn 数字平台。

我国高端智库建设要重视"全媒体"成果生产和发布体系与品牌化战略。随着互联网的高速发展，全媒体的运营和发布手段日趋重要。智库机构可以利用全媒体的传播平台，通过网站、微信公众号、微博以及刊物等多种形式并行的"全媒体"发布手段，发布其独具特色的智库成果。强化品牌意识。品牌是智库发展的核心和灵魂。当今世界知名智库无不拥有自己的知名品牌，并借助品牌影响力，牢固树立自己在智库领域中的地位。

与此同时，还要加强智库网站和社交媒体辐射力，提升内容品质和受众动员力。网站建设的首要条件是具有清晰的内容定位、丰富的展现形式以及各项网站技术指标数据；在此基础上通过增加整体的网页数量，优化网页的内链数量，拓展网页的外链数量，提高文档链接数等增加受众黏度；运用社交媒体平台，把研究简报、研究报告和出版物等进行积累和精炼，提高对网站的引流；与国内国际主流媒体建立合作机制，建设英文网站，加大传播力度。

15.2 中国高端智库建设举措

15.2.1 中国特色新型智库建设方兴未艾

党的十八大以来，建设中国特色新型智库已成为"国家战略"。"中国特色新型智库"逐渐成为国家治理体系和治理能力现代化的组成部分（李国强，2014）。

中国特色新型智库建设是一项系统工程。从国家高端智库顶层规划方面，重点建设 50 ~ 100 个国家急需、特色鲜明、制度创新、引领发展的专业化高端智库。支持中央党校、中国科学院、中国社会科学院、中国工程院、国务院发展研究中心、国家行政学院、中国科学技术协会、中央重点新闻媒体、部分高校和科研院所、军队系统重点教学科研单位及有条件的地方先行开展高端智库建设试点；从智库结构布局方面，将促进社科院和党校行政学院智库创新发展、推动高校智库发展完善、建立高水平科技创新智库和企业智库。

15.2.2 新建智库创新体制机制

近年来，中国新成立的智库不断涌现，数量大增。

在职能定位、研究领域方面，专业化、特色化追求比以往更加明确。新建智库中，大而全的综合性研究机构相对少见，追求专业精准的特色化智库占据主流。例如，福建师范大学福建自贸区综合研究院以服务于中国（福建）自由贸易试验区建设这一国家战略为直接目标。其建设目标定位明确，且研究领域专注于福建自贸区建设。

在发起方组成、资金来源、人员构成等方面，更加灵活多样。新建智库中，由多方联手、有效配置优势资源而建立的智库比例上升。例如，江苏紫金传媒智库，由江苏省委宣传部牵头组建，南京大学携手江苏省四大文化企业和传媒集团，整合南大学科力量创建而成。各大传媒集团注资成立基金，基金收益用于支撑智库研究与相关活动。

在国际化方面，普遍起点较高，涌现出一批中外合办的新型智库。例如，山东大学组建了中日韩合作研究中心，致力于通过多元开放、协作共享的方式，在东亚地区研究领域成为有国际影响的智库。

15.2.3 传统智库寻求转型发展

随着中国特色新型智库的建设，传统智库主动适应新形势要求，积极寻求体制机制改革，不断深化原有研究组织形式和管理手段改革，探索智库成果评价机制，智库人才使用与培养机制。

完善智库建设顶层设计，提高智库建设在整体工作中的比例与层级，为智库建设与研究划定"路线图"。例如，中国社会科学院明确由院党组承担智库工作主体责任，全面建立健全智库建设综合协调、督办督查机构及追责制度。同时，构筑"院—所—专业"三级智库格局，大力推进三个层次的智库建设：全院作为综合集成的总体智库；各研究单位作为具有学科优势的学科智库；集中建设马克思主义理论创新智库、意识形态研究智库、财经战略研究院、国家金融与发展实验室等11个专业化智库。

深化科研组织形式与管理手段改革，保障研究可持续开展，提高智库研究水准。例如，国家行政学院智库建设积极探索创新"三位一体"体制机制，围绕教学培训主业，打造决策咨询研究链条，促进咨询、科研与教学成果相互支持、相互促进、相互转化。在选题统筹协调方面，每年围绕中心任务确定2～3项"三位一体"选题，以选题为龙头统筹教学科研咨询工作。

加强智库人才队伍建设力度，力推引才、用才、育才机制改革，夯实智库发展的人才之基。复旦发展研究院着力构建年龄结构合理、学科分布广泛的研究学者队伍，还建立了兼职研究员队伍，探索博士后培养与智库工作的有效对接机制，并率先以建立社团、招募助管助研等方式吸纳本校学生，专门设置"智库学术助理"项目吸纳其他高校学生。

探索更加适合智库特点的薪酬、评价及激励机制，为智库人才解除后顾之忧，开辟可持续发展通道。例如，上海高校智库探索成果认定机制，实施分类评价；探索高校教师智库成果与职称晋升挂钩。市教委和部分高校已出台分类评价指导意见和政策，对于智库人员的认定将更多体现在其所著的专报、蓝皮书系列、专著等。

15.2.4　智库国际交流常态化

中国特色新型智库的建设目标之一就是要传播好中国声音，将中国特色社会主义建设理念和经验透过智库平台传播给国际，提升国际影响力，也将国际经济社会建设经验"引进来"。近年来，国家级高端智库的对外交流更加机制化、常态化、纵深化，有国际影响力的活动也更加频繁。例如，中国工程院、美国工程院、英国皇家工程院共同主办"全球重大挑战论坛"，各国工程、科学、产业界人士围绕如何解决未来全球面临的重大挑战问题展开深入探讨，共同寻求跨学科的解决方案。论坛每两年举办一期，已成为重要的国际工程科技交流平台，对于提升我国工程科技界的国际地位和话语权意义重大。

15.2.5 智库产业配套体系趋于完善

智库产业发展符合"产业化"的特征，也符合智库的概念属性，中国智库起步晚，"门客"和"幕府"等是中国智库的雏形。20世纪八九十年代，我国出现了一系列智库产业发展利好契机，高校智库、民间智库相继出现，中国智库数量增多、结构日益多样，国内智库产业配套体系建设日趋完善。这不仅体现在国内智库资金结构和智库产品传播媒介多样化，更体现在智库研评机构的涌现。国内主要的智库研评机构有上海社会科学院智库研究中心、南京大学中国智库研究与评价中心、浙江工业大学全球智库研究中心以及一些省市智库研究中心，如江苏省智库研究与交流中心。

15.3　中国智库建设的思考

近年来，中国智库发展发展迅速，在出成果、出人才、出思路等方面取得显著成绩，但在建设中存在一些突出短板。整体来说，我国刚进入智库体系建设阶段，尚未在法律制度上给予智库在公共政策中的明确定位，咨询研究的供需衔接还不够，智力成果的知识产权保护与转化意识薄弱，咨询的市场机制尚未真正建立，智库间的联动与交流机制刚开始，合力效果尚未显现。具体来说，党政机关附属智库主要从公共财政获得资源，接受政府委托开展研究，市场化机制相对差，易出现官僚化、效率低下等弊端。高校智库科研力量雄厚、人才密集、对外交流广泛，有一定的独立性，但一些研究成果与社会需求脱节，缺乏针对性。科研院所智库主要在科技战略、规划和政策等方面发挥作用，缺乏与社会发展其他方面的联动。民间智库在经费渠道、成果上报通道等方面相对单一，大多为针对企业用户需求的咨询机构。针对当前我国智库发展的短板，既要充分借鉴国外智库发展经验，又要结合现阶段我国社会发展的国情和智库发展特点，重点做好以下几方面工作。

15.3.1　完善决策咨询制度

在法律层面上，明确智库在政府决策中的地位和作用，在决策程序中纳入咨询环节。完善重大决策咨询制度，明确决策主体的组织职能，建立重大决策的智库参与制度，规范智库参与咨询论证的方式和程序，实现智库参与决策制度化、规范化、程序化。具体实施中可通过制度设计，释放决策部门的咨询需求，出台购买决策咨询服务意见，明确购买范围、程序和双方的责任义务。

15.3.2　建立布局合理的新型智库体系

注重智库定位的科学性和分布分层的合理性，按照市场主导，政府引导的原则，制定智库发展规划，统筹新型智库建设，实现体制内外智库的有效联系和对接，推动各类智库共同、均衡发展；积极发展多类型、多层次智库。在中央层面持续推动党中央、国务院、中央军委直属的综合性智库，大学、科研机构专业智库，大型国有企业专业智库，社会智库四类智库有差别地发展；在地方层面积极推进地方政府、地方高校、科研院所、党政军智库发展，在不同领域、不同地区发挥各自独特的作用，形成分层分类、协同有序的智库发展格局。

15.3.3　健全智库治理体系

制定明晰的标准规范和管理措施，确保智库的各项活动符合党的路线方针政策，遵守国家法律法规，营造有利于智库发展的环境。建立供需平台，构建决策部门与智库直接联系机制，保障智库产品供给、对外交流合作、智库筹资渠道。实现分类分层管理评价，优化国家高端智库理事会职能，适时组建智库学会协会，发挥其在制定行业标准，规范评价监管、增进机构协作等方面的协调职能。创新智库内部管理，公立智库在"党管智库"原则下完善理事会或决策咨询委员会的业务管理体制，社会智库实行章程管理，章程明确规定宗旨目标、功能定位、业务范围、领导体制、运行管理机制等，民政部和主管单位依法依章管理。

15.3.4　建立智库评价机制

区别传统同行评议，构建客观公正的评价标准和评价机制，设置分类评价指标体系和评价程序规范。智库项目评审突出需求导向，以决策部门、行业用户和社会评价为主，社会类项目参考用户评价、第三方评价和市场绩效。建立智库信用机制，并与智库经费争取、选题机制结合，形成基于智库实力、研究质量、政策建议采纳情况、社会认可度和公信力等的评价指标，同时可通过公开竞争等方式择优委托第三方开展，以独立、专业、负责为基本要求，充分发挥第三方评估机构作用。

15.3.5　着力改革智库人才机制

基于智库发展需要，构建引领发展的掌舵型人才、能力全面的复合型人才、设计顶层方案的战略型人才、揭示趋势的前瞻型人才、方法独到的逻辑型人才、能接地气的草根型人才、跨国交往的外向型人才、善于表达的传播型人才等不同类型人才的分类评价体系，构建老、中、青结合、结构合理、竞争能力强的人才队伍。完善以业绩为导向的人才激励机制，打破人才自由、合理、科学流动的体制机制障碍，完善以实际贡献、工作业绩和岗位职责为主要考核指标的收入分配机制；对年轻人才，提供必要的生活条件和工作环境，建立物质和精神并重的激励机制，保持适度的薪酬待遇吸引人才、留住人才。引导有潜力的专业型专家向智库专家转型，实现由关注理论到关注现实问题的转变。推行研究人员评聘分开制度，建立岗位"能进能出、能上能下"制度。

15.3.6　建立智库成果产权保护与转化机制

强化智力成果的交换价值理念，承认智力成果具有转化价值，建立智库咨询成果后评价与后补助、后奖励的成果转化模式，对咨询意见提高政府决策水平、改善企业经营管理的作用，进行后评估，并依据评估结果给予适当的补助与奖励。建立政府购买决策咨询服务制度。凡智库提供的咨询报告、政策方案、规划设计、调研数据等，均应当纳入政府采购范围和政府购买服务的指导性目录。建立按需购买、以事定费、公开择优、合同管理的购买机制，建立政府主导、社会力量参与的决策咨询服务供给体系，推进服务主体多元化、提供方式多样化，满足政府部门多层次、多方面的决策需求。

15.3.7　探索人工智能时代大数据支撑智库研究新范式

充分发挥大数据技术在多源数据融合方面的优势，在传统信息咨询的基础上整合社会网络环境下自媒体、全媒体信息资源，打通数据孤岛；开发和集成多种分析技术与软件工具，提升数据的处理分析能力，支持人工智能新技术和新业态的跨界融合与创新服务，强化智库数据积累与模型训练，实现实时模拟，仿真展示，开发大数据分析工具以及开展数据挖掘和应用服务，以科学权威的数据辅助决策咨询；构建专业的数据分析团队，发挥其在智库资源建设、知识共享、情报分析、战略决策等各个环节的作用，提高智库产品形成过程中信息情报分析的科学性和准确性，提升智库产品的质量。

结　　语

综上所述，中国智库未来发展前景广阔，但任重道远。在建设中国特色新型智库的征程中，应立足于中国的基本国情，始终坚持中国特色社会主义道路，以促进国家发展、民族复兴为出发点，以国内外重大问题为研究导向，为政府或企业决策提供专业建议，不断提高中国智库的治理能力，不断扩大中国智库的国际影响力。为此，中国智库还需在以下方面取得更大突破：一是突破智库国际化发展的制度障碍；二是搭建各国智库对话、学术传播、人员交流的平台，促进各国智库平等对话；三是建立和完善与国际智库合作交流的新机制；四是探索建立智库驻外研究机制；五是在国际重大问题方面积极争取更大话语权。

参 考 文 献

埃布尔森 D E. 2010. 智库能发挥作用吗？扈喜林，译. 上海：上海社会科学院出版社.
陈光义. 2018. 大数据对提升智库咨政水平的作用及发展建议. 智库理论与实践，3(1)：71–77，92.
陈杰，高亮，徐胡昇. 2016. 中国特色新型智库建设有效性评价指标体系构建研究. 中国高校科技，(11)：8–11.
褚鸣. 2013. 美欧智库比较研究. 北京：中国社会科学出版社.
丁煌. 1997. 美国的思想库及其在政府决策中的作用. 国际技术经济研究学报，(3)：31–37.
杜骏飞. 2018. 全球智库指南. 江苏：江苏人民出版社.
高国力. 2017. 构建我国智库差别化评价体系的思路和建议. 中国物价，(2)：3–5.
光明日报智库研究与发布中心课题组. 2017-03-02. 从数量式增长到内涵式提升. 光明日报，(11).
郭瑞. 2017. 高校智库评价指标体系的实证研究——基于知识管理理论视角. 情报杂志，36(9)：112–118.
国家工程科技思想库建设研究项目组. 2013. 国家工程科技思想库建设研究. 北京：中国科学技术出版社.
韩佳燕，赵勇，赵筱媛. 2019. 美国高端智库的政策专家储备及其人才吸引机制研究——以兰德公司为例. 情报杂志，38(4)：16–22.
贺平. 2016. 议题塑造与偏好嵌入：区域型智库建设与大国的权势竞争——以 ADBI、ERIA、IDE-JETRO 为例. 外交评论(外交学院学报)，33(5)：135–156.
洪民荣. 2013-08-22. 全球智库发展新趋势. 解放日报，(011).
黄晓斌，罗海媛. 2019. 兰德公司的信息保障体系建设及启示. 情报理论与实践，42(12)：24–29.
蒋晓飞. 2016. 日韩智库比较及其对中国特色新型智库的启示. 法制与社会，(19)：248–249，265.
金彩红，黄河. 2016. 新型智库研究丛书欧美大国智库研究. 上海：上海社会科学院出版社.
金姗姗. 2016. 智库评价：新型高校智库建设有效工具. 教育发展研究，(11)：78–84.
荆林波. 2018. 中国智库发展的问题及策略. 新闻与写作，(6)：14–18.

乐烁 . 2013. 兰德公司发展经验与对我国智库建设的启示 . 武汉：湖北大学 .

李安方 . 2012. 智库产业化发展的基本特征与操作 . 重庆社会科学 , (6): 92–98.

李刚 . 2016. 外延扩张与内涵发展：新型智库的路径选择 . 智库理论与实践 , 1(4): 5–10, 19.

李刚 . 2017. 建立智库全层次全要素评价体系 . 决策探索 , (2):45–46.

李刚 . 2019. 创新机制、重心下移、嵌入决策过程：中国特色新型智库建设的"下半场" . 图书馆论坛 , 39(3): 29–34, 41.

李国强 . 2014. 对"加强中国特色新型智库建设"的认识和探索 . 中国行政管理 , (5): 16–19.

李国强 . 2016. 对当前中国智库建设若干问题的认识 . 智库理论与实践 , 1(4): 32–38, 92.

李国强 , 陈波 . 2013. 韩国智库考察报告 . 中国发展观察 , (12):35–39.

李佳 , 李帅 . 2018. 中国智库发展现状、问题及新时代功能定位 . 世纪桥 , (7): 70–71.

李建军 , 崔树义 . 2010. 世界各国智库研究 . 北京：人民出版社 .

李金霞 . 2007. 当代中国思想库：问题与对策 . 南京：南京师范大学 .

李凌等 . 2015. 智库产业：演化机理与发展趋势 . 北京：生活·读书·新知三联书店 .

李修全 , 玄兆辉 , 高昌林 . 2012. 我国软科学研究机构发展特点研究 . 中国科技论坛 , (9): 101–104.

卢小宾 , 黎炜祎 . 2018. 国外智库的类型与评价模式研究 . 情报理论与实践 , 41(8): 17–21.

栾瑞英 . 2016. 卡内基国际和平基金会的运行机制与发展动态 . 智库理论与实践 , 1(3): 81–90.

栾瑞英 , 初景利 . 2017. 国外典型高水平科技智库运行机制剖析与启示 . 中国科技论坛 , (11): 174–179.

牟岱 . 2019-01-03. 中国特色新型智库产出与影响总体评价 . 中国社会科学报 , (2).

帕瑞克·克勒纳 , 韩万渠 . 2014. 智库概念界定和评价排名：亟待探求的命题 . 中国行政管理 , (5): 25–28, 33.

庞德斯通 . 2015. 囚徒的困境 . 吴鹤龄 , 译 . 北京：中信出版社 .

上海社会科学院智库研究中心 . 2014. 2013年中国智库报告——影响力排名与政策建议 . 上海：上海社会科学院智库研究中心 .

上海社会科学院智库研究中心 . 2015. 2014年中国智库报告——影响力排名与政策建议 . 上海：上海社会科学院智库研究中心 .

上海社会科学院智库研究中心 . 2016. 2015年中国智库报告——影响力排名与政策建议 . 上海：上海社会科学院智库研究中心 .

沈进建 . 2016. 美国智库的形成、运作和影响 . 中国社会科学评价 , (2): 13–37, 125–126.

汤建军，郑代良，黄渊基．2018.中国特色新型智库评价体系初探．湘潭大学学报：哲学社会科学版，42(4)：12-16.

汤珊红，秦利，王朝飞，等．2014.兰德做法对发展为一流智库的启示．情报理论与实践，37(9)：30-34.

汪廷炯．1997.论思想库．中国软科学，(2)：24-28.

王辉，彭倩．2018.美国智库人才创新机制及其启示．决策探索，(1)：69-70.

王辉耀，苗绿．2014.大国智库．北京：人民出版社．

王辉耀，苗绿．2017.大国背后的"第四力量"．北京：中信出版集团股份有限公司．

王辉耀，苗绿．2018.中国智库建设现状、问题及建议．情报工程，4(4)：25-33.

王继承．2012-08-28.麦甘"全球智库报告"排名机制及其影响（上）．中国经济时报，(5).

王健．2015.论中国智库发展的现状、问题及改革重点．新疆师范大学学报（哲学社会科学版），36(4)：29-34，2．

王军，李双进．2003.英国的思想库及其政治功能．当代世界社会主义问题，(1)：88-96.

王莉丽．2010.美国智库的"旋转门"机制．国际问题研究，(2)：13-18.

王莉丽，刘子豪．2018.后真相时代特朗普"推特治国"舆论传播特点及启示．国外社会科学，(3)：43-50.

王廉，崔成江，陈之明．2017.智库科学分类与评价标准分析．经济师，(3)：35-37.

王敏．2019.中国特色新型智库网络传播现状及改进建议——以智库网站建设为例．智库理论与实践，4(3)：40-47.

王佩亨，李国强．2014.海外智库：世界主要国家智库考察报告．北京：中国财政经济出版社．

王佩亨，李国强，田琳琳，等．2013.注重提升影响力的英国智库．管理观察，(28)：18-23.

王文．2019.新型智库的"七年之痒"——关于中国特色新型智库的阶段性评估与未来展望．智库理论与实践，4(05)：1-7.

王铮．2016.美国兰德公司的运营特点与发展态势．智库理论与实践，1(1)：81-89.

萧良．2015.卡内基国际和平基金会：美国历史最悠久的思想库．今日中国论坛，(12)：64.

肖福军．2016.高校智库影响力评价指标体系构建．北京：首都经济贸易大学．

徐华亮．2017.基于实践视角的智库TCC模型构建与评价．求索，(7)：107-111.

徐晓虎，陈圻．2011.智库研究的历史演进及其趋势．重庆社会科学，(8)：105-108.

徐晓虎，胡庆平．2012.从最新《全球智库调查报告》看中国智库的发展．当代世界与社会主义，(2)：115-116.

宣景昭，谢泽润．2018.兰德公司智库研究体制实证探究及其启示．智库理论与实践，3(5)：60-68.

薛澜，朱旭峰.2006."中国思想库"：涵义、分类与研究展望.科学学研究,(3)：321-327.

亚历克斯·阿贝拉.2011.兰德公司与美国的崛起.梁筱芸，张小燕，译.北京：新华出版社.

闫俊，郭正玉.2017.美国兰德公司70年发展启示.航空兵器,(6)：13-17.

杨安，蒋合领，王晴.2015.基于知识图谱分析的我国智库研究进展评述.图书馆学研究,(10)：6-11.

杨亚琴，李凌.2017.英国著名智库运行特点及对中国智库发展的启示.当代世界,(9)：46-49.

应强.2010.法国智库：再铸法兰西影响力.瞭望,(38)：42-43.

余瑛琪.2014.当代中国民间思想库发展研究：问题与对策.南京：南京师范大学.

袁鹏.2002.美国思想库：概念及起源.国际资料信息,(10)：1-5.

臧术美.2011.法国主要国际关系研究机构.国际资料信息,(5)：10-13, 18.

张宝义.2017-02-13.国家智库建设要做好总体规划分类指导.人民政协报,(5).

张宝英.2016.全球主要科技智库发展类型及产品特点分析.中国矿业大学学报(社会科学版),(2)：67-75.

张君荣，吕梦荻.2016-07-13.《中国智库网络影响力评价报告》发布.中国社会科学报,(1).

张雷生.2016.关于韩国政府智库建设的研究.文化软实力研究,1(1)：106-118.

张伟.2018.新型智库基本问题研究.北京：中共中央党校出版社.

张伟，赖先进.2017.中国特色新型智库研究概览.北京：中共中央党校出版社.

张新培.2018.连接学术与政策：一流高校智库组织研究.上海：上海交通大学出版社.

张志强，苏娜.2017.国际一流智库的研究方法创新.中国科学院院刊,32(12)：1371-1378.

赵蓓文.2015-05-03.查塔姆研究所：专注于全球国际事务研究.光明日报,(5).

赵冬，李力.2015.英国查塔姆研究所能源政策咨询研究的核心要素分析.山西师大学报(社会科学版),42(5)：41-45.

朱红，荣冬梅.2017.兰德公司人才培养机制对国土资源智库建设的启示.华北国土资源,(5)：78-79, 96.

朱瑞博，刘芸.2012.智库影响力的国际经验与我国智库运行机制.重庆社会科学,(3)：110-116.

朱旭峰.2018.改革开放与当代中国智库.北京：中国人民大学出版社.

Dickson P. 1971. Think Tanks. New York: Atheneum.

Kelley P. 1988. Think Tanks Fall between Pure Research and Lobbying. Houston

Chronicle,(23).

McGann J G. 2007. Global Trends in Think Tanks and Policy Advice. Philadelphia: Think Tanks and Civil Societies Program.

Rich A. 2004. Think Tanks, Public Policy, and the Politics of Expertise. Cambridge: Cambridge University Press.

Rich A, Weaver R K. 1997. Think Tanks, the Media and the Policy Process. Paper presented at the 1997 annual meeting of the American Political Science Association, Washington DC.

Rich A. 1997. Perceptions of Think Tanks in American Politics: A Survey of Congressional Staff and Journalists. Burson–Marstellar Worldwide Report.

Stephen A, Dover Y, Muchnik L, et al. 2017. Pump It Out! The Effect of Transmitter Activity on Content Propagation in Social Media, Said Business School Research Papers,(1): 14–16.